国家自然科学基金项目：71362004

经济管理学术文库·管理类

制度背景、行业特征与公司现金持有竞争效应

Institutional Background, Industry Characteristics and Competitive Effects of Corporate Cash Holdings

杨兴全／著

图书在版编目（CIP）数据

制度背景、行业特征与公司现金持有竞争效应/杨兴全著. —北京：经济管理出版社，2016.12
ISBN 978-7-5096-4755-4

Ⅰ.①制… Ⅱ.①杨… Ⅲ.①上市公司—现金管理—研究—中国 Ⅳ.①F279.246

中国版本图书馆 CIP 数据核字（2016）第 291811 号

组稿编辑：曹　靖
责任编辑：杜　菲
责任印制：黄章平
责任校对：赵天宇

出版发行：经济管理出版社
　　　　　（北京市海淀区北蜂窝 8 号中雅大厦 A 座 11 层　100038）
网　　　址：www.E-mp.com.cn
电　　　话：（010）51915602
印　　　刷：北京九州迅驰传媒文化有限公司
经　　　销：新华书店
开　　　本：720mm×1000mm/16
印　　　张：11.25
字　　　数：210 千字
版　　　次：2016 年 12 月第 1 版　2016 年 12 月第 1 次印刷
书　　　号：ISBN 978-7-5096-4755-4
定　　　价：58.00 元

·版权所有　翻印必究·
凡购本社图书，如有印装错误，由本社读者服务部负责调换。
联系地址：北京阜外月坛北小街 2 号
电　话：（010）68022974　　邮编：100836

目　录

第一章　导论 ·· 1
　第一节　研究背景与问题提出 ·· 1
　第二节　国内外文献述评 ·· 3
　第三节　研究内容与框架 ·· 6
　　一、研究内容 ·· 6
　　二、研究框架 ·· 10
　第四节　主要创新和贡献 ·· 11

第二章　货币政策、信贷歧视与公司现金持有竞争效应 ············ 12
　第一节　引言 ··· 12
　第二节　理论分析与研究假设 ··· 13
　第三节　研究设计 ·· 15
　　一、模型建立和变量设计 ·· 15
　　二、样本选择与数据来源 ·· 17
　第四节　检验结果与分析 ·· 18
　　一、变量描述性统计 ··· 18
　　二、竞争对手融资约束、行业竞争与现金持有竞争
　　　　效应的检验结果 ··· 19
　　三、货币政策与现金持有竞争效应的检验结果 ··················· 21
　　四、紧缩货币政策、信贷歧视与现金持有竞争效应的
　　　　检验结果 ·· 24
　　五、进一步检验：现金持有竞争效应的实现渠道 ··············· 24
　　六、稳健性检验 ·· 30
　第五节　研究结论与启示 ·· 32

第三章 行业成长性、公司现金持有水平及其竞争效应 …… 33

第一节 引言 …… 33
第二节 理论分析与研究假设 …… 36
第三节 研究设计 …… 42
一、模型建立与变量定义 …… 42
二、样本选择与数据来源 …… 45
第四节 实证检验结果与分析 …… 45
一、变量描述性统计 …… 45
二、行业成长性与现金持有水平的检验结果 …… 48
三、行业成长性与现金持有竞争效应的检验结果 …… 50
四、基于现金持有价值效应的进一步检验 …… 53
五、行业成长性影响公司持有现金行为之机理的进一步检验 …… 54
六、行业成长性对公司现金——现金流敏感性影响的进一步检验 …… 59
七、稳健性检验 …… 60
第五节 结论与启示 …… 63

第四章 市场化进程、行业特征与公司现金持有竞争效应 …… 64

第一节 引言 …… 64
第二节 理论分析与研究假设 …… 66
第三节 研究设计 …… 70
一、模型建立与变量定义 …… 70
二、样本选择与数据来源 …… 72
第四节 实证检验结果与分析 …… 72
一、变量描述性统计 …… 72
二、市场化进程与现金持有竞争效应的检验结果 …… 74
三、市场化进程、产权性质与现金持有竞争效应的检验结果 …… 74
四、产权性质、行业特征与现金持有竞争效应的检验结果 …… 77
五、市场化进程、行业特征与现金持有竞争效应的检验结果 …… 78
六、稳健性检验 …… 80
第五节 研究结论与启示 …… 82

第五章 融资约束、资本投资与公司现金持有竞争效应 …… 83

第一节 引言 …… 83

第二节　理论分析与研究假设 …………………………………………… 84
　　第三节　研究设计 ………………………………………………………… 87
　　　一、研究模型与变量定义 ……………………………………………… 87
　　　二、样本选择与数据来源 ……………………………………………… 89
　　第四节　实证检验结果与分析 …………………………………………… 90
　　　一、主要变量的描述性统计 …………………………………………… 90
　　　二、现金持有竞争效应与资本投资中介效应的检验结果 …………… 91
　　　三、基于融资约束的现金持有竞争效应与资本投资中介效应的
　　　　　检验结果 …………………………………………………………… 92
　　　四、基于产权性质的现金持有竞争效应与资本投资中介效应的
　　　　　检验结果 …………………………………………………………… 94
　　　五、基于金融发展的现金持有竞争效应与资本投资中介效应的
　　　　　检验结果 …………………………………………………………… 95
　　　六、进一步：现金持有竞争效应与资本投资中介作用的经济后果 … 96
　　　七、稳健性检验 ………………………………………………………… 98
　　第五节　研究结论与启示 ………………………………………………… 99

第六章　公司治理、资本投资与现金持有竞争效应 ……………………… 101
　　第一节　引言 ……………………………………………………………… 101
　　第二节　理论分析与研究假设 …………………………………………… 102
　　　一、现金持有竞争效应的实现机理分析 ……………………………… 102
　　　二、公司治理影响现金持有竞争效应的理论分析 …………………… 104
　　第三节　研究设计 ………………………………………………………… 106
　　　一、模型设计与变量定义 ……………………………………………… 106
　　　二、样本选择与数据来源 ……………………………………………… 108
　　第四节　实证检验结果与分析 …………………………………………… 108
　　　一、变量描述性统计 …………………………………………………… 108
　　　二、现金持有通过资本投资中介作用而实现竞争效应的
　　　　　检验结果 …………………………………………………………… 109
　　　三、公司治理影响现金持有竞争效应的检验结果 …………………… 111
　　　四、拓展性检验 ………………………………………………………… 115
　　　五、稳定性检验 ………………………………………………………… 121
　　第五节　研究结论与启示 ………………………………………………… 122

第七章 金融发展、现金持有与企业研发平滑 ················ 124

第一节 引言 ················ 124
第二节 文献回顾、理论分析与假设提出 ················ 126
第三节 研究设计 ················ 130
　一、模型建立与变量定义 ················ 130
　二、样本选择与数据来源 ················ 132
第四节 检验结果与分析 ················ 132
　一、变量描述性统计 ················ 132
　二、融资约束、现金持有与企业研发平滑的检验结果 ················ 134
　三、产权性质、现金持有与企业研发平滑的检验结果 ················ 136
　四、金融发展、现金持有与研发平滑的检验结果 ················ 137
　五、进一步：金融发展影响现金持有平滑研发的作用机理检验 ················ 141
　六、稳健性检验 ················ 143
第五节 研究结论与启示 ················ 144

第八章 产品市场竞争与公司现金持有创新平滑效应 ················ 145

第一节 引言 ················ 145
第二节 文献回顾、理论分析与研究假设 ················ 147
第三节 研究设计与数据来源 ················ 150
　一、模型构建与变量设计 ················ 150
　二、样本选择与数据来源 ················ 152
第四节 实证检验结果与分析 ················ 153
　一、变量描述性统计 ················ 153
　二、产品市场竞争与现金持有创新平滑效应的检验结果 ················ 153
　三、融资约束、产品市场竞争与现金持有创新平滑效应的
　　　检验结果 ················ 155
　四、产权性质、产品市场竞争与现金持有创新平滑效应的
　　　检验结果 ················ 157
　五、稳健性检验 ················ 159
第五节 结论与启示 ················ 161

参考文献 ················ 163

第一章 导论

第一节 研究背景与问题提出

现金作为公司的主要资产,其持有决策是公司财务政策的一项重要内容。国内外学者在研究现金持有水平影响因素的基础上,从信息不对称与代理问题两个视角关注公司现金持有的价值,发展到基于产业组织理论考察公司现金持有的竞争效应。一方面,由于信息不对称与交易成本的存在,公司从外部融资的成本较高,持有现金在缓解公司融资约束的同时,还能满足成长性投资机会的资金需求,从而使其价值提高;另一方面,由于代理问题的存在,现金作为流动性最强的资产又为管理层或大股东谋取私利提供了条件,因现金容易被滥用而降低其持有价值。如何衡量或评价公司现金持有的价值成为学术界与实务界关注的重要问题。面对这种争议,学者们开始基于产业组织理论来探讨公司现金持有的价值效应。从产业组织理论的逻辑看,公司的财务资源支撑着其竞争行为,并最终影响公司产品的市场业绩。根据资本结构的优序融资理论,公司持有的现金可被看作是负的债务,但资本结构可能并非公司自主选择的结果,当现实的资本市场存在摩擦,公司面临融资约束或未来现金流不确定性时,现金和负债对公司竞争的作用效果不同,现金不应该被视作负债务(Acharya et al., 2007; Gamba and Triantis, 2008)。因此,现金持有这一重要财务政策与产品市场竞争的互动,不能用负债或资本结构来等同视之,现金持有与债务保守具有不同的竞争效应(Fresard, 2010)。

在不同的竞争环境与行业发展的不同阶段(成长期、成熟期与衰退期),由于行业特征具有明显差异,公司根据其行业特征而采取的竞争战略就会有别,现金持有的竞争效应的强弱也就与公司所处行业的竞争程度和成长性密切关联。在现实世界里，公司总是处于特定的制度环境中，制度已成为人类政治交易行为与经济交易行为激励机制的重要来源。在一个不完全确定的环境下，制度影响着人们的利益预期与博弈规则，由此塑造了公司行为（North，1991）。因此，公司现金持有的竞争效应很大程度上也内生于其所处的制度环境。不同于发达国家的资本市场，我国资本市场具有新兴加转轨的特征，上市公司股权相对集中，且大部分还是政府控制的国有公司，中国的信贷资源配置具有显著的"国民"差异，民营公司面临较严重的信贷歧视问题（Brandt and Li，2003；方军雄，2007），不同所有权性质的公司面临的代理冲突与融资约束程度不同，公司现金持有的竞争效应，以及行业特征与公司现金持有竞争效应之间的关系在不同产权性质的公司之间势必存在差异。市场化改革是研究我国公司行为必须考虑的重要制度背景之一，市场力量与法制进程对公司的内外部治理机制及其决策目标的实现具有系统性影响，并与公司的所有权安排特征一起，构成公司所面临的完整制度背景。随着市场化改革的不断推进，市场的资源配置功能的有效发挥与公司治理环境的改善必然影响公司的融资行为与行业特征，进而影响公司的现金持有行为及后果，故结合我国市场化进程的时间与空间维度考察其对公司现金持有竞争效应及行业特征与公司现金持有竞争效应关系的影响，检验市场化进程对公司现金持有竞争效应的影响在不同产权性质公司之间是否存在差异，或随着市场化进程的推进，考察公司现金持有竞争效应在不同产权性质公司是否存在差异，以及这种差异（若有）变动的趋势与原因，是值得纵深研究的重要命题。现金持有竞争效应的发挥有赖于公司运用其持有的现金实施研发支出、资本性投资、改变生产和经营区位、扩大分销网络、密集的广告宣传、雇用更高效的员工甚至兼并供应商或合作伙伴等战略性渠道来实现（Campello，2006），在检验公司现金持有竞争效应强弱的基础上，进一步考察其实现的具体渠道或路径无疑具有重要意义。因此，基于产业组织理论检验行业竞争与成长性特征对于公司现金持有的竞争效应的影响，并结合我国公司所有权性质、信贷歧视与市场化进程的制度背景，深入研究公司现金持有竞争效应的强弱及其实现路径，对于丰富与拓展产品市场竞争与公司财务政策的相关研究以及公司现金持有的经济后果的纵深讨论具有重要的理论价值与应用价值；同时，对于推进我国市场化改革和进一步完善公司治理机制，理顺银企关系，促进公司合理确定其现金持有政策，改善资本市场对公司财务决策的传导机制，保证资源配置遵循效率优先原则等也具有重要的现实意义。

第二节 国内外文献述评

20世纪90年代末以来,无论是发达市场还是新兴市场,公司都出现持有大量现金的现象,为什么公司持有大量现金?以及高额持有现金的经济后果等问题,日益受到国内外学界关注而成为研究热点。国内外学者主要从信息不对称与代理问题两个视角关注公司现金持有水平与价值。如果资本市场是完美的,公司持有现金还是以股利方式将现金分配给股东与公司价值无关,但完美的资本市场很难实现。一方面,由于信息不对称与交易成本的存在,公司从外部融资的成本较高,公司内部积累的现金因能减少其外源融资成本与缓解投资不足而符合股东价值最大化的理财目标(Myers and Majluf,1984)。由于信息不对称问题更严重或投资不足成本更高,持续高额持有现金将是高成长公司的最优政策,高额持有现金可在未降低经营业绩的情况下支持公司的成长(Mikkelson and Partch,2003)。与非融资约束公司相比,融资约束公司从实现的现金流中储备更多的现金(Almeida et al.,2004;Arslan et al.,2006;Han and Qiu,2007;Ang and Smedema,2011),其持有现金的边际价值也更高(Faulkender and Wang,2006;Pinkowitz and Williamson,2007)。Denis和Sibilkov(2010)的研究表明,公司的现金持有水平与其投资水平正相关,但融资约束公司的投资边际价值更大。另一方面,由于代理问题的存在,现金作为流动性最强的资产,公司持有大量现金时,管理者或大股东为增加控制权私利更可能倾向于对净现值为负的项目进行过度投资或更容易地偷窃现金(Jensen,1986;Myers and Rajan,1998)。Blanchard等(1994)研究发现,美国11家收到巨额现金赔偿的公司选择保留现金或从事一些低价值的投资活动。公司治理的低效甚至失效将导致公司现金持有水平较高(Ozkan and Ozkan,2004;Guney et al.,2007),且高额持有现金的公司更有可能实施有损股东财富的多元化并购(Harford,1999),频繁的并购与高额但低效的资本性支出浪费大量的现金资源而降低了公司现金持有的价值(Dittmar and Mahrt-Smith,2007;Harford et al.,2008)。Dittmar等(2003)、Pinkowitz等(2006)、Kalcheva and Lins(2007)、Drobetz等(2010)基于跨国样本的比较研究发现,投资者保护较弱、管理者代理问题和信息不对称严重的国家,公司持有现金较高,但价值较低。Frésard和Salva(2010)研究发现,因为美国强有力的法律规则、信息披露要求以及非正式监督压力的显著治理效应,那些在美国和本国双重上市的公司超额现金持有的价值比只在本国上市的公司超额现金持有的价值更高。国外学者近期开始关注多元化经营对公司现金持有水平及价值的影响,多元化经营公司的现金持有水平显著低于非多元化公司,多元化经营程度和内部资本市场效率与公司现金持有水平负相关(Duchin,2010;Subramaniam et al.,2011),多元化公司持有现金价值较低,治理水平较低的多元化公司现金持有价值相对更低(Tong,2011)。因此,如何决定公司的现金持有水平及衡量或评价公司现金持有的经济后果成为理论与实务界关注的重要问题。

面对公司现金持有价值不同观点的争议,学者们开始基于产业组织理论来探讨公司持有现金的竞争效应。行业竞争与公司现金持有关系的研究,发端于资本结构对产品市场竞争的影响。自20世纪80年代中期以来,产品市场竞争与公司资本结构的关联受到学者关注,由于分析模型的假设前提不同,对这一问题的研究存在两种截然不同的观点:Brander和Lewis(1986)、Maksimovic(1988)等基于负债融资的"有限责任"效应认为,公司负债融资比例的上升使公司在产品市场竞争中更具进攻性,从而增强其在产品市场上的竞争力;而Bolton和Scharfstein(1990)等基于产品市场的掠夺效应认为,公司负债融资比例的上升使公司在产品市场竞争中更软弱,从而处于不利地位。从实证检验的结果来看,支持掠夺效应的证据较多(Opler and Titman,1994;Chevalier,1995;Chevalier and Scharfstein,1995;Kovenock and Phillips,1997;Zingales,1998;Campello,2003)。当公司因高财务杠杆引致的融资约束降低了其投资成长机会的能力时,就会面临来自竞争对手的掠夺威胁进而使其在产品市场竞争中更软弱而处于不利地位,低杠杆的财务保守行为成为公司的理性选择。按照资本结构的优序融资理论,公司持有的现金可以被看作是负的债务,认为负债决策和现金持有决策是同一问题的两个方面,但公司的资本结构可能并非其自主选择的结果,公司保持低负债水平可能是其债务融资能力已达到饱和,是公司无法从资本市场成功融资的无奈选择,并不能准确反映公司较强的财务实力(Faulkender and Petersen,2006;Lemmon and Roberts,2007;Sufi,2009)。Acharya等(2007)、Gamba和Triantis(2008)等的研究表明,面临融资约束(或未来现金流不确定)时,现金不应被视作负的债务,现金持有与低债务水平具有不同的竞争效应。与债务资本相比,现金资产的高度流动性特征可以确保公司能够将现金快速、低成本地转化为直接的捕食行为,或者通过后续投资挤压竞争对手。Baskin(1987)早期通过构建垄断势力模型考察了现金持有的战略效应,认为现金可成为公司谋取竞争优势的战略工具,现金持有水平较高的公司有利于确立自己在产品市场竞争中的优势地位。Schroth和Szalay(2007)研究发现,制药公司持有较多现金增加了在专利竞争中胜出的概率。Haushalter等(2007)、Acharya等(2007)考察了现金持有在风险管理与掠夺风险防御中的显著功效,Haushalter等(2007)发现在公司投资决策与其竞争对手的相互依存性较高的竞争性行业中,公司因面临较高的产品市场份额被竞争对手掠夺的风险而持有更多的现金,公司现金持有水平与其产品市场竞争程度正相关;而 Acharya 等(2007)则为现金持有可作为一种风险管理工具提供了证据,持有较高现金具有衍生金融工具在降低公司掠夺性风险的相同功效,可以作为衍生金融工具的替代方式。Fresard(2010)结合竞争对手的融资约束与行业竞争程度检验了公司现金持有的竞争效应,发现持有较多的现金有利于公司增加产品市场业绩,现金持有和债务保守具有不同的竞争效应。

我国学者在梳理国外文献的基础上,也对我国上市公司现金持有水平影响因素及其价值进行了富有成效的研究。张人骥和刘春江(2005)、辛宇和徐莉萍(2006)、杨兴全和孙杰(2007)、王福胜和宋海旭(2012)等检验了股东保护、公司治理机制、多元化战略对现金持有水平的影响。杨兴全和张照南(2008)、顾乃康和孙进军(2008)、沈艺峰等(2008)、王彦超等(2008)、罗琦和胡志强(2011)等则结合我国投资者保护与终极人控制特征等制度背景研究了公司现金持有的边际价值。然而,国内对公司现金持有竞争效应的研究则仍处在探索阶段,杨兴全和吴昊旻(2009)发现,产品市场竞争激烈与产品独特性程度高的公司持有更多现金,以保护其在产品市场中的竞争优势,避免经营风险。孙进军和顾乃康(2012)以及张会丽和吴有红(2012)考察了我国上市公司现金持有的战略效应。刘志远和王勇(2013)的研究证实了公司所持现金对其竞争对手形成的威慑效应,同时探讨了多元化经营对现金持有威慑效应的影响。陆正飞和韩非池(2013)研究发现,长期的宏观产业政策能够影响公司现金持有的竞争效应和价值效应,而短期的宏观经济刺激只能促进公司现金持有的竞争效应,并未显著影响现金持有的价值效应。

从现有文献看,国内外学者在研究现金持有水平影响因素的基础上,已从信息不对称与代理问题两个视角关注公司现金持有的价值,发展到基于产业组织理论考察公司现金持有的竞争效应。然而,公司现金持有竞争效应的研究尚属起步阶段,相关研究还很缺乏,很多重要问题尚待深入:①现金持有竞争效应实现的前提是现金得以有效利用,而这又取决于公司代理冲突的严重程度,现有相关文献忽略了代理问题对现金持有战略效应强弱的影响。②公司的战略差异与其行业成长性特征密不可分,在行业发展的不同阶段(成长期、成熟期与衰退期),由于行业特征具有较大差异性,公司的竞争战略就会有别,现金持有的战略效应势必表现出不同的特征。综观国内外文献,学者们还未将行业成长性差异、现金持有与产品市场竞争联系在一起进行研究。③公司现金持有的竞争效应往往通过运用现金进行 R&D 投资、扩大分销网络、密集的广告宣传等具体方式或渠道来实现,但现有文献还缺乏公司现金持有竞争效应具体实现途径的系统研究。④关于转型经济和新兴市场中的制度背景因素如何影响公司现金持有竞争效应的研究还很缺乏，虽然已有少数学者探讨了我国上市公司现金持有的战略效应，但相关研究尚未系统结合我国市场化进程、所有权性质及信贷歧视等制度背景深入关注现金持有的竞争效应。⑤国内外学者都发现债务保守具有竞争效应，但国内现有研究并未控制低债务对现金持有竞争效应的干扰，故其研究结论可能存在偏颇。本书拟对上述问题进行系统、深入的研究。

第三节 研究内容与框架

一、研究内容

本书基于产业组织理论、信息不对称理论、代理理论和现代公司财务理论对公司现金持有的竞争效应进行深入的理论分析。在梳理国内外文献，结合行业竞争程度与竞争对手的融资约束实证研究公司现金持有的竞争效应，以及行业成长性差异对公司现金持有竞争效应影响的基础上，系统考察公司的所有权性质、信贷资源配置的"国民"差异、市场化进程等制度背景对公司现金持有竞争效应及行业特征与公司现金持有竞争效应关系的影响，进而以效益资本投资和R&D投入为视角，结合制度背景与行业特征纵深检验公司现金持有竞争效应实现的具体路径。其余章节主要研究内容如下：

第二章：货币政策、信贷歧视与公司现金持有竞争效应。

公司现金持有竞争效应的强弱与现金持有的水平密切相关，但更重要的是与行业竞争程度和竞争对手面临的融资约束程度密不可分。行业竞争程度对现金持有竞争效应的影响主要体现在三个方面：其一，不同行业的集中度存在差别，高集中度行业中的公司会趋于采用相互"勾结"的策略，通过垄断定价获取超额收益，垄断逐渐取代市场竞争进而弱化了现金持有的竞争效应。其二，行业内竞争越激烈，公司为避免淘汰出局，需要持续稳定的资金支持进行技术革新以降低成本、提高效率，但激烈竞争引致的经营不确定性又导致经营现金流的频繁波动，而外部融资的成本又相对高昂，因此，持有更多的现金能为公司的技术革新提供持续、稳定的资金支持，持有现金获取竞争优势对公司而言更重要。其三，行业竞争具有治理效应，可以降低现金持有的代理成本，抑制现金的滥用，进而强化了现金持有竞争效应。存在融资约束的竞争对手面对资金短缺，尤其在经济周期、宏观调控政策发生急剧变化时，即使面临较好的投资机会，也不得不放弃投资而在产品市场竞争中处于劣势。另外，面对竞争对手发起的价格战，融资约束严重的公司由于缺乏资金支持或更易陷入财务困境而更可能放弃抗争，从而损失已有的市场份额甚或被迫退出市场。货币政策是政府干预和调节宏观经济的重要方式，一旦货币政策从紧，将会明显地限制公司的外部融资能力，影响公司获取信贷资金的难易程度以及数量多寡，从而影响公司的融资约束程度与现金持有水平。中国的信贷资源配置具有显著的"国民"差异，民营公司面临着较严重的信贷歧视问题（Brandt and Li，2003；方军雄，2007）。在紧缩货币政策下，信贷歧视会导致银行信贷资金向国有公司倾斜（叶康涛和祝继高，2009）。信贷资金配给的国有倾向使得国有公司的融资约束较低，在货币紧缩时，则会加剧民营公司的融资约束程度，公司自身持有现金的作用变得更重要，而其竞争效应必将更显著。本章在结合竞争对手的融资约束考察行业竞争程度对公司现金持有竞争效应的基础上，进一步考察货币政策与信贷歧视对公司现金持有竞争效应的影响。

第三章：行业成长性、公司现金持有水平及其竞争效应。

决定公司盈利能力的首要和根本因素是行业的吸引力（波特，1985）。行业的内部结构、要素禀赋、相对价格、分工链条决定了企业的获利机会和生存威胁，公司的资本结构或现金持有决策在很大程度上会受到行业特征的影响。按照市场空间的大小和技术的成熟程度，可以将行业分为启蒙（引入）行业、成长行业、成熟行业和衰退行业。产业组织理论SCP范式指出，行业/产业的结构决定企业行为，而行为最终决定绩效（竞争优势或价值）。行业成长性的周期演变反映着产业的兴衰历程，其间势必伴随着产业的集聚与分散，行业/产业结构变迁亦会直接或间接地影响公司战略行为，即公司所采取的战略行为往往因行业成长的不同阶段而异。本章结合行业竞争程度与公司融资约束的差异，系统考察行业成长性与公司现金持有水平及其竞争效应的关系。

第四章：市场化进程、行业特征与公司现金持有竞争效应。

由于资源禀赋、地理位置以及国家政策的不同，我国的市场化进程在整体不断推进的同时，又存在着明显的地区差异。市场化进程主要从四个方面影响公司现金持有的竞争效应：第一，随着市场化进程的推进，公司的外部融资渠道更多，融资约束得以缓解，持有现金的重要性降低。第二，市场化进程的推进有助于改善公司治理环境，公司治理机制的完善能有效抑制大股东或管理层的机会主义行为，降低现金被滥用的可能性，现金持有竞争效应的作用更能充分发挥。第三，市场化进程的推进有助于创造公平竞争的市场氛围，激发企业自主创新和竞争合作的热情，形成良性的市场竞争格局，公司持有现金以谋取产品市场竞争优势的动机将更强烈。第四，随着市场化进程的推进，政府由"干预型"向"服务型"转化,银行的公司化改革逐步完善,信贷资源的分配将日趋遵循市场导向原则,由于信贷歧视造成的不同产权性质公司现金持有的竞争效应的差异就会缩小。本章检验随着我国市场化进程的推进,公司现金持有的竞争效应在纵向时间维度与横向空间维度(地区差异)的变化特征,以及行业特征与公司现金持有竞争效应的关系随着市场化进程的推进将会呈现怎样的变化;在此基础上,进一步考察随着市场化进程的推进,因产权性质与信贷歧视导致的公司现金持有竞争效应的"国民"差异是否会降低。

第五章:融资约束、资本投资与公司现金持有竞争效应。

公司现金持有本身是中性的,并不直接具有竞争效应或创造价值,其竞争效应必是通过特定的渠道或中间媒介来实现的,无论是增加生产线、扩充产能的投资机会,还是改变生产和经营区位、扩大分销网络等行业竞争行为,都需要公司进行资本性投资来实现,但在经营现金流存在不确定性和外部融资受限时,持有现金可为公司持续而稳定地实现资本性投资等重要决策提供战略储备。可见,资本投资可以成为考察公司现金持有行为及其竞争效应的一个有效媒介,将其作为中间渠道可以为更好地理解现金持有竞争效应的实现路径提供合理解释,基于资本投资中介效应视角考察现金持有的竞争效应具有重要的理论与决策参考价值。融资约束是影响公司现金持有动机及其价值效应的主要因素,且融资约束程度与公司的产权性质和金融发展水平相关联。对于我国这样一个具有新兴加转型双重制度特征的经济体制而言,产权制度背景特殊,且各地区金融发展存在严重不平衡。本章选择资本投资这一"中间渠道",基于公司融资约束考察现金持有的竞争效应与资本投资所起的中介效应,结合我国特殊的产权制度背景和区域金融发展水平进行更深入的探究。

第六章:公司治理、资本投资与现金持有竞争效应。

如前所述,竞争效应必是通过特定的渠道或中间媒介来实现的,资本投资可以成为考察公司现金持有行为及其竞争效应的一个有效媒介。但公司现金持有竞争效应的实现须以现金的有效利用为前提,而持有的现金能否被有效利用还取决于公司潜在代理冲突的严重程度及其公司治理水平,且现有基于产业组织理论视角考察公司现金持有竞争效应的文献尚未系统考虑代理问题的显著影响。中国作为处于转轨时期的新兴市场经济国家,在其市场化进程不断推进的过程中伴随着地区间治理环境的明显不平衡,而上市公司内部普遍存在的管理层与股东之间、大小股东之间的双重代理问题又往往会导致公司现金的滥用与非效率投资的盛行。在此背景下,代理问题将如何影响公司现金持有的竞争效应及其实现媒介?公司治理机制的改善能否提高公司现金持有通过资本投资中介而实现的竞争效应?而公司治理机制的上述作用在潜在代理问题不同的公司中是否存在显著的差异？再进一步，公司治理机制及其外部治理环境在现金持有竞争效应的实现过程中各自发挥着什么作用？其间的关系又如何？这些问题一以贯之、层层推进，对上述问题的系统考察对于通过公司治理机制及其外部治理环境的日益完善，进而有效规范和提升公司的现金持有行为及其经济后果、强化其竞争优势无疑具有重要的理论指导及政策参考价值。鉴于此，本章将资本投资作为中间媒介实证检验公司治理对现金持有竞争效应实现路径的影响。

第七章：金融发展、现金持有与企业研发平滑。

竞争与研发一直是经济学家关注的重要话题。新经济增长理论认为，经济增长最持久的源泉在于知识生产和人力资本积累，技术进步和创新是一个公司乃至整个国家经济发展的推动力。技术进步和创新的重要途径是自主研究与开发（R&D），研发活动在公司获取竞争优势的过程中起着举足轻重的作用。公司的研发活动在创造和积累知识、推动生产技术和工艺创新，进而引导实施成本领先与差别化战略以更好地满足顾客个性化需求的同时，巩固了公司的竞争位势。公司通过研发活动获得竞争优势的动机不但需要大量资金的投入，而且还要求资金投入的平稳持续，研发活动的调整成本（Adjustment Cost）相对高昂，如果资金供应不足，导致研发活动的中断甚至半途而废，将会对公司产生诸多不利影响。与债务融资不同，公司持有现金无须抵押，不会产生逆向选择问题，能在不放大公司财务危机的同时，避免现金流波动风险而导致的内源融资的不稳定性。因此，持有更多现金可以提升 R&D 水平及其投入的持续性和稳定性。本章基于我国金融发展水平与公司的政府控制性质研究公司现金持有所起的研发平滑作用，以从研发平滑的视角进一步考察公司现金持有竞争效应的实现渠道和微观机理。

第八章：产品市场竞争与公司现金持有创新平滑效应。

公司持续稳定的创新投入是其在激烈的产品市场竞争中获得优势地位的重要途径，而创新活动本身需要充足的资金作为支持以维持其持续平稳。但公司能否有效地利用现金来支持创新活动，从而发挥现金持有的竞争优势，不仅与其融资环境有关，还与其外部竞争环境密切相关。而产业组织理论的结构—行为—绩效（SCP 范式）更是将竞争与研发这一经济学家关注的经典话题推向高潮。产业组织理论指出激烈的竞争加剧环境不确定性以及被淘汰的风险，为降低成本并获得超额收益，会激励公司进行创新投资。而激烈竞争引起的经营状况不确定会导致经营现金流频繁波动，为防止被掠夺的风险，公司会增持现金来为技术革新提供稳定的资金支持。因此，不同的产品市场竞争环境下，现金持有对创新投资的平滑作用势必存在差异。且激烈的竞争环境下，现金持有创新平滑效应还与其所面临的融资约束程度密切相关。具体到我国特殊的产权背景，相较于民营企业，所有者缺位导致国有企业经理人缺乏创新激励来提高经营效率，且民营企业面临信贷歧视，这势必造成现金持有对创新投资的平滑作用在国有企业和民营企业之间存在差异。学者们普遍认为产品市场竞争作为一个有效的治理机制，可以缓解代理问题，增强经理人的创新激励和现金利用效率，尤其对国有企业的影响更显著，产品市场竞争是否可以缩小国有企业和民营企业之间的这种差异呢？本章基于行业产品市场竞争环境来研究现金持有对公司创新投资的平滑作用，从创新平滑视角进一步考察公司现金持有竞争效应的实现渠道和微观机理。

二、研究框架

本书研究框架与各章内容之间的逻辑关系如图 1-1 所示：

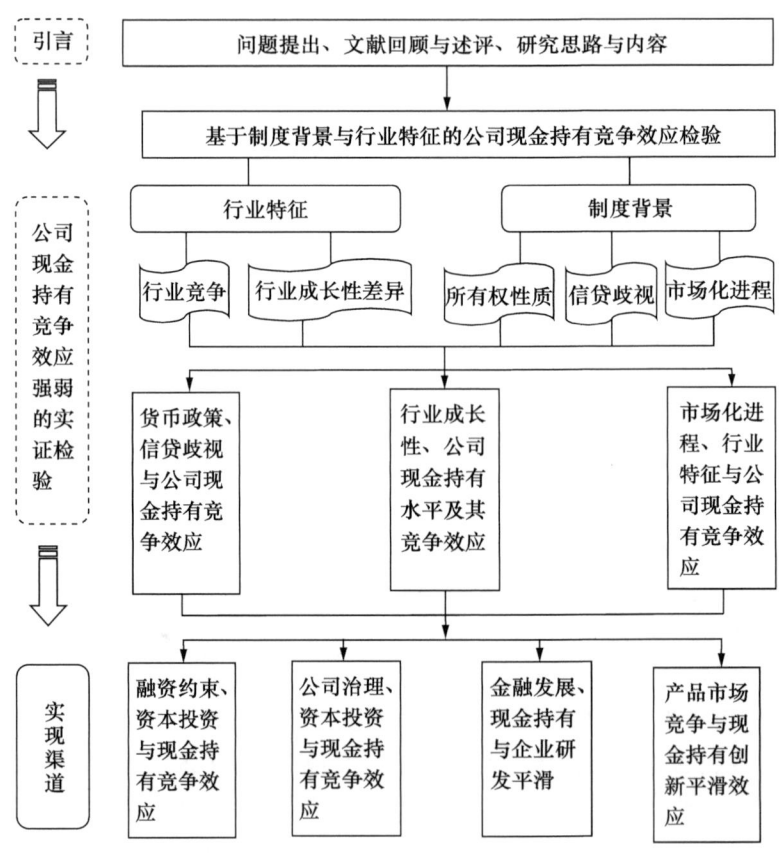

图 1-1 项目研究框架与内容之间的逻辑关系

第四节 主要创新和贡献

本书的主要创新点与贡献在于以下几点:

第一,存在融资约束时,现金不应被视作负债务,现金持有与债务保守具有不同的竞争效应,本书基于产业组织理论视角检验公司现金持有的竞争效应,既有助于丰富与发展产品市场竞争与公司财务政策关系的研究,又可以通过市场竞争效应考察公司现金持有的经济后果,是对公司现金持有价值研究的有益拓展。

第二,现金持有竞争效应的充分发挥取决于现金的有效运用,而这又与公司代理冲突的严重程度相关,公司现金持有竞争效应的现有研究尚未充分考虑代理冲突的影响,本书结合代理问题研究现金持有的竞争效应,在补充现有研究文献的同时,也从现金持有的视角促进了产业组织理论、代理理论与现代公司财务理论的交叉研究。

第三,在行业发展的不同阶段(成长期、成熟期与衰退期),由于行业特征具有较大差异,公司采取的竞争战略不同,现金持有的战略效应也会表现出不同的特征,国内外现有文献尚未将行业成长性差异、现金持有与产品市场竞争联系在一起进行研究,本书拟对此予以深入检验。

第四,现金持有竞争效应的发挥有赖于公司运用其持有的现金进行 R&D 投资、扩大分销网络、密集的广告宣传等具体方式来实现,但公司现金持有竞争效应的实现渠道和微观机理仍未被很好地解释或检验。竞争与研发一直是经济学家关注的重要话题,研发活动在公司获取有利的竞争位势中起着举足轻重的作用,本书基于资本投资与研发投入视角探究公司现金持有竞争效应的具体实现途径,试图对我国上市公司现金持有竞争效应的生成机理、影响因素和实现渠道进行全面、系统的研究。

第五,从现有文献来看,尚未见关于制度背景如何影响公司现金持有竞争效应的系统性研究,本书立足于我国转型时期的所有权性质、信贷资源配置的"国民"差异以及市场化进程整体推进而又存在地区间不平衡等制度背景系统研究公司现金持有竞争效应及其对行业特征与公司现金持有竞争效应关系的影响,无疑具有重要的理论和应用价值。

第二章 货币政策、信贷歧视与公司现金持有竞争效应

第一节 引言

现金作为公司的主要资产,其持有决策是公司财务决策的一项重要内容。国内外学者在研究现金持有量影响因素的基础上,基于信息不对称与代理问题两个视角研究公司现金持有价值,分别形成了现金持有价值较高观与较低观两种截然相反的观点。面对公司现金持有价值不同观点的争议,学者们开始基于产业组织理论来探讨公司持有现金的价值效应。掠夺理论(Predation Theory)认为,公司现金持有具有竞争效应,现金持有充裕的公司通过实施更有利的产品市场竞争战略或可对竞争对手产生可信的威慑作用,能够在产品市场竞争中获取优势地位。

由于融资约束的存在,公司出于预防性动机而持有现金,有利于捕捉未来投资机会,融资约束程度是影响公司现金持有动机及其竞争效应的主要因素,而公司融资约束程度又与国家的货币政策和公司的政府控制性质相关。货币政策是政府干预和调节宏观经济的重要方式,一旦货币政策从紧,将会明显地限制公司的外部融资能力,影响公司获取信贷资金的难易程度以及数量多寡,从而影响公司的融资约束程度与现金持有水平。那么,宏观的货币政策(变动)对企业微观个体的现金持有竞争效应又有怎样的影响?我国信贷资源配置中存在的信贷歧视问题是导致民营企业面临更严重融资约束的重要原因,而在紧缩货币政策下更突出的信贷歧视问题无疑会进一步加剧民营企业的融资约束,信贷歧视除导致资金的低效配置之外,是否还会影响公司现金持有的竞争效应,这为我们从现金持有竞争效应的微观角度考察信贷歧视的经济后果提供了良好契机。此外,对于企业微观个体而言,货币政策变动是外生性事件,结合货币政策研究公司现金持有的

第二章 货币政策、信贷歧视与公司现金持有竞争效应

竞争效应也能克服以前相关研究中的内生性问题。本章基于货币政策和信贷歧视探讨公司现金持有的竞争效应，为公司更好地适应宏观经济环境变化、积极面对经济转型过程中客观存在的信贷资金低效配置问题，进而合理持有现金以保持其在产品市场竞争中的位势提供了经验启示。

本章以2008~2011年中国上市公司季度数据为样本研究发现，公司现金持有具有竞争效应，随着竞争对手融资约束和行业竞争的加剧，公司现金持有的竞争效应更显著；与宽松货币政策相比，公司现金持有竞争效应在紧缩货币政策时更明显；与政府控制的公司相比，民营公司现金持有的竞争效应更强，且在紧缩货币政策下这种差异更显著；进一步的研究发现，为研发活动提供持续稳定的资金是公司现金持有实现竞争效应的主要渠道。

相对于已有研究，本章的贡献主要体现在：第一，结合货币政策和信贷歧视考察公司现金持有的竞争效应，在拓展公司现金持有经济后果研究的同时，也为宏观经济政策（货币政策）的经济后果提供了来自企业微观层面的经验证据；第二，基于研发投入强度和研发平滑对现金持有竞争效应的实现渠道进行了检验，从公司经营战略的视角，为公司通过持有现金以实现其产品市场竞争战略提供了可行的路径。

第二节 理论分析与研究假设

现金持有的竞争效应与竞争对手面临的融资约束程度和所处行业竞争程度密不可分。存在融资约束的竞争对手面对资金短缺，尤其在经济周期、宏观调控政策发生急剧变化时，即使面临较好的投资机会，也不得不面对资金短缺而放弃投资的尴尬局面，从而难以获得产品市场竞争优势。另外，面对竞争对手发起的价格战，融资约束严重的公司因缺乏资金支持或容易陷入财务困境更可能放弃抗争，从而丧失已有的市场份额或被迫退出市场。行业竞争程度对现金持有竞争效应的影响主要体现在两方面：一是高集中度行业中的公司会趋于采用相互勾结的策略，通过垄断定价获取超额收益，垄断逐渐取代市场竞争而弱化现金持有的竞争效应；二是行业内竞争越激烈，公司为避免淘汰出局，需要持续、稳定的资金支持进行技术革新以降低成本、提高效率，但激烈竞争带来的经营状况的不确定性会导致经营现金流的频繁波动，而外部融资的成本又相对高昂，因此，持有更多的现金能为公司的技术革新提供持续稳定的资金支持，持有现金获取竞争优势对公司而言更重要。基于以上分析，我们提出如下假设：

假设2-1：公司现金持有具有竞争效应，且当竞争对手面临的融资约束较高和公司所处行业的竞争越激烈时，现金持有的竞争效应将更明显。

货币政策作为政府干预和宏观调控的重要方式，主要通过信贷传导机制增加或减少信贷资金供给的数量和可获得性，以影响公司的融资需求（Bernanke and Gerlter, 1995），进而影响公司现金持有的动机与效应。货币政策由宽松转为紧缩往往导致经济发展速度放缓，公司面临的不确定性增加，此时出于预防动机的现金持有需求将大大增加，但紧缩货币政策导致资金的供给减少，公司获取信贷资金的难度加大。紧缩货币政策造成信贷需求和信贷供给不平衡时，持有充足现金的公司可以不受或降低货币政策的影响，而维持原有的产品市场竞争策略，继续增加投资扩充产能、加大产品促销力度等方式抢占市场份额，从而增强产品市场竞争力。相反，持有现金较低的公司更容易受制于货币政策的影响，在货币政策从紧的时候，无法为公司在产品市场竞争中提供充足的资金支持，面对竞争对手抢占市场份额时更加容易陷入僵局，甚至出现退出行业或被竞争对手兼并的极端情况。此外，在紧缩货币政策下，获取信贷资金的难度加大，客观上导致企业增加融资成本，持有充足现金的公司可以避免由于融资成本增加而带来产品成本的上升，在产品市场竞争中，低成本的企业更可能通过产品成本优势而发起价格竞争，从而有效遏制现金持有不足的竞争对手。基于以上分析，我们提出如下假设：

假设2-2：在紧缩的货币政策下，公司持有现金的竞争效应将更显著。

我国的信贷资源配置具有显著的"国民"差异，民营公司面临较为严重的信贷歧视问题（Brandt and Li, 2003；方军雄，2007）。国有企业与银行间长期信贷关系下更低的信息搜寻成本、预算软约束下的政府帮扶以及银行向国有企业而非其他企业贷款获得的政治利益考量等是导致信贷歧视的主要原因（Brandt and Li, 2003）。在紧缩货币政策下，信贷歧视会导致银行信贷资金更向国有公司倾斜（叶康涛和祝继高，2009）。在我国银行对不同所有制公司存在信贷歧视的背景下，信贷歧视除导致资金的误配置外，还会影响公司现金持有竞争效应的强弱。一方面，信贷资金更倾向于国有企业使得其融资约束较少，在货币紧缩时，进一步加剧民营公司的融资约束，公司持有现金的竞争效应将更显著；另一方面，政府的干预或救助式担保显著降低了国有企业的破产风险，导致其风险管理意识更低，进而降低现金持有的竞争效应。基于以上分析，我们提出如下假设：

假设2-3：与政府控制的公司相比，民营公司现金持有的竞争效应更强，且在紧缩货币政策下这种差异将更显著。

第三节 研究设计

一、模型建立和变量设计

为了检验货币政策和融资约束对现金持有竞争效应的影响,本章借鉴 Fresard (2010) 的方法,建立了如下所示的回归模型 (2-1):

$$Com_{i,t} = \beta_1 Zcash_{i,t-1} + \beta_2 Size_{i,t-1} + \sum_{k=1}^{2}\delta_k Lev_{i,t-k} + \sum_{k=1}^{2}\gamma_k Se_{i,t-k} +$$

$$\sum_{k=1}^{2}\lambda_k Inv_{i,t-k} + \sum_{k=1}^{2}\nu_k Com_{i,t-k} + \alpha_i + \eta_t + \varepsilon_{i,t} \quad (2-1)$$

式中,下标 i 和 t 分别代表公司和年份;k 为变量的滞后期数;α_i 和 η_t 为公司固定效应和时间效应;$\varepsilon_{i,t}$ 为残差项。

1. 被解释变量(Com)

我们借鉴 Fresard (2010) 的类似方法,以公司营业收入增长率与季度行业中值的差额来度量产品市场竞争优势。

2. 解释变量(Zcash)

我们用季度行业中值调整后的公司现金持有水平来反映。其中,现金持有水平等于现金及现金等价物除以总资产。同时,考虑到不同行业现金持有水平分布的离散程度对现金持有竞争效应的影响,用 Cash 除以行业现金持有的标准差得到变量 Zcash,以滞后一期变量反映公司现金持有水平相比其竞争对手的状况。

3. 控制变量

我们还控制了其他可能与现金持有竞争效应相关的其他变量:

(1) 前期资产的对数 (Size),资产存量可能会对产品市场业绩产生影响。

(2) 负债比率 (Lev),为公司总负债除以总资产,控制在产品市场竞争中,公司的财务保守行为具有的竞争效应。

(3) 销售费用 (Se),定义为公司的营业费用除以净资产。公司在如广告、促销等市场策略方面的花费最终会在产品市场业绩上得以反映。

(4) 资本投资 (Inv),这是实现产品市场竞争的主要途径。

(5) 前期产品市场业绩,控制前期的产品市场业绩可能会对其后的业绩产生持续影响。我们对这些控制变量作如下处理:除前期资产的对数外,其余变量取滞后两期的数值;为了控制行业因素的影响,所有控制变量均经季度行业中值的调整。

4. 分组变量

在检验结果与分析部分,我们按照不同货币政策、产权性质、竞争对手融资约束程度以及行业竞争程度来分组,检验其对现金持有竞争效应的影响。

(1) 货币政策的衡量(Mc)。大量研究货币经济学的文献通常使用货币供给增长率作为度量货币政策松紧的指标(Johnson,1962;索彦峰和范从来,2007),索彦峰和范从来(2007)的研究表明,使用 M1 的增长率 GM1 作为度量我国货币政策状态的指标是较好的选择。我们借鉴刘金全(2002)、索彦峰和范从来(2007)的方法,首先将 GM1 序列进行 HP 滤波得到其长期趋势水平 GM1 – HP,然后用原始序列 GM1 与之相减即可得到 M1 的增长率对其长期趋势的偏离成分 GM,正向偏离表示货币政策具有扩张趋势,负向偏离表示货币政策具有收缩趋势。我们用 1993 年第 1 季度至 2011 年第 4 季度的 M1 的增长率来测算货币政策的紧缩程度,图 2 – 1 报告了货币政策的状况,整体而言货币政策的松紧程度(GM)与 M1 的增长率(GM1)保持同方向的变动,长期趋势水平 GM1 – HP 从 20 世纪末开始基本稳定。考虑到货币政策对经济的影响存在一定程度的滞后性,我们用滞后一期的 GM 值进行后续实证分析。

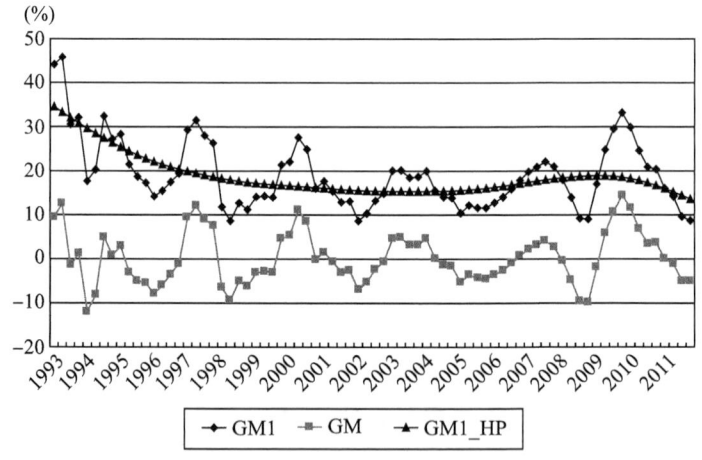

图 2 – 1 货币政策的变动趋势

(2) 产权性质(Gov)。根据最终控制人性质界定为政府控制的公司和民营公司。

(3) 融资约束的衡量。

1) 公司规模(Fc_ Size)。大量文献采用公司规模作为融资约束强度的分类标准,为了更直接反映竞争对手融资约束对现金持有竞争效应的影响,我们把某公司所处相同行业的其他公司当作竞争对手，首先计算公司在每个季度所处行业扣除自身总资产后的中值，然后用该中值与公司自身总资产比较，如果后者大，表示竞争对手面临融资约束程度大。

2）KZ 指数（Fc_ KZ）。Kaplan 和 Zingales（1997）建立了用于区分不同融资约束强度的公司指标，融资约束的 KZ 指数测度方法被随后的大量研究所使用。我们首先按照资产负债率、利息保障倍数、现金持有水平和经营现金流指标把样本预分为两组，如果当年资产负债率高于中位数，KZ1 =1；当年利息保障倍数低于中位数，KZ2 =1；当年现金/总资产低于中位数，KZ3 =1；经营现金流/总资产低于中位数，KZ4 =1。然后计算 KZ = KZ1 + KZ2 + KZ3 + KZ4，并使用 Ordered Logit 模型进行回归，估计出各个特征的系数。最后用估计的系数构建 KZ 指数①，KZ 指数越大，融资约束程度越高。与规模衡量融资约束程度类似，我们也考虑竞争对手的融资约束程度。如果自身 KZ 指数小于剔除自身 KZ 后的季度行业中值，表示竞争对手面临融资约束程度大。

（4）行业竞争程度的衡量。借鉴吴昊旻等（2012）等研究的做法，我们从行业间（行业集中度）和行业内竞争程度（自然边界）两大方面全面衡量行业的竞争程度。

1）行业集中度。赫芬达尔—赫希曼指数（HHI 指数），以每家公司的市场销售份额占行业总市场份额比例的平方和计算，其计算公式为：

$$HHI = \sum_f (X_f / \sum X_f)^2$$

式中，X_f 为公司 f 的销售额。该指数越低，说明行业的集中度越低，意味着行业的竞争程度越激烈。

2）行业内竞争程度。自然边界（NH），反映单个公司行业内竞争的差异，其计算公式为：

$$NH = \frac{|(K/L)_{f,i,y} - median_{i,y,-f}(K/L)|}{range\{|(K/L)_{f,i,y} - median_{i,y,-f}(K/L)| \forall f \in i, y\}} \in [0,1]$$

式中，K/L 表示资本—劳动化比率，f 代表公司，i 代表行业，y 表示季度。越小的 NH 值意味着更高的公司间经营相似程度，行业内的竞争程度越激烈。

二、样本选择与数据来源

本章选取 2008～2011 年沪深两市 A 股公司的季度数据，剔除营业收入为负、金融行业、ST 类型和数据缺失的样本，数据来源于 CCER 数据库和 CSMAR 数据

---

① 我们得到方程：KZ = 0.2220356 + 0.3833606 × 资产负债率 + （-1.650459 × 利息保障倍数）+ （-0.0831973 × 现金持有水平/资产）+ （-0.495588 × 经营现金流/资产）。

库。同时，为了剔除极端值的影响，我们对所有连续变量进行了1%~99%水平的Winsorize处理。

第四节 检验结果与分析

一、变量描述性统计

表2-1报告了主要变量的描述性统计结果。本章的18245个观测值中，2008~2011年各季度产品市场竞争优势的均值为0.0396，最小值为-0.4852，最大值为1.6676，不同公司在产品市场的竞争优势存在较大差距。现金持有水平（Zcash）均值为0.1727，最小值为0.0053，最大值为0.6723，表明公司间现金持有水平存在较大差异，且存在高额持有现金的现象。

表2-1 主要变量描述性统计结果

变量	观测值	均值	标准差	最小值	中值	最大值
Com	18245	0.0396	0.2646	-0.4852	0.0000	1.6676
Zcash	18245	0.1727	0.1382	0.0053	0.1331	0.6723
Size	18245	0.0859	1.0671	-2.3057	0.0000	3.4147
Lev	18245	-0.0055	0.1924	-0.4358	0.0000	0.5596
Se	18245	0.0067	0.0293	-0.0422	0.0000	0.1682
Inv	18245	0.0098	0.0380	-0.0559	0.0000	0.1675

表2-2报告了公司现金持有竞争效应的分组描述性统计结果。我们首先按公司现金持有水平（Zcash）把样本分成两组，现金持有水平低的组中，产品市场竞争优势无论均值还是中值都小于持有更多现金样本的公司，并且均值T检验和中值Wilcoxon秩和检验都显著，表明持有更多现金的公司更具有产品市场竞争优势。我们结合现金持有水平进一步按融资约束程度、行业竞争程度（行业集中度和行业内竞争程度）、货币政策以及产权性质分组比较公司产品市场竞争优势的差异。从进一步分组的统计结果来看，当公司现金持有水平低时，可能由于现金持有竞争效应不明显而在分组检验中没有显著差异；当公司现金持有水平较高时，在竞争对手融资约束程度严重、行业竞争激烈以及货币政策紧缩时，公司持有现金的竞争效应更显著；与政府控制公司相比，民营公司持有现金的公司产品市场竞争优势更大。

表 2-2 公司现金持有竞争效应的分组描述性统计结果

现金持有	产品市场竞争优势			
	均值	T值	中值	Z值
低	0.0355	-2.34***	-0.0007	-4.11***
高	0.0438		0.0008	
进一步分组检验							
	高现金持有水平				低现金持有水平		
融资约束（Fc_Size）							
低	0.0395	-1.656*	0	-2.382***	0.0334	-0.8588	-0.0006	0.760
高	0.0479		0.0027		0.0378		-0.0009	
融资约束（Fc_KZ）							
低	0.0411	-1.3467	0.001	0.834	0.0323	-1.0336	-0.0002	1.359
高	0.0481		0.0007		0.0376		-0.0012	
行业集中度（HHI）							
低	0.0371	-2.6029***	0.0007	-0.987	0.0324	-1.2621	-0.0010	-0.927
高	0.0502		0.001		0.0387		-0.0004	
行业内竞争（NH）							
低	0.0284	-2.7454***	0.0001	-1.176	0.0442	0.159	-0.0003	0.837
高	0.0423		0.0013		0.0434		-0.0013	
货币政策							
宽松	0.0386	-2.2142***	0	-3.738***	0.0227	-0.8227	0	0.936
紧缩	0.0497		0.0051		0.0284		0.0005	
产权性质							
政府	0.0302	-2.9423***	0	-3.227***	0.0414	-0.7363	-0.0026	-3.054***
民营	0.0458		0.0041		0.0451		0	

注：平均值的检验方法是T检验，中位数的检验方法是Wilcoxon秩和检验。*、***分别表示在0.1、0.01水平上显著（双尾检验）。

二、竞争对手融资约束、行业竞争与现金持有竞争效应的检验结果

考虑到前期的产品市场业绩可能会对其后的业绩产生持续影响，我们建立的回归方程控制了滞后两期的产品市场业绩，是一个动态面板模型。产品市场竞争优势与现金持有水平可能存在反向的因果关系，也会导致内生性问题，因此，本章采用系统GMM来估计动态面板模型，以克服个体异质性和内生性问题。

表 2-3 是竞争对手融资约束、行业竞争与现金持有竞争效应的回归结果。我们首先检验了现金持有是否具有竞争效应，模型 1 中 Zcash 的系数显著为正，表明持有更多现金的公司能够获得竞争优势。模型 2 和模型 3 是按规模区分的竞争对手的融资约束程度，在竞争对手融资约束程度高的组中 Zcash 显著为正，而在竞争对手融资约束程度低的组中 Zcash 不再显著；从两组样本 Zcash 系数比较来看，P 值为 0.035，表明现金竞争效应在竞争对手融资约束程度高的情况下更显著。基于 KZ 指数衡量的融资约束程度模型 4 和模型 5，我们也得到类似的结论。

表 2-3 竞争对手融资约束、行业竞争与现金持有竞争效应的检验结果

变量	模型1 全样本	模型2 融资约束(Fc_Size) 高	模型3 融资约束(Fc_Size) 低	模型4 融资约束(Fc_KZ) 高	模型5 融资约束(Fc_KZ) 低	模型6 行业集中度(HHI) 高	模型7 行业集中度(HHI) 低	模型8 行业内竞争(NH) 高	模型9 行业内竞争(NH) 低
$Zcash_{t-1}$	0.158* (1.890)	0.259** (2.478)	0.065 (0.507)	0.218* (1.760)	0.120 (1.258)	0.295*** (2.590)	0.165 (1.525)	0.372*** (3.192)	0.079 (0.635)
$Size_{t-1}$	-0.103*** (-5.712)	-0.097*** (-2.628)	-0.145*** (-4.631)	-0.016 (-0.836)	-0.169*** (-6.162)	-0.084*** (-3.863)	-0.136*** (-5.820)	-0.122*** (-4.788)	-0.102*** (-3.951)
Lev_{t-1}	0.806*** (3.983)	0.628*** (2.696)	0.617** (1.993)	0.068 (0.299)	0.538* (1.885)	0.564** (2.266)	0.887*** (4.249)	0.597*** (3.305)	0.389 (1.282)
Lev_{t-2}	-0.582*** (-3.148)	-0.586*** (-2.818)	-0.371 (-1.356)	-0.271 (-1.397)	-0.179 (-0.737)	-0.194 (-0.846)	-0.748*** (-4.088)	-0.275* (-1.702)	-0.272 (-0.992)
Se_{t-1}	-0.061 (-0.288)	-0.683** (-2.132)	0.334 (1.421)	-0.435 (-1.620)	0.146 (0.614)	0.383 (1.112)	-0.469* (-1.789)	0.142 (0.583)	-0.191 (-0.551)
Se_{t-2}	-0.232 (-1.056)	0.307 (0.800)	-0.504* (-1.880)	-0.037 (-0.121)	-0.391 (-1.529)	-0.759** (-1.978)	0.137 (0.509)	-0.310 (-1.188)	-0.158 (-0.454)
Inv_{t-1}	-0.389** (-2.346)	-0.610*** (-2.625)	-0.483** (-2.073)	-0.529*** (-2.677)	-0.387 (-1.527)	-0.497** (-2.063)	-0.344 (-1.531)	-0.427* (-1.883)	-0.239 (-1.078)
Inv_{t-2}	0.518*** (3.415)	0.642*** (2.870)	0.533** (2.407)	0.526*** (2.625)	0.554** (2.460)	0.696*** (3.055)	0.607*** (2.753)	0.624*** (2.827)	0.535** (2.544)
Com_{t-1}	0.003 (0.267)	-0.023 (-1.327)	0.015 (0.851)	0.012 (0.675)	-0.018 (-1.153)	0.000 (0.016)	-0.021 (-1.363)	-0.022 (-1.485)	0.014 (0.782)

续表

变量	模型1	模型2	模型3	模型4	模型5	模型6	模型7	模型8	模型9
	全样本	融资约束 (Fc_Size)		融资约束 (Fc_KZ)		行业集中度 (HHI)		行业内竞争 (NH)	
		高	低	高	低	高	低	高	低
Com_{t-2}	0.025	0.030	0.008	0.026	0.005	0.042	-0.027	0.023	0.010
	(1.496)	(1.232)	(0.309)	(1.123)	(0.253)	(1.615)	(-1.622)	(0.993)	(0.448)
_cons	0.021	-0.073**	0.140***	0.021	0.084***	0.000	0.021	-0.021	0.041*
	(1.400)	(-2.206)	(3.777)	(0.853)	(2.876)	(0.008)	(1.116)	(-1.056)	(1.838)
N	18245	8740	9505	9078	9167	9081	9164	9267	8978
wald chi2(10)	74.755	44.903	46.874	34.392	69.919	38.190	71.905	60.649	28.892
AR(2) P值	0.841	0.505	0.650	0.426	0.361	0.527	0.476	0.379	0.488
Sargan P值	0.330	0.642	0.087	0.561	0.271	0.529	0.113	0.681	0.380
Zcash 差异		0.035		0.107		0.044		0.015	

注：括号中的数字为t检验值，*、**、***分别表示显著性水平10%、5%、1%。

模型6~模型9是基于行业竞争程度考察其对现金持有竞争效应的影响。行业竞争程度高的样本，Zcash系数都显著为正，而竞争程度低的样本不显著；竞争程度高的样本组Zcash系数也显著高于低竞争样本组。这表明中观层面的行业竞争程度越激烈，公司持有现金的竞争效应越强。

三、货币政策与现金持有竞争效应的检验结果

表2-4是货币政策与现金持有竞争效应的回归结果。表2-4中模型1和模型2是检验不同货币政策下现金持有的竞争效果，紧缩货币政策下Zcash系数显著为正，并且显著高于宽松货币政策下的Zcash系数（Zcash差异P值为0.022），这表明不同货币政策下现金持有竞争效应存在差别，在紧缩货币政策下现金持有竞争效应更明显。模型3~模型10进一步检验了在紧缩货币政策下，竞争对手融资约束程度和行业竞争程度对现金持有竞争效应的影响，结果表明，紧缩货币政策下，竞争对手面临的融资约束程度越严重、行业竞争程度越激烈，公司现金持有的竞争效应越强。

表2-4 货币政策与现金持有竞争效应的检验结果

变量	模型1	模型2	模型3	模型4	模型5	模型6	模型7	模型8	模型9	模型10
	紧缩货币政策	宽松货币政策	融资约束（Fc_Size）		融资约束（Fc_KZ）		行业集中度（HHI）		行业内竞争（NH）	
			高	低	高	低	高	低	高	低
							紧缩货币政策			
$Zcash_{t-1}$	0.305**	0.080	0.349**	0.213	0.598**	0.184	0.682***	-0.073	0.530***	0.306**
	(2.467)	(0.766)	(2.066)	(1.166)	(2.440)	(1.623)	(3.952)	(-0.612)	(3.250)	(1.977)
$Size_{t-1}$	-0.079***	-0.094***	-0.030	-0.141***	-0.006	-0.142***	-0.110***	-0.062***	-0.103***	-0.093***
	(-3.675)	(-3.672)	(-0.657)	(-4.106)	(-0.253)	(-4.597)	(-3.965)	(-2.914)	(-3.460)	(-3.276)
Lev_{t-1}	0.243	1.184***	-0.226	0.361	-0.240	0.148	0.081	0.612***	-0.061	0.040
	(1.054)	(5.533)	(-0.779)	(1.148)	(-0.878)	(0.561)	(0.294)	(2.905)	(-0.252)	(0.110)
Lev_{t-2}	-0.222	-0.892***	0.073	-0.231	-0.103	0.147	0.241	-0.708***	0.061	0.073
	(-1.050)	(-4.522)	(0.265)	(-0.858)	(-0.409)	(0.642)	(0.947)	(-3.884)	(0.306)	(0.220)
Se_{t-1}	0.124	-0.204	-0.353	0.445*	-0.208	0.262	0.560	-0.085	0.240	0.013
	(0.564)	(-0.828)	(-1.327)	(1.668)	(-0.785)	(1.050)	(1.423)	(-0.418)	(0.921)	(0.045)
Se_{t-2}	-0.434*	0.041	-0.090	-0.706**	-0.379	-0.387	-1.036***	-0.040	-0.454	-0.484*
	(-1.939)	(0.171)	(-0.290)	(-2.559)	(-1.212)	(-1.624)	(-2.592)	(-0.193)	(-1.537)	(-1.762)
Inv_{t-1}	-0.195	-0.443**	-0.275	-0.224	-0.440*	0.115	-0.190	0.089	-0.111	-0.019
	(-1.015)	(-2.210)	(-1.057)	(-1.020)	(-1.785)	(0.503)	(-0.653)	(0.412)	(-0.505)	(-0.078)

第二章 货币政策、信贷歧视与公司现金持有竞争效应

续表

变量	模型1	模型2	模型3	模型4	模型5	模型6	模型7	模型8	模型9	模型10
	紧缩货币政策	宽松货币政策	融资约束(Fc_Size)		融资约束(Fc_KZ)		紧缩货币政策			
							行业集中度(HHI)		行业内竞争(NH)	
			高	低	高	低	高	低	高	低
Inv_{t-2}	0.342*	0.550***	0.237	0.379*	0.328	0.103	0.396*	0.112	0.109	0.423*
	(1.893)	(2.844)	(0.911)	(1.775)	(1.288)	(0.499)	(1.659)	(0.520)	(0.521)	(1.792)
Com_{t-1}	0.048**	0.008	0.020	0.029	0.049*	0.014	0.018	0.013	0.022	0.036
	(2.549)	(0.530)	(0.754)	(1.363)	(1.701)	(0.621)	(0.653)	(0.570)	(0.975)	(1.305)
Com_{t-2}	0.036**	0.034	0.062**	0.001	0.044*	0.019	0.056**	0.006	0.047**	0.017
	(2.072)	(1.475)	(2.430)	(0.049)	(1.652)	(0.928)	(2.173)	(0.302)	(2.180)	(0.652)
_cons	-0.017	0.022	-0.057	0.104**	-0.023	0.049*	-0.073***	0.036*	-0.064**	-0.010
	(-0.888)	(1.150)	(-1.208)	(-2.323)	(-0.616)	(1.845)	(-2.632)	(1.894)	(-2.525)	(-0.400)
N	8777	9468	4173	4604	4184	4593	4319	4458	4458	4319
wald chi2(10)	50.864	54.838	22.919	42.703	33.910	41.478	48.938	40.031	37.957	24.249
AR(2) P值	0.343	0.267	0.491	0.772	0.681	0.378	0.624	0.310	0.286	0.372
Sargan P值	0.255	0.125	0.303	0.207	0.090	0.227	0.107	0.390	0.215	0.401
Zcash 差异	0.022		0.073		0.008		0.006		0.083	

注:括号中的数字为t检验值,*、**、***分别表示显著性水平10%、5%、1%。

四、紧缩货币政策、信贷歧视与现金持有竞争效应的检验结果

货币经济学的大量文献已经证实,宽松的货币政策在拉动经济增长方面表现乏力,而紧缩的货币政策却对遏制经济过热效果显著(刘金全,2002;索彦峰和范从来,2007)。因此,在进行实证研究时,学者们一般侧重研究紧缩性货币政策对于实体经济的影响(陆正飞等,2009)。遵循这一惯例,我们结合紧缩货币政策,检验信贷歧视对公司持有现金的竞争效应的影响①。从表2-5中模型1和模型2的结果来看,不考虑货币政策影响时,民营公司现金持有竞争效应显著高于政府控制的公司;模型3和模型4中,在紧缩货币政策下民营公司样本中Zcash系数显著为正,但是在政府控制公司的样本Zcash系数为负。进一步地,我们可以看出紧缩货币政策下的民营公司现金持有竞争效应(Zcash系数为0.553,在1%的水平显著),要强于不考虑货币政策下的民营公司现金持有竞争效应(Zcash系数为0.268,在5%的水平显著),而在政府控制的公司中,现金持有竞争效应并无太大差别。这表明与政府控制的公司相比,民营公司的现金持有竞争效应更强,而且在紧缩货币政策下这种差异更显著。

从表2-5结合竞争对手融资约束程度和行业竞争程度的结果来看,在紧缩货币政策下,竞争对手融资约束程度和行业竞争程度越高,民营公司持有现金的竞争效应显著高于政府控制的公司。这证实了在紧缩货币政策下,与民营公司相比,政府控制的公司不利于发挥其现金持有的竞争效应;在紧缩货币政策下,我国信贷资金优先满足政府控制公司的需求无异于提升其在产品市场的竞争优势。

五、进一步检验:现金持有竞争效应的实现渠道

上述研究结果证实了公司持有现金的竞争效应及其差异,但这种竞争效应是如何实现的、是通过什么渠道实现传导的还需要进一步检验。下面我们基于研发活动进一步检验公司持有现金实现竞争效应的渠道。竞争与研发一直是经济学家关注的话题,研发活动在公司获取竞争优势的过程中起着举足轻重的作用。公司通过研发活动获得竞争优势的动机不但需要大量资金的投入,更重要的是,还因研发活动相对高昂的调整成本而要求资金投入平稳持续。因此,通过持有现金的方式,不仅能够有助于公司加大研发投入强度,而且有利于保障研发投入持续

---

① 尽管Brandt和Li(2003)、方军雄(2007)等的研究已经证实在我国存在信贷歧视现象,货币紧缩时期尤甚(陆正飞等,2009),为稳妥起见,我们结合货币政策检验政府控制公司与民营公司资产负债率均值和中值差异、债务增长率中值和均值差异以及控制企业规模、成长性、盈利能力和资产期限结构等因素进行回归检验,结果都证实在紧缩货币政策下,民营企业获得的债务资金更少,信贷歧视问题确实存在。

表2-5 紧缩货币政策、信贷歧视与现金持有竞争效应的检验结果

变量	模型1	模型2	模型3	模型4	模型5	模型6	模型7	模型8	模型9	模型10	模型11	模型12
	不考虑货币政策				紧缩货币政策							
	民营	政府	民营	政府	融资约束（Fc_Size）		融资约束（Fc_KZ）		行业集中度（HHI）		行业内竞争（NH）	
					民营	政府	民营	政府	民营	政府	民营	政府
$Zcash_{t-1}$	0.268**	-0.072	0.553***	-0.075	0.736***	-0.063	1.200***	0.120	0.549**	0.350	0.692***	-0.282
	(2.254)	(-0.447)	(3.305)	(-0.535)	(3.647)	(-0.437)	(3.899)	(0.446)	(2.363)	(1.150)	(3.026)	(-1.075)
$Size_{t-1}$	-0.096***	-0.111***	-0.076***	-0.102***	0.063	0.012	-0.008	0.007	-0.131***	-0.087***	-0.100***	-0.165***
	(-4.696)	(-2.913)	(-3.293)	(-3.610)	(0.957)	(0.205)	(-0.200)	(0.202)	(-3.172)	(-2.668)	(-3.411)	(-3.166)
Lev_{t-1}	0.439*	0.389	-0.006	-0.166	-0.470	0.188	0.056	0.001	-0.354	-0.194	0.475*	-0.801**
	(1.665)	(1.355)	(-0.023)	(-0.417)	(-1.552)	(0.625)	(0.177)	(0.002)	(-0.873)	(-0.425)	(1.855)	(-2.318)
Lev_{t-2}	-0.111	-0.400*	0.149	-0.067	0.266	-0.431	-0.467	-0.137	0.385	0.537	-0.150	0.277
	(-0.442)	(-1.707)	(0.612)	(-0.203)	(0.858)	(-1.561)	(-1.604)	(-0.283)	(1.070)	(1.614)	(-0.691)	(1.072)
Se_{t-1}	0.010	-0.018	0.274	0.092	-0.753	-0.363	-0.151	-0.490	0.503	0.651	0.434	0.092
	(0.036)	(-0.056)	(0.945)	(0.322)	(-1.479)	(-1.045)	(-0.335)	(-1.114)	(1.039)	(1.133)	(1.296)	(0.223)
Se_{t-2}	-0.251	-0.156	-0.670**	-0.214	-0.024	0.045	-0.902*	0.154	-0.891	-1.213**	-0.708*	-0.112
	(-0.808)	(-0.530)	(-2.512)	(-0.644)	(-0.042)	(0.096)	(-1.917)	(0.261)	(-1.249)	(-2.164)	(-1.760)	(-0.215)
Inv_{t-1}	-0.302	-0.675***	0.122	-0.525*	0.024	-0.969**	0.096	-1.029***	-0.734*	-0.007	0.234	-0.746
	(-1.258)	(-2.909)	(0.474)	(-1.959)	(0.052)	(-2.401)	(0.285)	(-2.732)	(-1.803)	(-0.017)	(0.673)	(-2.383)

续表

变量	模型 1	模型 2	模型 3	模型 4	模型 5	模型 6	模型 7	模型 8	模型 9	模型 10	模型 11	模型 12
	不考虑货币政策				融资约束（Fc_Size）		紧缩货币政策 融资约束（Fc_KZ）		行业集中度（HHI）		行业内竞争（NH）	
	民营	政府	民营	政府	民营	政府	民营	政府	民营	政府	民营	政府
Inv_{t-2}	0.675***	0.604***	0.342	0.356	−0.031	0.676*	0.098	0.791**	0.765**	0.352	0.226	0.035
	(3.056)	(2.627)	(1.349)	(1.422)	(−0.072)	(1.688)	(0.285)	(2.066)	(2.130)	(0.933)	(0.670)	(0.112)
Com_{t-1}	−0.003	0.004	0.040*	0.030	−0.019	−0.009	−0.015	0.002	0.001	0.014	0.007	−0.016
	(−0.188)	(0.181)	(1.816)	(1.097)	(−0.633)	(−0.244)	(−0.369)	(0.057)	(0.043)	(0.434)	(0.318)	(−0.389)
Com_{t-2}	0.007	0.018	0.011	0.052*	0.035	0.045	0.008	0.029	0.055	0.032	0.008	0.056
	(0.333)	(0.698)	(0.559)	(1.725)	(1.034)	(1.170)	(0.226)	(0.649)	(1.183)	(0.972)	(0.348)	(1.446)
_cons	0.017	0.039	−0.035	0.020	−0.037	0.058	−0.077*	0.037	−0.088*	0.005	−0.070**	0.049
	(0.866)	(1.224)	(−1.493)	(0.754)	(−0.682)	(1.127)	(−1.932)	(0.805)	(−1.891)	(0.114)	(−2.171)	(0.940)
N	7287	10901	3521	5222	1700	2556	1559	2614	1777	2520	1774	2671
wald chi2 (10)	44.200	41.898	36.745	30.820	20.348	12.472	26.743	12.891	29.330	19.458	28.852	24.853
AR (2) P 值	0.474	0.375	0.571	0.345	0.406	0.256	0.570	0.308	0.238	0.230	0.454	0.210
Sargan P 值	0.322	0.280	0.201	0.344	0.137	0.236	0.442	0.088	0.332	0.096	0.421	0.225
Zcash 差异	0.042		0.007		0.004		0.059		0.078		0.012	

注：括号中的数字为 t 检验值，*、**、***分别表示显著性水平 10%、5%、1%。

稳定。我们构造以下现金持有与研发强度、现金持有与研发平滑的回归模型，检验现金持有实现竞争效应的渠道。

现金持有与研发强度的回归模型（2-2）如下：

$$R\&D_{i,t} = \alpha_0 + \alpha_1 Cash_{i,t-1} + \alpha_2 Cf_{i,t-1} + \alpha_3 Grow_{i,t-1} + \alpha_4 Lev_{i,t-1} + \alpha_5 Size_{i,t-1} + \varepsilon_{i,t} \quad (2-2)$$

现金持有与研发平滑的回归模型（2-3）如下：

$$\Delta R\&D_{i,t} = \beta_1 \Delta Cash_{i,t} + \beta_2 Cf_{i,t} + \beta_3 Finace_{i,t} + \beta_4 Lev_{i,t} + \beta_5 Grow_{i,t} + \beta_6 \Delta R\&D_{i,t-1} + \alpha_i + \eta_t + \varepsilon_{i,t} \quad (2-3)$$

上述回归模型中，被解释变量 R&D 和 ΔR&D 分别表示公司存量研发投入资本和当期研发投入水平，可用期末无形资产和无形资产变动额来衡量。与企业 R&D 相比，无形资产包括能为企业增加附加值和竞争力的专利权、非专利技术、商标权和著作权等，包含企业的人力资本开发、新技术引进、消化和吸收等。此外，我国上市公司公布 R&D 数据的企业并不多，更缺少 R&D 季度数据，因此，在现有条件下无形资产存量和增量是反映企业研发活动较合理的指标。变量 Cash 和 ΔCash 表示公司现金持有水平和现金持有变动额。我们还控制了现金流（Cf）、成长性（Grow）、负债水平（Lev）、公司规模（Size）以及外部融资水平（Finace）等对公司研发活动的影响。在现金持有与研发强度模型中，公司现金持有与研发强度正相关，预计 α_1 的系数显著为正；而在现金持有与研发平滑模型中，公司通过现金支付的方式维持研发活动，即现金变动额和无形资产变动额呈现相反的方向，预计 β_1 的系数显著为负。

表 2-6A 报告了现金持有与研发投入强度的回归结果。模型 1 中 Cash 系数在 1% 的水平显著为正，表明公司持有现金越多，研发投入强度更高。模型 2~模型 5 是基于公司规模和 KZ 指数衡量融资约束程度的分组回归结果，我们发现融资约束程度越高，高额现金持有的公司研发投入强度更高。模型 6~模型 9 的结果表明，行业竞争程度越高，持有更多现金的公司研发投入强度更高。模型 10 和模型 11 中，与宽松货币政策情况下相比，在紧缩的货币政策下，高额持有现金的公司研发投入强度更高。表 2-6B 是现金持有与研发平滑的检验结果。模型 1 中，ΔCash 系数显著为负，表明公司现金持有能够平滑企业的研发支出。基于融资约束、行业竞争程度和货币政策的分组回归结果表明，融资约束程度越高、行业竞争程度越激烈以及在紧缩的货币政策下，公司持有现金平滑研发支出的效果越显著。综合表 2-6A 和表 2-6B 的回归结果，我们可以推断，公司现金持有竞争效应的重要渠道在于：公司通过持有现金加大研发投入强度和保障研发活动的可持续性，从而增强公司在产品市场中的竞争力。

表 2-6A 现金竞争效应实现渠道——现金持有与研发投入强度

变量	模型 1	模型 2	模型 3	模型 4	模型 5	模型 6	模型 7	模型 8	模型 9	模型 10	模型 11
	全样本	融资约束		Fc_Size		Fc_KZ		行业集中度 (HHI)		行业内竞争 (NH)		货币政策	
		高	低	高	低	高	低	高	低	紧缩	宽松
Cash_{t-1}	0.011***	0.019***	0.009***	0.017***	0.010***	0.023***	0.004	0.012***	0.009***	0.010***	0.005*
	(5.202)	(5.686)	(2.772)	(4.945)	(3.791)	(7.297)	(1.515)	(4.043)	(2.792)	(2.669)	(1.714)
CF_{t-1}	0.019***	0.015***	0.021***	0.023***	0.020***	0.017***	0.019***	0.021***	0.013***	0.012***	0.021***
	(7.459)	(4.002)	(6.698)	(5.159)	(5.540)	(4.901)	(5.482)	(6.327)	(3.700)	(2.819)	(6.855)
Grow_{t-1}	0.000*	0.000	0.000*	0.000	0.001***	0.000	0.000	0.000	0.000	−0.001*	0.001***
	(1.835)	(0.523)	(1.739)	(0.195)	(2.937)	(0.690)	(1.395)	(1.372)	(1.451)	(−1.809)	(3.988)
Lev_{t-1}	0.012***	0.002	0.028***	0.011***	0.015***	0.003	0.032***	0.005	0.016***	0.010***	0.015***
	(5.413)	(0.678)	(8.949)	(3.166)	(4.348)	(0.883)	(10.675)	(1.449)	(5.160)	(2.926)	(4.974)
Size_{t-1}	0.006***	0.011***	0.002***	0.004***	0.010***	0.012***	0.001	0.009***	0.005***	0.004***	0.007***
	(11.451)	(10.871)	(2.849)	(5.169)	(12.043)	(14.463)	(1.362)	(10.174)	(5.689)	(5.635)	(8.561)
_cons	−0.090***	−0.184***	−0.026	−0.046***	−0.178***	−0.208***	0.007	−0.138***	−0.064***	−0.052***	−0.108***
	(−8.087)	(−8.582)	(−1.491)	(−2.767)	(−10.114)	(−12.155)	(0.442)	(−7.802)	(−3.719)	(−3.222)	(−6.478)
N	20266	9883	10383	10244	10022	10130	10136	10268	9998	9028	11238
Adj_R^2	0.015	0.024	0.020	0.011	0.031	0.031	0.019	0.018	0.013	0.009	0.024
Cash 差异		0.074		0.083		0.021		0.059		0.027	

第二章 货币政策、信贷歧视与公司现金持有竞争效应

表2-6B 现金竞争效应实现渠道——现金持有与研发平滑

变量	模型1 全样本	模型2 融资约束（Fc_Size） 高	模型3 融资约束（Fc_Size） 低	模型4 融资约束（Fc_KZ） 高	模型5 融资约束（Fc_KZ） 低	模型6 行业集中度（HHI） 高	模型7 行业集中度（HHI） 低	模型8 行业内竞争（NH） 高	模型9 行业内竞争（NH） 低	模型10 货币政策 紧缩	模型11 货币政策 宽松
$\Delta Cash_t$	-0.002*** (-3.245)	-0.002*** (-4.250)	-0.001* (-1.833)	-0.003*** (-3.778)	-0.002** (-2.130)	-0.003*** (-5.824)	-0.001** (-2.443)	-0.003*** (-4.706)	-0.001 (-1.246)	-0.003*** (-3.984)	-0.002** (-2.007)
CF_t	0.005*** (5.840)	0.008*** (10.033)	0.005*** (6.126)	0.005*** (5.075)	0.007*** (6.666)	0.005*** (5.415)	0.008*** (9.613)	0.006*** (5.912)	0.007*** (7.854)	0.006*** (4.306)	0.005*** (5.917)
$Finace_t$	0.004*** (7.070)	0.006*** (12.307)	0.004*** (8.100)	0.004*** (6.804)	0.006*** (8.386)	0.006*** (11.964)	0.004*** (7.832)	0.003*** (5.420)	0.006*** (9.900)	0.003*** (4.153)	0.007*** (4.907)
Lev_t	0.001 (0.676)	-0.001 (-0.094)	-0.001*** (-2.685)	0.003*** (4.303)	-0.008*** (-6.413)	0.002** (3.423)	-0.001 (-1.570)	0.002** (2.351)	-0.001 (-1.101)	0.001 (1.226)	-0.001 (-0.519)
$Grow_t$	0.001*** (13.490)	0.001*** (19.856)	0.001*** (10.428)	0.001*** (9.466)	0.001*** (11.927)	0.001*** (15.026)	0.001*** (18.753)	0.001*** (8.968)	0.001*** (15.032)	0.001*** (6.618)	0.001*** (5.911)
RD_{t-1}	-0.001 (-0.193)	-0.009*** (-2.902)	0.014*** (7.169)	-0.017*** (-5.344)	-0.001 (-0.146)	-0.020*** (-7.466)	0.010*** (3.079)	0.008** (2.535)	-0.025*** (-8.311)	-0.007 (-1.297)	0.015** (2.048)
_cons	0.000* (1.692)	0.001** (2.151)	0.001*** (5.040)	-0.000 (-0.947)	0.005*** (7.050)	-0.000 (-0.847)	0.001*** (3.695)	-0.000 (-0.043)	0.001** (2.394)	0.000 (0.018)	0.001 (1.531)
N	18381	9555	8826	9200	9181	9226	9155	9332	9049	9739	8642
wald chi²(10)	22.920	41.681	25.170	16.475	22.991	20.825	31.868	19.169	25.941	17.503	28.784
AR(2) P值	1.306	1.220	0.906	1.415	1.173	0.447	0.866	0.145	1.299	0.846	-0.187
Sargan P值	0.362	0.274	0.201	0.291	0.259	0.218	0.199	0.370	0.384	0.283	0.253
ΔCash差异		0.057		0.073		0.051		0.039		0.087	

注：括号中的数字为t检验值，*、**、***分别表示显著性水平10%、5%、1%。

六、稳健性检验

为了确保上述结论的稳健性,我们进行了如下检验:

(1) 前文的结论很可能受到债务竞争效应的影响,国内外学者都发现债务保守具有竞争效应;而且,按照资本结构理论,现金可以看作负的债务,这些都可能导致我们把低债务的竞争效应归结为现金持有竞争效应。为减少低债务竞争效应的影响,我们在模型设计的时候已经控制了负债对产品市场竞争的影响,稳健性检验仅保留了债务竞争效应不明显(或较低)的样本,进一步降低债务竞争效应的影响。借鉴 Acharya 等(2007)与 Fresard(2010)的思路,当公司经营现金流和投资机会的相关性很低时,公司对冲需求很高,投资机会到来时,由于外部融资受限,高对冲需求的公司债务竞争效应弱化,保留高对冲需求的样本从而达到尽可能地排除债务竞争效应干扰的目的。我们剔除经营现金流和投资机会相关系数高于0,或0.1,抑或0.2的样本(即剔除低对冲需求)进行稳定性检验,表 2-7 报告了剔除相关系数高于 0.2 的回归结果,研究结论没有改变,表明本书结论没有受到债务竞争效应的影响。

(2) 在模型中报告的是滞后一期的 $Zcash_{t-1}$,我们用滞后二期的 $Zcash_{t-2}$ 做稳健性检验;也采用了未经行业现金持有的标准差调整的 Cash 变量来定义现金持有量;考虑到我国采掘业、电力和通信以及铁路、航空运输业等属于管制或垄断的领域,可能影响其产品市场竞争,我们剔除这类样本,经过上述处理的检验结果并没有发生实质性改变。

(3) 前文融资约束指标没有考虑到企业是否有融资需求的问题,从而可能对企业融资约束的衡量出现偏差进而影响研究结论,故此我们采用如下两种衡量融资约束的方式:①首先按照公司规模(Size)和 KZ 指数进行基本的融资约束程度判断,然后根据企业成长性来判断企业资金需求迫切程度(企业成长性越高,资金需求越大),最后把公司规模或 KZ 指数判定为融资约束严重而且成长性较高的组定义为融资约束较高的组,把公司规模或 KZ 指数判定为融资约束较轻而且成长性较低的组定义为融资约束较低的组。②利用投资—现金流敏感性指标衡量公司融资约束程度,一方面融资约束的公司受制于外部融资的限制,更依赖内部现金流来满足投资需求,因此融资约束越严重的公司投资—现金流敏感性更高;另一方面,公司的投资水平是判断公司融资需求的重要指标,利用投资—现金流敏感性衡量可以充分考虑公司的融资需求。运用上述融资约束指标的检验结果依然支持前文研究结论。

表2-7 剔除低对冲需求后的检验结果

融资约束、行业竞争与现金持有竞争效应

	全样本	融资约束(Fc_Size) 高	融资约束(Fc_Size) 低	融资约束(Fc_KZ) 高	融资约束(Fc_KZ) 低	行业集中度(HHI) 高	行业集中度(HHI) 低	行业内竞争(NH) 高	行业内竞争(NH) 低
$Zcash_{t-1}$	0.262***	0.310***	0.232	0.451***	0.090	0.330**	0.137	0.226	0.178
	(2.638)	(2.674)	(1.345)	(3.213)	(0.462)	(2.069)	(1.098)	(1.242)	(1.032)
Zcash差异		0.043		0.035		0.084		0.138	

货币政策与现金持有竞争效应

宽松货币政策	全样本	Fc_Size 高	Fc_Size 低	Fc_KZ 高	Fc_KZ 低	HHI 高	HHI 低	NH 高	NH 低
$Zcash_{t-1}$	0.215*	0.362*	0.211	0.692***	0.244	0.705***	0.077	0.375*	0.043
	(1.777)	(1.914)	(1.269)	(3.792)	(1.186)	(2.733)	(0.525)	(1.802)	(0.244)
Zcash差异	0.051	0.039		0.037		0.029		0.085	
紧缩货币政策									
$Zcash_{t-1}$	0.367***								
	(2.599)								

紧缩货币政策、信贷歧视与现金持有竞争效应

	全样本	Fc_Size 民营	Fc_Size 政府	Fc_KZ 民营	Fc_KZ 政府	HHI 民营	HHI 政府	NH 民营	NH 政府
民营 $Zcash_{t-1}$	0.615***								
	(2.730)								
政府 $Zcash_{t-1}$	0.088	0.289	0.280	0.934***	0.044	1.149***	-0.067	0.475	0.348
	(0.507)	(1.199)	(0.881)	(3.518)	(0.194)	(3.851)	(-0.136)	(1.163)	(0.954)
Zcash差异	0.008	0.331		0.041		0.017		0.103	

注：括号中的数字为t检验值，*、**、***分别表示显著性水平10%、5%、1%。

第五节 研究结论与启示

不同于现金持有竞争效应研究的已有文献往往忽略货币政策的重要影响,本章结合货币政策和信贷歧视考察公司现金持有的竞争效应。研究发现:公司持有现金具有竞争效应,随着竞争对手的融资约束和所在行业竞争的加剧,公司现金持有的竞争效应更趋显著;与宽松货币政策相比,紧缩货币政策下公司现金持有的竞争效应更明显;与政府控制的公司相比,民营公司现金持有的竞争效应更强,且在紧缩货币政策下这种差异更显著。研究结果表明:公司现金持有具有显著的竞争效应,而宏观的货币政策会影响企业微观个体的现金持有行为及其竞争效应;我国"重国轻民"的信贷资金配置格局,降低了公司现金持有的竞争效应,而紧缩的货币政策还会进一步弱化这种效应。此外,研发活动是实现公司现金持有竞争效应的重要渠道。本章拓展与丰富了公司现金持有经济后果的相关研究,并从现金持有竞争效应的视角,为宏观货币政策的经济后果提供了来自企业微观层面的经验证据,丰富了信贷歧视经济后果的相关文献。

本章的政策启示在于:公司现金持有具有竞争效应,并且这种效应与竞争对手面临融资约束程度以及公司所处行业的竞争程度密切关联;宏观货币政策显著影响公司的现金持有行为及其竞争效应,因此,公司应结合融资约束差异和行业竞争特征,合理确定现金持有水平以增强其在产品市场上的竞争力,尤其是在货币政策趋紧时,保持较高的流动性更有助于提高公司的产品市场竞争力;信贷歧视除导致资金的误配置外,还会影响公司其他财务政策功效的实现,紧缩货币政策下信贷歧视问题会进一步加剧现金持有竞争效应的"国民"差距,深化国企改革和理顺银企关系应最大限度保证信贷资源的效率优先原则。

第三章　行业成长性、公司现金持有水平及其竞争效应

第一节　引言

现金持有是公司财务决策的一项重要内容,如何决定公司的现金持有水平以及评价其经济后果等问题,日益受到理论界及实务界的关注,并已成为国内外研究的热点。公司的现金持有水平及其价值与信息不对称、代理问题密切关联。一方面,由于信息不对称与交易成本的存在,相对于高昂成本的外源融资,内部积累的现金因其成本低廉并能及时而有效地缓解融资约束以及投资不足,从而有利于提升公司价值。当信息不对称问题更严重或投资不足概率更高时,持续持有高额现金是高成长性公司的最优财务策略(Mikkelson and Partch,2003)。与非融资约束公司相比,面临融资约束公司倾向于从其实现的现金流中储备更多的现金(Almeida et al.,2004;Arslan et al.,2006;王彦超,2009),其持有现金的边际价值也更高(Faulkender and Wang,2006),现金持有水平还与公司投资水平正相关,但融资约束公司的投资边际价值更大(Denis and Sibilkov,2010)。另一方面,高额持有现金又会加剧代理问题。当公司持有大量现金时,管理者或大股东为了追求控制权私利,更容易侵占现金或更倾向于对净现值为负的项目进行过度投资(Jensen,1986)。诸多研究表明,低效的公司治理往往对应着高额的现金持有水平(Ozkan and Ozkan,2004;Guney et al.,2007),且高额持有现金的公司更有可能实施有损股东财富的多元化并购(Harford,1999),而频繁的并购与高额但低效的资本性支出在浪费大量现金资源的同时也降低了公司现金持有的价值(Dittmar and Mahrt-Smith,2007;Harford et al.,2008);在终极控股股东控制权与现金流权存在分离时,公司的现金持有价值较低(罗琦、胡志强,2011;

沈艺峰等 2008）。Dittmar 等（2003）、Pinkowitz 等（2006）、Kalcheva 和 Lins（2007）等基于跨国样本的比较研究还发现，投资者法律保护较弱、管理者代理问题严重的国家，公司持有现金的水平较高，但其价值较低。Frésard 和 Salva（2010）的研究表明，因为美国强有力的法律制度、信息披露要求以及非正式监督压力具有显著的治理效应，那些在美国和本国双重上市的公司超额持有现金的价值要高于只在本国上市的公司。

可见，公司的现金持有水平及价值受其内部财务状况及其治理机制的影响，并内生于其所在的宏观制度环境。然而，从公司的微观层面与宏观层面仍然无法对其现金持有行为及其经济后果做出全面而一致的评判，公司的现金持有行为还反映了其所在行业的成长性特征及其市场竞争环境的影响，行业结构、要素禀赋、相对价格、分工链条以及相关的产业政策等决定公司生存和获利机会，进而也会显著影响公司的现金持有水平及其价值，故对公司现金持有行为及其经济后果的分析，还须从中观行业层面予以审视，这有助于整合上述基于不同视角研究的结论分歧。面对现金持有价值"较高观"与"较低观"的争议，学者们开始基于产业组织以及市场结构等理论，从行业结构及其竞争程度的视角系统考察公司现金持有的水平及其价值效应。掠夺理论认为，公司所持现金具有竞争效应，持有充裕现金的公司通过实施更有利的市场竞争战略或对其竞争对手形成可信的威慑，能够保障其在产品市场竞争中的优势地位。诸多学者考察了现金持有在防止掠夺或风险管理中的显著功效，在公司投资决策与其竞争对手相互依存较高的竞争性行业中，为避免市场份额被竞争对手掠夺，公司将持有更多的现金，即现金持有水平与其产品市场竞争程度正相关（Haushalter et al., 2007；杨兴全和吴昊旻，2009）；现金持有可以作为一种风险管理工具，在降低公司掠夺性风险方面，较高的现金持有与衍生金融工具具有相同的功效，可以作为衍生金融工具的替代方式（Acharya et al., 2007）。Frésard（2010）的研究也发现，持有较多的现金有利于增加公司的产品市场业绩，从而具有不同于保守债务政策的竞争效应。张会丽和吴有红（2012）发现了超额持有现金对于公司产品竞争优势的积极影响，而刘志远和王勇（2013）的研究则证实了公司所持现金对其竞争对手形成的威慑效应。陆正飞和韩非池（2013）研究发现，长期的产业政策能够影响公司现金持有的竞争效应和价值效应，而短期的经济刺激只能促进公司现金持有的竞争效应，并未显著影响现金持有的价值效应。杨兴全等（2014）发现货币政策影响公司的现金持有行为及其竞争效应，与宽松货币政策相比，公司现金持有的竞争效应在紧缩货币政策下更明显。

综上所述，国内外学者已从信息不对称与代理问题两大视角关注公司持有现金水平及其价值，发展到基于产业组织等理论，从行业特征的视角考察公司现金持水平及其竞争效应。但现有文献主要考察了产品市场竞争与现金持有的关系，而忽视了行业的另一个重要特征——行业成长性的作用。产业组织理论 SCP 范式指出，行业/产业的结构决定企业行为，而企业行为最终决定其绩效（竞争优势或价值）。行业成长性的周期演变反映着产业的兴衰历程，其间势必伴随着产业的集聚与分散，行业/产业结构变迁也会直接或间接地影响公司战略行为，即公司所采取的战略行为往往因行业成长的不同阶段而异，当行业处于成长期时，因其更好的发展空间、更高的盈利能力、快速增长的产品需求及充裕的投资机会往往会吸引更多的竞争者进入进而引发"羊群效应"，促使整个行业处于快速扩张阶段，此时，公司往往会实施市场占优投资战略（如加大资本投资与研发投入等策略）以获得更多的市场份额，以便在未来的市场中取得竞争优势。而公司采取上述占有投资战略势必会激发其资金需求，高成长性行业资产构成的低附属担保价值属性与公司加强研发投入以提升创新能力的偏好也容易导致其外源"融资缺口"，加之成长性行业更多的投资机会因伴随着较高的不确定性又增加了现金流的波动及公司面临的风险，进而强化了公司预防性持有现金的战略动机。因此，公司更有动机通过持有现金——因其融资成本更低、来源更便捷——以及时把握市场占优投资机会，帮助公司获得更高的市场份额。现金持有水平及其战略效应的强弱与所处行业的竞争程度密不可分，伴随着产品市场竞争的加剧，在投资机会相对更多的高成长性行业中，为在激烈的竞争中巩固或扩大其市场优势、避免掠夺风险，持有充裕的现金就成为一种低成本、高效率的战略性选择。此外，现金持有行为还与公司面临的融资约束状况密切相关，处于高成长行业的公司因信息不对称更严重而导致其外部融资成本较高，出于避免投资不足的损失以及把握成长机会等考虑，面临融资约束的成长性行业企业更有动机持有充裕现金，以捕捉投资机会、获取竞争优势。

鉴于此，本章以 2003~2012 年沪深两市 A 股上市公司为样本来源，结合行业竞争程度与公司融资约束差异，系统考察行业成长性与公司现金持有水平及其竞争效应的关系。研究发现，行业成长性与公司现金持有水平正相关，成长性行业的公司通过高额持有现金以满足占优投资的资金需求，最终实现了竞争效应；随着行业竞争与融资约束的提高，成长性行业的公司会持有更多的现金，而其竞争效应也更显著。进一步的检验发现，成长性行业中的公司实现的现金持有竞争效应提升了其现金持有的价值，而这种提升效应在产品市场竞争激烈和融资约束严重时更显著。

本章的贡献主要体现在：第一，作为行业的关键特征，成长机会决定着行业竞争主体的生存和发展环境，并直接影响公司的财务行为，本章结合行业竞争与融资约束检验行业成长性对公司现金持有水平及其竞争效应的影响，有助于拓展和丰富公司现金持有水平及其经济后果的现有研究。第二，高成长行业中公司高额持有现金主要是为满足其捕捉投资机会、抢占市场先机的战略需要，以获取相对更大的市场份额和竞争优势。本章基于占优投资假说，将行业成长性对公司现金持有水平及竞争效应的影响置于同一分析框架下，不仅有助于更好地解释公司的持现动机，也有助于促进公司结合自身状况与其所在行业特征，合理确定现金持有水平，以利于维持和巩固公司的市场竞争地位。第三，行业成长性的演化与产品市场竞争结构的变动相伴而生，但具有相似成长性的行业，其市场竞争格局并非完全一致，本章在检验行业成长性与现金持有水平及其竞争效应关系的基础上，进一步考察这种关系在不同的产品市场竞争环境下存在的差异，也是对产品市场竞争与公司财务政策相关研究的丰富与补充。

第二节 理论分析与研究假设

Myers（1977）将公司资产分为当前业务（Asset in Place）和增长机会（Growth Opportunities）两大部分，相对于当前业务，增长机会的附属担保价值更低。高成长公司普遍面临富有前景的发展空间及更多的投资机会，为把握投资机遇，高成长性会激发公司的资金需求，而增长机会的低附属担保价值特性又势必加剧公司获取外部融资支持的难度或成本（Barclay and Smith，1995）。公司现金持有的水平会随着公司成长性的提高而增加（Opler et al.，1999；Bates et al.，2009），持续持有高额现金因能在不降低经营业绩的情况下支持公司的成长，从而成为成长性公司的最优财务政策（Mikkelson and Partch，2003）。行业环境是影响公司生存与财务决策的重要因素（Ghemawat，1984；Ghemawat and Nalebuff，1985），行业一般是指其按生产同类产品或具有相同工艺过程或提供同类劳动服务划分的经济活动类别，同一行业一般都有众多产品相同或相似的公司作为其构成元素。根据产业生命周期理论，作为整体而言，任何行业或产业都具有明显的生命发展周期，一般都会经历从高速成长、稳定发展到逐渐衰退的过程，在生命周期的不同阶段，行业的内部结构、要素禀赋、相对价格、分工链条的差异决定了公司的获利机会和生存威胁。行业成长性除与公司本身成长性对现金持有具有相同的作用机理外，还主要通过影响公司的战略选择而作用于公司现金持有的动机与效应。产业组织理论的 SCP 范式认为，行业（产业）结构决定了行业（产业）内的竞争格局及其状态，从而影响企业的行为及其战略选择，进而决定企业的绩效。因此，行业成长性的变化与其企业数量、规模及势力的差异因果互动，进而引致行业结构的变迁以及公司的战略选择及其绩效。现金持有作为企业重要的财务决策行为之一，其持有水平及持有价值受行业成长性的影响不言而喻。当行业处于高成长周期时，鉴于产品技术尚不成熟、未开发市场广阔、公司已有市场并不稳固，在利润的吸引下大量公司进入将使行业规模迅速膨胀，导致竞争加剧（Maksimovic and Philips，2008），此时的公司一般采取强势的市场占优投资战略以谋求利益最大化（Akdoğu and MacKay，2008）。根据 Romer（1993）、Zeng（1997）的研究，可以将新增长理论分为资本为基础的增长理论（Capital - based Growth Theory）和研发为基础的增长理论（R&D - based Growth Theory）（严成樑等，2010）。无论是对企业还是整个国家来说，要促进经济增长，都必须加大资本投资与研发投入。市场占优投资是公司以提高市场竞争力为目的的一系列投资，因此，为适应市场竞争和自身发展的需要，成长性行业的公司将主要通过实物资本投资与研发投入使其在未来的市场竞争中占得先机。

实物期权理论认为，公司拥有投资机会的排他性产权时，因不确定性程度随着时间的推移降低而有助于公司更准确地做出决策，延缓不可逆投资是有价值的（Pindyck，1988）。然而，当投资机会在公司间存在竞争时，实物期权的价值不复存在，及时的市场占优投资赋予公司充分利用未来成长机会的能力，阻止竞争者进入或诱使竞争者做出让步而获得市场竞争优势（Dixit，1980；Kulatilaka and Perotti，1998）。相反，延缓投资会导致公司面临投资机会与市场份额被掠夺的风险而在产品市场竞争中处于不利地位（Minton and Schrand，1999）。当其竞争对手选择投资而公司自身放弃投资所失去的市场份额（或市场价值）的落后成本高昂时，公司就更有可能仿效其竞争对手进行投资，进而引发"羊群行为"（Akdoğu and MacKay，2012），加剧行业竞争。因此，在成长性行业中，公司为及时实施占优的实物资本投资而持有更多的现金，Boyle 和 Guthrie（2003）通过投资决策的动态模型分析认为，未来融资约束的存在可能使公司放弃一部分实物期权价值，公司将提前进行投资以避免未来可能发生资金短缺而失去的投资机会。延缓投资可能带来的损失也往往导致公司持有更多的现金，以增强公司掌控投资机会的能力（Cossin and Hricko，2004）。何青和李皓鹏（2013）研究融资约束、现金持有量与公司投资时机选择之间关系时也发现，公司当期现金持有水平越高，越倾向于在当期实施投资计划，在面临融资约束时，公司当期现金持有水平越低，越倾向于推迟实施投资计划。

研发投资（R&D）是公司占优投资的重要组成部分，研发活动通过创造和积累知识、进行技术革新以降低成本、提高效率，继而获取产品市场上的竞争优势及市场份额。Guth 和 Ginaberg（1990）研究发现，R&D 投入可以使公司率先进入新的业务领域，抢先占领新市场，形成公司新的利润增长点。因此，处于高成长行业中的公司，更有动机通过加强研发投入提升其创新能力，以迅速融入市场或占领市场先机。公司的研发投入要从动机转变为行动需要资金的保证，而研发投入又因其内在的高风险所造成的收益不确定性以及逆向选择和道德风险问题，导致其难以从外部融资渠道获得有效的资金支持，从而容易发生"融资缺口"（Stiglitz and Weiss, 1981; Hall, 2002）。依据融资优序理论，公司研发投入的融资渠道也存在由内而外的次序，即优先或主要依赖公司的自有利润积累以及公司所有者的资本增加方式来进行融资（Himmelberg and Petersen, 1994），诸多研究表明，研发投入或无形资产增加是公司持有现金的主要驱动因素（Opler et al., 1999; Bates et al., 2009; Lyandres and Palazzo, 2012）。研发活动推动的技术创新除有利于公司获取竞争优势外，还具有受益者非排他性和有限的专属性特征（Grossman and Helpman, 1991; Llerena and Matt, 1999），进而引发技术外溢。技术外溢作为一种有益的外部效应，通过利用技术外溢，行业内竞争对手通过吸收技术外溢效应能够以更低的成本实现技术创新（Jaffe, 1986、1988），并获取产品市场的竞争优势，主导市场份额的再分配（Beath et al., 1995）。现金持有为公司及时吸收技术外溢效应提供了流动性支持，技术外溢是影响公司现金持有的主要因素之一，而且，吸收技术外溢的边际效应在面临更好发展机会与产品市场流动性更大的公司中更高（Qiu and Wan, 2015）。因此，成长性行业的公司因面临更多的发展空间与不稳定的市场环境使其吸收技术外溢的边际收益较高而持有更多现金，以实现市场占优战略。此外，行业作为一个相似公司的集聚，公司的资产构成与面临的外部风险具有很大的相似性，成长性行业更多的投资机会往往伴随着较高的不确定性，而行业收益不确定性的提高会促使公司出于预防性动机而持有更多的现金（Baum et al., 2007），行业现金流波动越大，公司的现金持有水平越高（Gabudean, 2008）。基于以上分析，我们提出如下假设：

假设 3 - 1：行业的成长性与公司的现金持有水平正相关。

公司现金持有与竞争战略效应的关联性研究发端于资本结构与产品市场竞争（PMC）的互动研究。Brander 和 Lewis（1986）基于负债融资"有限责任"效应视角的研究指出，负债融资的增加将使公司在产品市场竞争中更具有进攻性，从而有助于增强其在产品市场上的竞争力；而 Bolton 和 Scharfstein（1990）基于"掠夺效应"视角的研究则认为，负债比例的上升会弱化公司在产品市场竞争中的地位，保持较低的财务杠杆是有利于公司避免掠夺风险的理性选择（Opler and Titman, 1994; Campello, 2003）。融资优序理论认为公司持有的现金可被看作是负的债务，但 Acharya 等（2007）、Gamba 和 Triantis（2008）指出，因现实中的资本市场存在摩擦，资本结构可能并非公司自主选择的结果，当公司面临融资约束或未来现金流不确定性时，现金和负债对公司竞争的效用并不相同，现金不应该被视作负债务。不同于外源融资受到的诸多限制,现金持有更多地出于公司的自主选择,现金资产的高度流动性特征可以确保公司能够将现金快速、低成本地转化为直接的"捕食行为",获取产品市场上的竞争优势。现金持有竞争效应的实现首先是以行业面临较好的投资机会与成长空间为前提的,成长机会是驱动企业正常性投资支出的关键因素(Morgado and Pindado,2003),行业成长性在决定行业结构的同时又往往通过影响行业内公司的行为并最终决定公司的绩效或价值。成长性行业鉴于产品技术尚不成熟与广阔的市场有待于进一步开发,更多的投资机会及发展空间的利诱可能引发"羊群效应",面临优良投资机会及更广阔的发展空间时,市场占优投资则是公司获取竞争优势的重要战略决策。市场占优投资战略的有效实施又势必依靠公司充足稳定的资金为保障,现金持有较充足的企业凭借现金储备这一优势,扩大投资规模、在市场上重新分配企业资源、改变原有生产经营策略、实施合并或收购等行为以把握稍纵即逝的投资机会,或加强自主研发与吸收外部技术溢出效应推动生产技术和工艺创新,从而引导实施成本领先与差别化战略以更好地满足顾客个性化需求而提高公司的竞争位势。诸多研究也已表明,企业持有充裕的现金可以提升 R&D 的投资能力及其持续性(Brown and Petersen,2011),增强企业旨在增加市场份额的后续投资能力(Chevalier and Scharfstein,1996)。基于"深口袋"理论,公司所持高额现金因行业内更激烈的市场竞争而具备了抑制竞争者创新行为的战略作用(Lyandres and Palazzo,2012),即在专利竞赛中,高现金持有者更有可能在市场竞争中占优、取胜(Schroth and Szalay,2010)。此外,现金持有具有信号作用,即可成为公司扭曲竞争对手战略的"先发制人武器"(Preemptive Weapon),增持现金实际上是向竞争对手发出了其未来能够持续扩大产能、调增资本性投资等竞争性策略的可信承诺,而该承诺能对竞争对手的潜在扩张企图以及新进入者形成有效威慑,进而间接改变竞争结果,获取竞争优势。Boutin 等(2013)考察公司集团的现金持有对其产品市场竞争的影响后发现,新公司的进入与行业中现有公司集团的现金持有负相关,说明公司集团的现金持有阻止了新公司的进入。

  综上所述,为抢占市场先机,成长性行业公司将市场占优投资作为获取竞争优势的一种重要战略决策,拥有良好投资机会的成长性企业因信息不对称相对严重而使其外部融资成本较高,将更依赖内部融资来满足投资项目,而行业的不确定性又导致公司现金流频繁波动,当投资机会和现金流在时间上不匹配时,企业不得不放弃有价值的投资机会而发生损失或在市场中处于不利地位。持有现金成为公司市场占优投资持续稳定的重要资金来源,为公司的占优投资提供了资金支持,能为公司创造相应的财务柔性和战略机会,现金充裕的企业更有动机和能力采用先发制人的市场占优投资战略或对竞争对手形成可信的威慑,促进公司占优投资战略的实施，进而获得相对于行业内竞争对手更广阔的发展机遇，除最终实现产品市场份额上的竞争优势外，还能减轻不利冲击对企业投资价值造成的损失（Duchin et al.，2010），现金持有在公司的创新发展与获取竞争优势中起着重要的资金支持（Lyandres and Palazzo，2012）。Pinkowitz 和 Williamson（2007）研究发现，公司持有现金的市值存在显著的行业差异，现金流波动较大、成长机会越多以及软件与医药行业的公司现金持有的市场价值较高，说明行业成长性有利于公司现金持有价值的提升。基于以上分析，我们提出如下假设：

假设3-2：随着行业成长性的提高，公司所持现金的竞争效应更显著。

现金持有水平及其竞争效应的强弱与公司所处行业的竞争程度密不可分。随着产品市场竞争的加剧，公司势必会加大资本性投资或研发投入，以保持竞争优势或避免淘汰出局，Akdoǧu 和 MacKay（2008）研究发现，垄断性行业公司的投资速度相对迟缓，其投资与价值变动的敏感性只是竞争性行业公司的一半，说明竞争性行业公司的资本投资具有战略效应。公司需要为资本投资或技术革新提供持续而稳定的资金支持，以提升或保持其及时把握和充分利用未来成长机会的能力，激烈竞争带来的经营状况不确定性导致经营现金流的频繁波动，外源融资成本趋高，此时持有更多的现金能为公司的技术革新或战略性投资提供便捷资金支持，有利于公司提升其抵御掠夺风险与阻止竞争者进入的能力（Bolton and Scharfstein，1990；Froot et al.，1993）。Seta（2012）考察竞争对公司持有流动性资产意愿的影响时发现，当利润降至足够低的水平而又缺乏持续经营的流动性资产时，公司会被迫或自愿放弃市场甚至退出行业，故为避免非效率破产，公司必须持有现金。Jain（2013）发现在竞争性行业中超额持有现金能使公司在上市后取得更好的经营业绩。行业成长性差异是影响公司竞争战略选择的重要环境背景，行业成长性的提高以及市场需求的快速增加会吸引更多的公司进入该行业，其周期演化实际上与产品市场竞争结构的变动相伴而生，但成长性相似的行业其市场竞争格局并非完全一致。行业的高成长意味着更多、更好的发展机遇，但这些机遇是被行业内的所有公司所共享的，而共同机遇下的行为选择及其经济后果与行业的竞争程度相关联，伴随着产品市场竞争的加剧，在投资机会相对更多的高成长性行业中，公司增持现金以把握有利投资机会或抵御掠夺风险动机无疑将更强烈，故激烈的产品市场竞争会强化行业成长性与公司现金持有及其竞争效应之间的正向关联。此外，作为一种重要的外部治理机制，产品市场竞争主要通过信息效应、清算威胁与信誉机制实现其公司治理效应，行业的竞争性可以减少高管懒散行为（Giroud and Mueller，2010），有助于抑制公司高管的控制权私利（Guadalupe and Pérez-González，2010）。因此，市场竞争有助于防止公司现金持有的浪费或无效投资，进而提升现金持有的竞争效应。Hoberg 等（2014）以产品流动性（Product Fluidity）度量产品市场威胁的研究时发现，产品市场竞争威胁降低了公司发放现金股利的倾向而提高了公司的现金持有水平。Alimov（2014）以贸易自由协定作为引起产品市场竞争的外生变量，研究竞争加剧对公司现金持有价值的影响，发现贸易自由化加剧的产品市场竞争显著提升了公司现金持有的价值，而且这种影响在面临掠夺风险较高的公司中更显著。

公司现金持有决策显然还与其面临的融资约束状况有关（Duchin，2010），融资约束是影响公司产品市场竞争地位及战略选择的重要因素。任何投资机会或战略决策的实施都需要充裕的资金支持，而在面对高成长行业更多、更好的投资机会以及其伴生的更激烈竞争的背景下，公司面临的融资约束程度将直接影响甚至决定其对这种有利投资机会的有效把握及其价值实现。当公司存在融资约束时，即使拥有较好的投资机会，也不得不面对因资金短缺而放弃投资的尴尬局面。作为一种"无成本"的融资来源，充裕的现金持有可以有效弱化公司对于负债或股权等高成本外源融资的依赖，缓解融资约束，进而能更"从容"地把握投资机会或实施有利的竞争战略。故与非融资约束公司相比，融资约束公司更有动机持有较多的现金以降低其未来投资不足的风险，且在经济萧条时会储备更多（Almeida et al.，2004）。Denis 和 Sibilkov（2010）研究发现，现金持有水平与公司投资规模正相关，但融资约束公司的投资边际价值更高，Arslan 等（2006）的研究也表明，融资约束公司的投资现金流敏感性更高，持有较多现金因能增加公司把握和实施有价值投资项目的能力，进而具有正向的对冲效应，而且在经济萧条时期，这种对冲效应更显著。Campello 等（2010）的研究发现，2008 年金融危机期间面临信贷约束的公司均大幅度削减了广告、研发与营销等方面的投资，主要是依靠持有的现金为其有价值的投资机会提供资金支持。危机爆发后公司投资下降的幅度在现金持有水平较低的公司中最严重（Duchin et al.，2010）。此外，面对竞争对手发起的价格战，融资约束严重的公司因缺乏资金支持或容易陷入财务困境而更可能放弃抗争，从而丧失市场份额甚或被迫退出市场。为缓解融资约束进而保持公司在行业中的竞争优势，很多 IPO 公司甚至会将其募集资金的一半留作现金持有（Kim and Weisbach，2008），为公司储备这种有价值的战略资源（Hsu et al.，2010）。因此，融资约束成为影响高成长公司现金持有动机及其竞争效应实现的又一重要因素，且与行业成长性高低密切关联，高成长性行业中面临更多投资机会的公司在面临融资约束时，持有充裕的现金就显得更重要，而其竞争效应也必更显著。基于以上分析，我们提出如下假设：

假设 3-3：随着行业竞争与融资约束程度的提高，行业成长性与公司现金持有水平及其竞争效应的正向关联更显著。

第三节 研究设计

一、模型建立与变量定义

1. 行业成长性与现金持有水平的模型

为检验行业成长性对公司现金持有水平的影响,本章参照 Opler 等（1999）的研究方法,建立如下回归模型：

$$Cash_{i,t} = \alpha_i + \eta_t + a_0 Ind\_Q_{i,t} + a_1 Firm\_Q_{i,t} + a_2 CF_{i,t} + a_3 Lev_{i,t} + a_4 Size_{i,t} + a_5 Nwc_{i,t} + a_6 Capex_{i,t} + \varepsilon_{i,t} \quad (3-1)$$

式中,下标 i 和 t 分别表示公司和年份；ε 表示残差项；α 为公司固定效应；η 为时间固定效应。考虑到面板数据特性,本章对标准误进行了公司层面的Cluster调整（下同）。

（1）被解释变量（Cash）。借鉴 Haushalter 等（2007）的相关研究,现金持有水平 Cash = 现金及现金等价物 ÷ (总资产 – 现金及现金等价物)。

（2）解释变量（Ind_Q）。根据证监会《上市公司行业分类指引》的规定,我国上市公司所属行业可以分为 13 个门类。其中,制造业上市公司较密集,因此我们又将其分为 10 个大类。剔除金融保险业（I）、上市公司数量较少的木材家具业（C2）、其他制造业（C99）和传播与文化产业（L）以及无法判定主营业务的综合类（M）之后,最终得到 17 个行业分类。

本章借鉴叶康涛和祝继高（2009）以 Tobin's Q 反映投资机会的方法,采用各年度、行业的 Tobin's Q 中值（Ind_Q）来测度行业的成长性。Tobin's Q 的计算公式设定为：（流通股份数×流通股价格 + 非流通股份数×每股净资产 + 总负债）÷总资产。

（3）控制变量。参照已有研究,其他控制变量包括：公司成长性（Firm_Q）、现金流（CF）、财务杠杆（Lev）、公司规模（Size）、净营运资本（Nwc）和资本支出（Capex）。公司自身的成长性也影响其现金持有水平,我们为了体现行业成长性与公司成长性对其现金持有水平影响的差异,特加入此变量。现金流是公司持有现金的重要来源,充沛的现金流往往补充了公司所需持有的现金。财务杠杆的提高,一方面要求公司增加现金持有水平,以降低破产困境的可能性；另一方面体现了公司较强的外部融资能力,减少了现金持有水平,即负债在一定程度上是对持有现金的替代（John, 1993）。就公司规模而言,大规模公司融资能力强,且规模经济促使外部融资的成本降低,往往持有的现金较少。净营运资本的流动性较强,变现成本较低,一般作为持有现金的替代物,与现金持有水平负相关。根据现金持有的静态权衡理论,较高的资本支出可能意味着公司目前具有较好的投资机会,这促使其持有较多的现金。而融资优序理论认为,资本性支出会首先消耗公司内部积累的现金,使其与现金持有水平负相关。

2. 行业成长性与现金持有竞争效应模型

为了检验行业成长性对现金持有竞争效应的影响,本章参照 Frésard(2010)的研究方法构建如下模型:

$$\Delta Marketshare_{i,t} = \alpha_i + \eta_t + \alpha_0 Zcash_{i,t-2} + \alpha_1 Ind\_Q_{i,t-2} + \alpha_2 Ind\_Q_{i,t-2} \times Zcash_{i,t-2} + \alpha_3 Size_{i,t-1} + \alpha_4 Lev_{i,t-1} + \alpha_5 Lev_{i,t-2} + \alpha_6 Se_{i,t-1} + \alpha_7 Se_{i,t-2} + \alpha_8 Inv_{i,t-1} + \alpha_9 Inv_{i,t-2} + \alpha_{10} \Delta Marketshare_{i,t-1} + \alpha_{11} \Delta Marketshare_{i,t-2} + \varepsilon_{i,t} \quad (3-2)$$

(1) 被解释变量(ΔMarketshare)。一般而言,公司采取的提升产品市场业绩的战略最终都会体现在公司的主营业务收入增长上,经行业、年度中值调整过的收入增长率可以反映出公司相对于行业内竞争对手的市场份额变化。借鉴 Frésard(2010)等的做法,本章采用经年度、行业中值调整后的主营业务收入增长率,来代表公司的产品市场竞争优势(ΔMarketshare)。

(2) 解释变量(Zcash)。公司现金持有对产品市场竞争优势的影响,需要刻画公司现金持有水平相比其竞争对手的状况,因此我们用行业年度中值调整后的公司现金持有水平来反映,同时,考虑到不同行业现金持有水平分布的离散程度对现金持有竞争效应的影响,借鉴 MacKay 和 Phillips(2005)、Frésard(2010)的做法用调整后的现金持有水平除以行业现金持有的标准差得到变量 Zcash。Ind_Q×Zcash 为行业成长性与现金持有水平的交互变量,检验行业成长性对现金持有竞争效应的影响。

(3) 控制变量。我们控制了影响公司产品市场竞争优势的其他变量:前期资产规模(Size),资本存量可能会影响公司的产品市场竞争;前期财务杠杆(Lev),控制了财务保守行为所具备的竞争效应;前期销售费用(Se),公司产品市场业绩的实现有赖于销售策略的选择;前期资本投资(Inv),是公司提高产品市场竞争业绩的主要路径;前期产品市场竞争优势,控制前期的产品市场业绩可能会对后期的业绩产生持续影响。

3. 行业竞争与融资约束变量

(1) 产品市场竞争程度的度量。本章采用赫芬达尔指数(HHI)和经营相似性(SO)衡量产品市场竞争程度。

1) 赫芬达尔指数(HHI)。反映市场集中度的赫芬达尔指数(Herfindahl-

Hirschman Index,HHI,用每家公司的市场销售份额占行业总市场份额比例的平方和计算。其计算公式如下:

$$HHI = \sum_f (X_f / \sum X_f)^2$$

HHI 指数较小表示,当行业可容纳的公司数量一定时,一个行业内相似规模的公司较多,公司间的竞争激烈。此时,公司更有可能根据竞争对手的行为采取相应措施,即行业内竞争对手之间的相互影响程度高。反之,较高的 HHI 指数意味着,行业集中程度较高,公司间竞争度较小。当 HHI 低于中位数时,HHI 赋值为 1,表示产品市场竞争较强;否则,赋值为 0,表示产品市场竞争较弱。

2) 经营相似性(SO)。本章借鉴 Mackay 和 Phillips(2005)关于行业内公司经营相似程度的度量思想,来间接度量产品市场的竞争程度。经营相似程度指标是通过公司的平均技术(创新)水平,来反映其在行业中的竞争地位,那些处于行业技术水平均值之上的公司,无疑更具有市场竞争力。我们采用资本—劳动化比率(Capital – Labor Ratio)作为公司技术水平的替代,并以某行业某年的资本—劳动化比率的中值作为该行业当年的技术核心。通过公司的资本—劳动化比率与行业的技术核心之间差值的绝对值,度量公司的经营相似度(Similarity of Operations),以 SO 表示。如果这一绝对值小于行业年度中值,则公司与其竞争对手的经营相似程度较高,公司将面临更多的市场份额被掠夺的风险,赋值为 1;反之,赋值为 0。

(2) 公司融资约束的度量。本章以行业层面的外部融资依赖(Fc_ EFD)以及公司层面的 KZ 指数(Fc_ KZ)作为融资约束的衡量标准。

1) 行业外部融资依赖(Fc_ EFD)。借鉴 Rajan 和 Zingales(1998)的方法,构建行业外部融资依赖(External Finance Dependence,EFD),处于外部融资依赖行业的公司具有较高的外部融资需要,当发生外部冲击或因信息不对称更容易发生资金短缺或外部融资成本高昂。其计算公式如下:

$$EFD = \frac{资本支出 - 调整后的现金流}{资本支出}$$

式中,资本支出 = 构建固定资产、无形资产以及其他长期资产所支付的现金净额,调整后的现金流 = 经营性现金流 + 存货的减少 + 应收账款的减少 + 应付账款的增加。同时,我们将每一年度每一行业内公司外部融资依赖度的中值作为该行业当年的外部融资依赖度,并通过比较行业的 EFD 与所有行业中值的相对高低来确定虚拟变量 Fc_ EFD。当行业外部融资依赖较强时,Fc_ EFD = 1;反之,赋值为 0。

2) KZ 指数(Fc_ KZ)。KZ 指数是由 Kaplan 和 Zingales(1997)建立的评价公司融资约束的综合性指标。首先,按照资产负债率、利息保障倍数、经营现金流和每股现金股利支付情况将样本分为两组，如果当年资产负债率高于中位数，则 KZ1 取 1；如果当年利息保障倍数低于中位数，则 KZ2 取 1；如果经营现金流/总资产低于中位数，则 KZ3 取 1；如果公司当年所支付的每股现金股利低于中位数，则 KZ4 取 1。其次，计算 KZ = KZ1 + KZ2 + KZ3 + KZ4，并使用 Ordered Logit 模型进行回归，估计各个特征的系数。最后，用估计系数构建 KZ 指数，KZ 指数越大，公司融资约束越严重。如果 KZ 指数高于行业年度中值，则说明相对于行业内竞争对手公司面临着较强的融资约束，并将 Fc_KZ 赋值为 1；反之，公司面临着较弱的融资约束，赋值为 0。

二、样本选择与数据来源

本章选取了 2003~2012 年沪深两市 A 股公司的年度数据，数据来源于 CSMAR 数据库。为提高数据的有效性，本章剔除了营业收入为负、ST 类公司和数据缺失的样本，共得到 10929 个公司年度样本。同时，为了剔除极端值的影响，本章对所有连续变量进行了上下 1% 的 Winsorize 处理。

第四节 实证检验结果与分析

一、变量描述性统计

1. 主要变量的描述性统计

表 3-1 报告了主要变量的描述性统计，2003~2012 年公司持有现金及现金等价物占非现金资产的均值为 20.76%、中值为 15.35%、标准差为 0.1844，最值分别为 0.88% 与 103.66%，这说明公司间现金持有水平大幅变动，部分上市公司存在高额持有现金的现象。经行业年度中值调整并除以行业标准差的现金持有水平（Zcash）的均值为 0.1197，标准差为 0.6155，最小值与最大值分别为 -0.6858、3.0004，表明与行业内竞争对手相比，公司持有现金的水平具有较大差距。产品市场竞争优势（ΔMarketshare）的均值为 0.0460，最大值、最小值分别为 1.8037 和 -0.7556，标准差为 0.3601，说明不同公司的产品竞争地位同样存在明显差异。

2. 行业间现金持有水平差异的描述性统计

表 3-2 报告了分年度、分行业的公司现金持有水平的均值变化。通过表中最后一行各年度所有行业现金持有水平的均值，我们发现，2003~2008 年的数

表 3-1 主要变量描述性统计

变量代码	观测值	均值	标准差	最小值	中值	最大值
Cash	10929	0.2076	0.1844	0.0088	0.1535	1.0366
Zcash	10929	0.1197	0.6155	-0.6858	0.0000	3.0004
ΔMarketshare	10929	0.0460	0.3601	-0.7556	0.0000	1.8037
Ind_Q	10929	1.6138	0.5037	0.9382	1.4566	3.0633
Firm_Q	10929	1.6414	0.9745	0.7269	1.2900	6.2871
Cash_Flow	10929	0.0701	0.0699	-0.1744	0.0633	0.2892
Lev	10929	0.5138	0.1907	0.0890	0.5156	1.0743
Size	10929	21.7301	1.2012	19.2726	21.5816	25.4164
Nwc	10929	-0.1859	0.6541	-3.1023	-0.0866	1.5938
Capex	10929	0.0703	0.0718	-0.0674	0.0517	0.3286
Se	10929	0.0880	0.1215	-0.0075	0.0469	0.6963
Inv	10929	0.0761	0.0713	0.0003	0.0554	0.3391

表 3-2 各行业现金持有水平均值的描述性统计

年份\行业	2003	2004	2005	2006	2007	2008	2009	2010	2011	2012	2003~2012
A	0.2077	0.2109	0.2057	0.2020	0.1912	0.1530	0.1459	0.2078	0.2122	0.2171	0.1955
B	0.2224	0.1704	0.2031	0.1749	0.1695	0.2282	0.2034	0.2169	0.2341	0.1795	0.1955
C0	0.1652	0.1595	0.1463	0.1415	0.1532	0.1544	0.2084	0.2511	0.2755	0.2710	0.2004
C1	0.1809	0.1746	0.1888	0.1586	0.1747	0.1893	0.2671	0.2644	0.2418	0.2382	0.2132
C3	0.1621	0.1355	0.0898	0.0816	0.1310	0.1375	0.2093	0.1775	0.2190	0.2111	0.1650
C4	0.1639	0.1462	0.1592	0.1601	0.1571	0.1624	0.2227	0.1854	0.1776	0.1903	0.1760
C5	0.2216	0.1657	0.1968	0.1342	0.2082	0.2351	0.2568	0.2694	0.2285	0.2334	0.2246
C6	0.1569	0.1382	0.1427	0.1331	0.1536	0.1696	0.1823	0.1737	0.1711	0.1734	0.1627
C7	0.2343	0.2266	0.2251	0.2114	0.1982	0.2153	0.2510	0.2721	0.2360	0.2379	0.2326
C8	0.2436	0.1948	0.2137	0.1762	0.1963	0.2163	0.2580	0.2680	0.2458	0.2605	0.2302
D	0.1221	0.1158	0.1098	0.1220	0.1058	0.0929	0.1122	0.1123	0.1174	0.1147	0.1118
E	0.1426	0.1476	0.1596	0.1708	0.1768	0.2209	0.2485	0.2252	0.2355	0.1844	0.1990
F	0.1800	0.1982	0.1707	0.2045	0.1378	0.1417	0.1629	0.1898	0.1764	0.1986	0.1742
G	0.2997	0.2671	0.2257	0.2840	0.2722	0.2954	0.3429	0.3596	0.3684	0.3392	0.3113
H	0.1946	0.2203	0.2382	0.2264	0.2587	0.2669	0.2910	0.2944	0.3314	0.3195	0.2708
J	0.1735	0.1843	0.1604	0.1601	0.1846	0.1351	0.2106	0.1884	0.1430	0.1621	0.1690
K	0.1585	0.1892	0.1768	0.1488	0.1807	0.1513	0.1919	0.1718	0.2521	0.2808	0.1967
总计	0.1973	0.1869	0.1864	0.1798	0.1841	0.1921	0.2297	0.2317	0.2234	0.2251	0.2076

值低于总体平均值 20.76%，而 2009~2012 年的数值均高于总体平均值，这说明公司持有现金的水平大体呈现出增长态势。此外，我们还发现行业间现金持有水平存在较强的波动，这种波动不仅存在于任一年度中，而且存在于整个样本期间。为了检验行业间现金持有水平的差异是否显著，本章采用了 Kruskal – Wallis 非参数检验的方法，如表 3 – 3 所示，P 值都在 1% 水平上显著，结果表明上市公司现金持有水平在各行业之间确实存在显著的差异。

表 3 – 3 分年度现金持有水平行业间差异检验（Kruskal – Wallis 检验）

年份	2003	2004	2005	2006	2007	2008	2009	2010	2011	2012	2003~2012
卡方检验值	50.881	45.583	66.477	80.978	87.654	112.608	127.483	152.935	169.833	164.017	891.154
P – Value	0.0001	0.0002	0.0001	0.0001	0.0001	0.0001	0.0001	0.0001	0.0001	0.0001	0.0001

为了进一步检验行业成长性对公司现金持有水平的影响，我们将样本期间各年度、各行业的成长性（Ind_Q）由低到高排序，前 1/3 归为衰退性行业，中间 1/3 归为低成长性行业，后 1/3 归为高成长性行业。表 3 – 4 报告了观测值在不同成长性行业中的分布情况，并就高成长行业、低成长行业以及衰退行业的现金持有水平进行了差异性检验。表 3 – 4 的检验结果表明，样本期间公司现金持有的均值与中值随着行业成长性的提升而提高，而且存在显著性差异。

表 3 – 4 基于行业成长性的现金持有水平的描述性统计

衰退行业			低成长行业			高成长行业			均值差异检验		中值差异检验	
样本	均值	中值	样本	均值	中值	样本	均值	中值	F 值	P – Value	卡方值	P – Value
2770	0.1751	0.1320	4230	0.2094	0.1551	3929	0.2286	0.1688	69.6500	0.0000	146.4650	0.0001

注：平均值差异的检验方法是 F 检验，中位数差异的检验方法是 Kruskal – Wallis 检验。

3. 基于行业成长性的现金持有竞争效应的描述性统计

表 3 – 5 是结合行业成长性对现金持有竞争效应分组的描述性统计结果。根据现金持有水平（Zcash）的中位数将样本分为高、低两组，发现现金持有水平较高组的产品市场竞争优势（ΔMarketshare）的均值与中位数都大于现金持有水平较低组，并且均值差异检验 T 值和中值差异检验 Z 值均在 1% 水平上显著，表明现金持有更多的公司更具产品市场竞争优势。为了进一步检验现金持有水平的高低对竞争优势的影响在不同成长性行业中的差异，我们根据成长性（Ind_Q）将行业分成衰退行业、低成长行业与高成长行业三类，再比较三类行业中现金持有水平对竞争效应影响的差异。检验结果表明，三类成长性不同的行业中，高现

金持有竞争效应的均值与中位数都大于低现金持有的竞争效应,但在衰退性行业中均值 T 检验不存在显著性差异,中值差异性检验 Z 值在 5% 的水平上显著,低成长行业中均值差异性检验 T 值在 5% 水平上显著,而中值差异性检验 Z 值均在 1% 水平上显著,高成长行业中均值差异性检验 T 值与中值差异性检验 Z 值均在 1% 水平上显著,且随着行业成长性的提高,均值与中位显著性差异检验的系数也逐步提高。以上结果说明,随着行业成长性的提高,现金持有的竞争效应更加显著。

表 3-5 行业成长性、现金持有水平与产品市场竞争优势的描述性统计及分析

分组方法		产品市场竞争优势			
行业成长性	现金持有水平	均值	均值的差异 T 检验值	中值	中值的差异检验 Z 值
全样本	较低组	0.0338	-3.6265***	-0.0074	-5.2190***
	较高组	0.0583		0.0072	
衰退行业	较低组	0.0445	-0.5718	-0.0069	-2.0720**
	较高组	0.0507		0.0040	
低成长行业	较低组	0.0349	-2.1245**	-0.0077	-3.2740***
	较高组	0.0570		0.0079	
高成长行业	较低组	0.0222	-3.1546***	-0.0086	-3.5130***
	较尾高组	0.0676		0.0121	

注:平均值差异的检验方法是 T 检验,中位数差异的检验方法是 Wilcoxon 秩和检验,** 和 *** 分别表示 5% 和 1% 的显著性水平(双检验)。

二、行业成长性与现金持有水平的检验结果

表 3-6 是结合行业竞争与融资约束检验行业成长性与公司现金持有水平的结果。模型 1 中行业成长性(Ind_Q)的系数为 0.0169 并在 1% 的水平上显著,表明随着公司所处行业成长性的提高,其现金持有水平也相应提高①。模型 2 与模型 3 检验了产品市场竞争程度对行业成长性与现金持有水平之间关系的调节作

---

① 行业成长性与公司本身的成长性对现金持有在一定程度上具有相同的作用机理,都与现金持有水平正相关。为检验二者影响程度的差异,我们分别将行业成长性与公司成长性放入模型进行回归,二者均与现金持有水平显著正相关,但当二者同时进入模型回归时,只有行业成长性的系数显著正相关,而公司成长机会(Firm_Q)的回归系数不显著,检验结果说明,虽然公司成长性对现金持有具有一定的正向影响,但其影响力不如行业成长性突出,进一步支持了本章提出的行业成长性对公司现金持有具有不容忽视的影响。

用,赫芬达尔指数与行业成长性的交互变量(HHI×Ind_Q)的系数5%水平上显著为正,经营相似度与行业成长性的交互变量(SO×Ind_Q)的系数虽不显著,但系数为正。这表明随着产品市场竞争的加剧,行业成长性与现金持有水平之间的正相关性更显著。模型4与模型5检验了融资约束对行业成长性与现金持有之间关系的调节作用,交互变量Fc_EFD×Ind_Q和Fc_KZ×Ind_Q的系数分别为0.0169和0.0205且均在10%的水平上显著为正,这说明随着融资约束程度的提高,成长性行业公司增持现金以满足占优投资的行为越明显。

表3-6 行业成长性与现金持有水平

因变量:Cash	模型1	模型2	模型3	模型4	模型5
Cons	-0.0341	-0.0117	-0.0323	-0.0224	-0.0190
	(-0.33)	(-0.11)	(-0.42)	(-0.21)	(-0.18)
Ind_Q	0.0169***	0.0056	0.0084	0.0081	0.0068
	(3.41)	(1.01)	(1.51)	(1.26)	(1.14)
Firm_Q	-0.0005	-0.0005	-0.0006	-0.0007	-0.0005
	(-0.12)	(-0.14)	(-0.15)	(-0.19)	(-0.14)
CF	0.5423***	0.5459***	0.5425***	0.5436***	0.5401***
	(10.33)	(10.38)	(10.33)	(10.34)	(10.18)
Lev	-0.2418***	-0.2417***	-0.2407***	-0.2408***	-0.2399***
	(-8.74)	(-8.76)	(-8.69)	(-8.69)	(-8.43)
Size	0.0132***	0.0129***	0.0132***	0.0124**	0.0132***
	(2.68)	(2.62)	(2.69)	(2.50)	(2.69)
Nwc	-0.0570***	-0.0569***	-0.0574***	-0.0572***	-0.0570***
	(-8.16)	(-8.14)	(-8.22)	(-8.19)	(-8.15)
Capex	0.0683**	0.0667**	0.0668**	0.0679**	0.0675**
	(2.25)	(2.20)	(2.20)	(2.24)	(2.21)
HHI		-0.0308**			
		(-2.51)			
HHI×Ind_Q		0.0239**			
		(2.16)			
SO			-0.0026		
			(-0.44)		
SO×Ind_Q			0.0156		
			(1.60)		

续表

因变量：Cash	模型1	模型2	模型3	模型4	模型5
Fc_EFD				-0.0051	
				(-0.14)	
Fc_EFD×Ind_Q				0.0169*	
				(1.72)	
Fc_KZ					-0.0138
					(-0.56)
Fc_KZ×Ind_Q					0.0205*
					(1.82)
公司效应	控制	控制	控制	控制	控制
时间效应	控制	控制	控制	控制	控制
N	10929	10929	10929	10929	10929
F	43.6652	34.6574	35.2899	34.1932	36.2992

注：本表中所有 t 值均经过公司层面的 Cluster 标准误差调整，*、**和***分别表示10%、5%和1%的显著性水平（下同）。

三、行业成长性与现金持有竞争效应的检验结果

表3-7是行业成长性对公司现金持有竞争效应影响的回归结果。模型1中 $Zcash_{t-2}$ 的系数为0.0302并在5%的水平上显著，表明公司凭借所持现金确实能够获得市场竞争优势。模型2中 $Ind\_Q_{t-2} \times Zcash_{t-2}$ 的系数为0.0201并在5%的水平上显著，说明行业成长性能够强化公司的现金持有竞争效应，即随着行业成长性的提升，现金持有的竞争效应更显著。为了进一步验证上述结论，我们依照行业成长性将行业分为衰退、低成长与高成长行业分别进行检验，通过模型3、模型4及模型5中 $Zcash_{t-2}$ 系数的比较可知，$Zcash_{t-2}$ 系数在衰退、低成长及高成长行业中分别为 -0.0118（不显著）、0.0239（10%显著水平）及0.0366（1%显著水平），进一步支持了随着行业成长性的提高，现金持有竞争效应越凸显的观点。

表3-7 行业成长性与现金持有的竞争效应

因变量 ΔMarketshare	模型1	模型2	模型3	模型4	模型5
	全样本	全样本	衰退性行业	低成长性行业	高成长性行业
Cons	3.0497***	3.0329***	0.4829	2.9305***	6.0154***
	(7.47)	(7.35)	(0.57)	(4.52)	(10.30)

续表

因变量 ΔMarketshare	模型1 全样本	模型2 全样本	模型3 衰退性行业	模型4 低成长性行业	模型5 高成长性行业
$Size_{t-1}$	-0.1398***	-0.1399***	-0.0272	-0.1398***	-0.2711***
	(-7.47)	(-7.46)	(-0.40)	(-2.67)	(-5.81)
Lev_{t-1}	0.5198***	0.5207***	0.6770***	0.6491***	0.4047**
	(5.79)	(5.77)	(3.98)	(2.89)	(2.50)
Lev_{t-2}	-0.3613***	-0.3595***	-0.3344**	-0.3625**	-0.4105***
	(-4.68)	(-4.67)	(-2.17)	(-2.02)	(-2.62)
Se_{t-1}	-0.2681**	-0.2682**	-0.2769	-0.1307	-0.4937**
	(-2.12)	(-2.11)	(-0.89)	(-0.36)	(-2.05)
Se_{t-2}	-0.1150	-0.1162	-0.0512	-0.1813	-0.1148
	(-0.86)	(-0.88)	(-0.23)	(-0.61)	(-0.46)
Inv_{t-1}	0.0304	0.0252	0.2279	-0.0292	-0.1499
	(0.29)	(0.23)	(1.19)	(-0.13)	(-0.68)
Inv_{t-2}	0.2791***	0.2765***	0.0243	0.0900	0.2912
	(2.71)	(2.68)	(0.13)	(0.36)	(1.59)
$ΔMarketshare_{t-1}$	-0.1195***	-0.1196***	-0.2615***	-0.0727*	-0.0612**
	(-6.87)	(-6.89)	(-6.71)	(-1.81)	(-2.00)
$ΔMarketshare_{t-2}$	-0.1655***	-0.1652***	-0.2767***	-0.1843***	-0.1731***
	(-11.16)	(-11.13)	(-8.06)	(-6.04)	(-4.79)
$Zcash_{t-2}$	0.0302**	0.0027	-0.0118	0.0239*	0.0366***
	(2.14)	(0.06)	(-0.36)	(1.65)	(2.98)
Ind_Q_{t-2}		0.0091			
		(0.36)			
$Ind\_Q_{t-2} \times Zcash_{t-2}$		0.0201**			
		(1.98)			
公司效应	控制	控制	控制	控制	控制
时间效应	控制	控制	控制	控制	控制
N	7811	7811	2302	2320	3189
F-Value	23.3214	21.0647	11.0498	3.6735	10.3779

表3-8是基于行业竞争、融资约束视角进一步检验行业成长性与公司现金持有竞争效应的回归结果。模型1与模型2检验了产品市场竞争对行业成长性与

现金持有竞争效应之间关系的调节作用，$HHI_{t-2} \times Ind\_Q_{t-2} \times Zcash_{t-2}$、$SO_{t-2} \times Ind\_Q_{t-2} \times Zcash_{t-2}$ 的系数分别为 0.0115 和 0.0146 且在 10% 和 5% 的水平上显著为正，检验结果表明，行业成长性对公司现金持有竞争效应的促进作用随着行业竞争程度的提高而得到了强化。同理，模型 3 和模型 4 基于融资约束视角的回归结果中 $Fc\_EFD_{t-2} \times Ind\_Q_{t-2} \times Zcash_{t-2}$ 和 $Fc\_KZ_{t-2} \times Ind\_Q_{t-2} \times Zcash_{t-2}$ 的系数分别为 0.0191（5% 水平显著）和 0.0127（10% 水平显著），表明行业成长性与公司现金持有竞争效应之间的正向关联在公司面临融资约束时更加显著。

表 3-8　行业成长性与现金持有的竞争效应之间关联性的进一步检验

因变量 ΔMarketshare	模型 1	模型 2	模型 3	模型 4
Cons	3.0322***	3.0424***	3.0383***	3.0338***
	(7.31)	(7.35)	(7.34)	(7.32)
$Size_{t-1}$	-0.1398***	-0.1398***	-0.1401***	-0.1397***
	(-7.46)	(-7.45)	(-7.44)	(-7.44)
Lev_{t-1}	0.5204***	0.5204***	0.5222***	0.5221***
	(5.77)	(5.76)	(5.77)	(5.80)
Lev_{t-2}	-0.3582***	-0.3582***	-0.3594***	-0.3593***
	(-4.67)	(-4.66)	(-4.67)	(-4.53)
Se_{t-1}	-0.2682**	-0.2670**	-0.2660**	-0.2674**
	(-2.11)	(-2.10)	(-2.10)	(-2.10)
Se_{t-2}	-0.1169	-0.1167	-0.1159	-0.1163
	(-0.88)	(-0.88)	(-0.88)	(-0.88)
Inv_{t-1}	0.0257	0.0251	0.0297	0.0260
	(0.24)	(0.23)	(0.30)	(0.24)
Inv_{t-2}	0.2755***	0.2749***	0.2778***	0.2758***
	(2.68)	(2.66)	(2.70)	(2.66)
$\Delta Marketshare_{t-1}$	-0.1198***	-0.1199***	-0.1196***	-0.1198***
	(-6.89)	(-6.90)	(-6.92)	(-6.88)
$\Delta Marketshare_{t-2}$	-0.1655***	-0.1653***	-0.1652***	-0.1652***
	(-11.15)	(-11.14)	(-11.16)	(-11.16)
$Zcash_{t-2}$	0.0042	0.0035	-0.0020	-0.0134
	(0.10)	(0.08)	(-0.06)	(-0.48)
Ind_Q_{t-2}	0.0121	0.0087	0.0082	0.0093
	-0.48	-0.34	-0.34	-0.37

续表

因变量 ΔMarketshare	模型1	模型2	模型3	模型4
$Ind\_Q_{t-2} \times Zcash_{t-2}$	0.0148 (1.34)	0.0130 (1.17)	0.0124 (0.95)	0.0143 - (1.29)
HHI_{t-2}	0.0012 (0.13)			
$HHI_{t-2} \times Ind\_Q_{t-2} \times Zcash_{t-2}$	0.0115* (1.66)			
SO_{t-2}		-0.0172 (-0.98)		
$SO_{t-2} \times Ind\_Q_{t-2} \times Zcash_{t-2}$		0.0146** (2.02)		
Fc_EFD_{t-2}			-0.0052 (-0.23)	
$Fc\_EFD_{t-2} \times Ind\_Q_{t-2} \times Zcash_{t-2}$			0.0191** (2.18)	
Fc_KZ_{t-2}				-0.0019 (-0.10)
$Fc\_KZ_{t-2} \times Ind\_Q_{t-2} \times Zcash_{t-2}$				0.0127* (1.82)
公司效应	控制	控制	控制	控制
时间效应	控制	控制	控制	控制
N	7811	7811	7811	7811
F - Value	19.1084	19.0739	19.0841	19.5359

四、基于现金持有价值效应的进一步检验

公司所持现金具有产品市场竞争效应,并受行业成长性的影响。但因过度投资问题的可能存在,公司市场份额的扩张对股东,尤其是对中小股东而言并不一定是福音,进而能够带来市场份额增长的现金持有行为是否提升了公司价值仍需进一步检验。参考 Pinkowitz 等(2006),Dittmar 和 Mahrt - Smith(2007)做法,以 Fama 和 French(1998)的经典公司价值回归模型为基础,构建如下模型以检验公司现金持有竞争效应是否提升了现金持有的边际价值。

$$MV_{i,t} = \alpha_i + \eta_t + a_0 Cash_{i,t} + a_1 HGrowth_{i,t} + a_2 HGrowth_{i,t} \times Cash_{i,t} + a_3 CF_{i,t} +$$

$$a_4 \Delta CF_{i,t} + a_5 \Delta CF_{i,t+1} + a_6 \Delta NA_{i,t} + a_7 \Delta NA_{i,t+1} + a_8 I_{i,t} + a_9 \Delta I_{i,t} +$$
$$a_{10} \Delta I_{i,t+1} + a_{11} D_{i,t} + a_{12} \Delta D_{i,t} + a_{13} D_{i,t+1} + a_{14} Capex_{i,t} + a_{15} \Delta Capex_{i,t} +$$
$$a_{16} \Delta Capex_{i,t+1} + a_{17} \Delta MV_{i,t} + \varepsilon_{i,t} \tag{3-3}$$

式中,被解释变量(MV)为公司的市场价值,即流通股市值、非流通股价值以及负债市值之和,其中非流通股市值用非流通股股数与每股净资产之积表示,负债市值用账面价值表示。主要解释变量为现金持有量(Cash)、市场竞争优势(HGrowth)及其交互项。现金持有量为公司所持现金及现金等价物之和。市场竞争优势为虚拟变量,当公司主营业务收入增长率高于行业、年度中值时,HGrowth 赋值为 1;否则,赋值为 0。为了更准确地估计竞争优势对现金持有市场价值的影响,模型中控制了公司的投资、融资以及获利能力。其中,CF 为经营活动现金流,NA 为非现金资产,I 为利息费用,D 为现金股利,Capex 为资本性支出。此外,为了控制变量的异方差性,我们将所有变量除以总资产。

表3-9中模型1的结果表明,从全样本的角度来看,公司所持现金对其市场价值的贡献并不显著。模型2考虑了市场竞争优势对现金持有价值效应的影响,交互项 $HGrowth_t \times Cash_t$ 显著为正,说明整体来看,公司现金持有的竞争效应确实提升了其价值效应。模型3~模型4中,选用衰退行业与高成长行业来分别检验①,$HGrowth_t \times Cash_t$ 系数在模型3衰退及模型4高成长性行业中分别为 -0.0243(不显著)和 0.4194(10% 水平显著为正),这说明只有在较高的行业成长性环境中,公司的产品市场竞争优势才能显著提升现金持有的价值效应。模型5~模型8检验了高成长行业的公司面临不同的行业竞争及融资约束情况时,现金持有竞争效应提升的现金持有价值是否存在差异②。结果发现,$HGrowth_t \times Cash_t$ 系数在高竞争样本及融资约束样本中更显著,说明高成长行业的公司面临较强竞争环境或融资约束时,现金持有竞争效应提升的现金边际价值更显著。

五、行业成长性影响公司持有现金行为之机理的进一步检验

由假设3-1的理论分析易得,行业成长性影响公司现金持有水平主要动机在于满足企业的占优投资。在高成长性行业背景下,公司普遍面临着较好的投资机会以及较高的淘汰风险,其理性选择即市场占优投资(主要为实物资本投资以及研发投入)。此时,现金资产则为公司占优投资战略提供持续、稳定的资金支持。因此,我们需要进一步验证在高成长性行业中,公司是否进行了更多的占优投资?

---

① 限于篇幅有限,我们没有列出低成长行业的检验结果,低成长行业的检验结果介于衰退行业与高成长行业之间。

② 表3-9中的行业竞争程度与融资约束分别是以 HHI 和 Fc_ EFD 变量分组进行的检验,当以 SO 和 Fc_ KZ 分别度量行业竞争与融资约束进行分组检验的结果一致。

表 3-9 现金持有竞争效应与现金持有价值

因变量 MV	模型 1 全样本	模型 2 全样本	模型 3 衰退行业	模型 4 高成长行业	模型 5 高成长行业 高竞争	模型 6 高成长行业 低竞争	模型 7 高成长行业 融资约束	模型 8 高成长行业 非融资约束
Cons	1.3571*** (5.12)	1.3818*** (5.21)	1.0576*** (17.80)	1.6423*** (4.19)	1.9156*** (4.07)	1.2549*** (4.86)	1.6831*** (3.68)	1.4943*** (4.03)
$Cash_t$	0.3210 (0.92)	0.1090 (1.27)	0.3342* (1.86)	0.0891 (0.57)	0.1120 (0.85)	-0.0756 (-0.81)	0.3551 (0.91)	-0.2572 (-0.28)
$HGrowth_t$		-0.0467 (-1.03)	0.0096 (0.51)	-0.0268 (-0.25)	-0.2034 (-1.13)	0.1881* (1.81)	-0.0094 (-0.07)	0.2881 (1.62)
$HGrowth_t \times Cash_t$		0.3690** (2.13)	-0.0243 (-0.19)	0.4194* (1.91)	0.8294** (2.04)	0.1915 (1.52)	0.5979* (1.83)	0.2820 (1.25)
CF_t	2.3583* (1.65)	2.3485 (1.65)	0.9460*** (3.31)	3.6673** (2.34)	4.4231*** (2.94)	3.7976 (1.48)	6.2113** (2.43)	3.7906** (2.37)
ΔCF_t	0.4175 (0.77)	0.4103 (0.76)	-0.0150 (-0.12)	0.3809 (0.68)	-0.1353 (-0.15)	0.5677 (1.32)	-0.8664* (-1.67)	-0.9948 (-1.36)
ΔCF_{t+1}	1.6271** (2.47)	1.6142** (2.45)	0.3898*** (2.60)	2.4653*** (2.91)	2.3406** (2.55)	3.0276* (1.86)	5.1512** (2.52)	2.4123*** (3.02)
ΔNA_t	-0.3896*** (-3.09)	-0.3952*** (-3.21)	0.0626 (1.54)	-0.1795 (-0.58)	-0.2290 (-0.86)	-0.0814 (-0.30)	-0.6004* (-1.65)	-0.5065** (-2.12)
ΔNA_{t+1}	0.7329*** (3.20)	0.7341*** (3.21)	0.1060*** (2.77)	0.6531 (1.58)	1.3061*** (4.28)	0.3068 (0.91)	-0.0066 (-0.04)	1.1394*** (3.50)
I_t	7.8648 (1.05)	7.7882 (1.05)	3.7228** (2.22)	17.8709 (1.34)	5.9361 (1.16)	25.9180** (2.17)	37.9227** (2.24)	-0.6873 (-0.09)

续表

因变量 MV	模型1 全样本	模型2 全样本	模型3 衰退行业	模型4 高成长行业	模型5 高成长行业 高竞争	模型6 高成长行业 低竞争	模型7 高成长行业 融资约束	模型8 高成长行业 非融资约束
ΔI_t	-9.4738 (-1.62)	-9.4483 (-1.60)	-1.3544 (-1.13)	-15.4787* (-1.65)	-6.4674* (-1.94)	-21.3703** (-2.58)	-37.2333*** (-2.91)	-6.1156 (-1.52)
ΔI_{t+1}	6.6292 (1.05)	6.6499 (1.05)	1.3316 (1.40)	22.3659** (2.25)	2.9062 (0.82)	39.4591*** (3.85)	57.5409*** (4.37)	3.7454 (0.97)
D_t	6.1187** (2.27)	6.1706** (2.30)	2.5677** (2.24)	12.3401*** (3.62)	13.3942*** (2.96)	9.3290 (1.53)	11.8030 (1.17)	9.9509*** (3.12)
ΔD_t	-2.2499*** (-2.82)	-2.2302*** (-2.78)	-0.1198 (-0.20)	-3.7013** (-2.04)	-3.9261 (-1.57)	-2.7947 (-0.94)	3.3340 (0.57)	-3.5277** (-2.34)
ΔD_{t+1}	-0.2975 (-0.12)	-0.2661 (-0.10)	1.7771*** (4.07)	5.5861*** (2.89)	6.4029** (2.22)	4.1539 (1.64)	7.4678 (0.72)	4.9030*** (3.01)
$Capex_t$	-0.7034 (-0.73)	-0.7100 (-0.74)	0.0024 (0.02)	-2.3952 (-1.08)	-0.9005 (-0.66)	-5.3332 (-1.24)	-2.9413 (-1.50)	-0.1883 (-0.14)
$\Delta Capex_t$	0.7557 (1.12)	0.7523 (1.12)	0.1064 (1.36)	1.7674 (1.20)	0.0973 (0.14)	4.5097 (1.51)	2.2276* (1.95)	0.2860 (0.41)
$\Delta Capex_{t+1}$	0.3095 (1.15)	0.3035 (1.12)	-0.0108 (-0.12)	0.3423 (0.56)	-0.3052 (-0.53)	0.2671 (0.27)	-0.0411 (-0.04)	0.1230 (0.21)
ΔMV_t	-0.3774*** (-8.06)	-0.3769*** (-8.04)	-0.0216 (-0.78)	-0.3590*** (-5.90)	-0.4508*** (-10.34)	-0.2848*** (-4.46)	-0.4625*** (-10.99)	-0.3809*** (-3.38)
公司效应	控制	控制	控制	控制	控制	控制	控制	控制
时间效应	控制	控制	控制	控制	控制	控制	控制	控制
N	7405	7405	1775	3146	1805	1341	1951	1195
F-Value	224.9646	207.0785	22.4935	45.6273	40.1861	15.9003	40.4373	34.0146

而公司的高额现金持有是否为其占优投资提供了资金支持？这种资金支持的作用是否在高成长性行业中更显著？为验证上述问题，我们借鉴 Richardson（2006）、辛清泉等（2007）及鞠晓生等（2013）的研究方法，构建如下回归模型：

$$Capital\_Inv_{i,t} \mid R\&D\_Inv_{i,t} = \alpha_i + \eta_t + \alpha_0 Cash + \alpha_1 CF_{i,t-1} + \alpha_2 Lev_{i,t-1} + \alpha_3 Size_{i,t-1} + \alpha_4 Age_{i,t-1} + \alpha_5 Firm\_Q_{i,t-1} + \alpha_6 RET_{i,t-1} + \alpha_7 Capital\_Inv_{i,t-1} \mid R\&D\_Inv_{i,t-1} + \varepsilon_{i,t} \quad (3-4)$$

被解释变量分别为实物资本投资（Capital_Inv）与研发投资（R&D_Inv），其中，实物资本投资 = Δ（本期固定资产 + 在建工程 + 工程物资）÷（上期固定资产 + 在建工程 + 工程物资）；研发投入 = 公司本期无形资产的增加值 ÷ 上期无形资产。

解释变量为滞后一期的现金持有（Cash），根据前文分析，公司所持现金能为占优投资提供资金支持，故预期其系数为正。参照相关研究，其他控制变量包括现金流（CF）；财务杠杆（Lev）；公司规模（Size）；公司上市年龄（Age）；公司成长性（Firm_Q）以及经市场投资回报率调整后的个股年度投资回报率（RET）。此外，模型中我们还控制了滞后一期的实物资产投资以及研发投资。值得注意的是，现金持有水平与公司投资之间可能存在内生性问题，即公司所持现金能够支持其投资行为，但也可能是投资带来的收益增加了公司的现金资产。为此，我们选用滞后两期与滞后三期的现金持有水平作为工具变量进行替换，并使用两步骤 GMM 回归。

表 3-10 报告了行业成长性、现金持有水平与公司占优投资（实物资本投资与研发投入）之间关系的检验结果。在模型 1 与模型 2 中，与已有研究类似，现金持有具有强化投资的作用。我们在模型 3 与模型 4 中加入了行业成长性变量（Ind_Q），行业成长性（Ind_Q）与实物资本投资和研发投入显著正相关，结果表明高成长性行业中公司包括实物资本及研发投资在内的占优投资水平更高，且控制行业成长性后，现金持有水平的系数仍然显著为正，证明公司所持现金的确支持了公司占优投资所需的资金支持。在模型 5 与模型 6 中，现金持有水平与行业成长性交互项 $Cash_{t-1} \times Ind\_Q_{t-1}$ 的系数均显著为正，意味着现金对占优投资的资金支持作用在高成长性行业中尤为显著，进一步验证了理论分析中的逻辑关系。

表 3-10 行业成长性、现金持有与公司占优投资行为

因变量：Inv	模型 1	模型 2	模型 3	模型 4	模型 5	模型 6
	Capital_Inv	R&D_Inv	Capital_Inv	R&D_Inv	Capital_Inv	R&D_Inv
Cons	0.1716	0.3400	-0.2115	-2.0602	-0.2532	-3.4624
	(0.85)	(0.24)	(-1.07)	(-1.35)	(-0.92)	(-1.61)

续表

因变量：Inv	模型1	模型2	模型3	模型4	模型5	模型6
	Capital_Inv	R&D_Inv	Capital_Inv	R&D_Inv	Capital_Inv	R&D_Inv
$Cash_{t-1}$	0.6486***	1.2125*	0.6320***	1.1219*	0.4797***	0.8240
	(5.27)	(1.78)	(5.12)	(1.65)	(3.08)	(1.42)
Ind_Q_{t-1}			0.0511***	0.3283***	0.0391***	0.283***
			(3.61)	(3.37)	(3.14)	(2.79)
$Cash_{t-1} \times Ind\_Q_{t-1}$					0.0870*	0.1713**
					(1.69)	(1.99)
CF_{t-1}	0.2740***	1.2897**	0.1453*	0.7627	0.1478*	0.7905*
	(2.72)	(2.17)	(1.86)	(1.63)	(1.88)	(1.74)
Lev_{t-1}	0.0274	0.1814	0.0447	0.2996	0.0429	0.3242
	(0.50)	(0.49)	(0.80)	(0.80)	(0.77)	(0.87)
$Size_{t-1}$	-0.0090	-0.0437	0.0078	0.0600	0.0079	0.0860
	(-1.00)	(-0.76)	(0.90)	(1.00)	(0.90)	(1.41)
Age_{t-1}	-0.0027*	-0.0187	-0.0033**	-0.0216*	-0.0033**	-0.0188*
	(-1.75)	(-1.53)	(-2.10)	(-1.75)	(-2.12)	(-1.67)
$Firm\_Q_{t-1}$	0.0583**	0.3145**	0.0282	0.1616	0.0340*	0.1818
	(2.11)	(1.97)	(1.43)	(1.19)	(1.81)	(1.25)
RET_{t-1}	0.0726***	0.3320**	0.0549***	0.2194*	0.0533***	0.1945*
	(4.28)	(2.43)	(3.32)	(1.73)	(3.18)	(1.65)
$Capital\_Inv_{t-1}$	0.0241*		0.0261*		0.0269**	
	(1.77)		(1.93)		(1.99)	
$R\&D\_Inv_{t-1}$		-0.0127		-0.0120		-0.0096
		(-1.14)		(-1.10)		(-0.91)
时间效应	控制	控制	控制	控制	控制	控制
N	6909	6909	6909	6909	6909	6909
F	7.5930	4.3417	7.5684	4.8999	7.5478	4.7785
Kleibergen-Paap rk Wald F	893.284	1069.446	895.872	1072.287	45.504	75.479
Hansen J	0.044	0.316	0.078	0.271	0.786	1.849

注：本表中所有 Z 值均经过公司层面的 Cluster 标准误调整，两阶段 GMM 模型中弱识别检验统计量（Kleibergen-Paap rk Wald F Statistic）及过度识别检验统计量（Hansen J Statistic）都一并通过了检验。模型1~模型4中，Hansen J Statistic 服从 $X^2(1)$ 分布；模型5与模型6中，Hansen J Statistic 服从 $X^2(2)$ 分布（下同）。*、**、*** 分别表示显著性水平10%、5%、1%（下同）。

六、行业成长性对公司现金—现金流敏感性影响的进一步检验

前文检验发现行业成长性与公司现金持有水平正相关,高成长性行业持有的现金较多。但前述现金持有衡量指标反映的是各期末某个时点现金持有水平的高低,而现金—现金流敏感性反映的是各期现金储备的增量与本期经营现金流之间的敏感性。拥有良好投资机会的成长性行业的公司因信息不对称相对严重而使其外部融资成本较高,依据融资优序理论,公司更有动机将经营现金流储备为现金,以支持公司的投资需求。因此,我们通过检验行业成长性对现金—现金流敏感性的影响,以考察高成长行业的公司是否更倾向于从实现的现金流中储存现金资源,从不同的视角为成长性行业的现金管理政策提供证据。借鉴 Almeida 等(2004)的做法,建立现金—现金流敏感性的检验模型(3-5),并按照行业成长性分组检验。

$$\Delta Cash_{i,t} = \alpha_0 + \alpha_1 Cash\_Flow_{i,t} + \alpha_2 Size_{i,t} + \alpha_3 Capex_{i,t} + \alpha_4 \Delta Nwc_{i,t} + \alpha_5 \Delta Short\_Debt_{i,t} + \varepsilon_{i,t} \quad (3-5)$$

式中,被解释变量为公司现金持有水平的变动额($\Delta Cash$),解释变量为公司现金流(Cash_Flow),并选择公司规模(Size)、资本支出(Capex)、净营运资本变动(ΔNwc)、短期负债变动($\Delta Short\_Debt$)作为控制变量。我们预期现金流(Cash_Flow)的系数为正,并随着行业成长性的提升,其显著性逐渐提高。

表3-11 报告了现金—现金流敏感程度的回归结果。模型 1 全样本中 Cash_Flow 的系数为 0.2473 并在 1% 的水平上显著,表明公司的现金—现金流整体上存在敏感性,Cash_Flow 的系数在模型 2 衰退行业中不显著、在模型 3 低成长行业中为 0.2465(10% 显著水平)、在模型 4 高成长行业中为 0.3148(1% 显著水平)。检验结果符合预期,即随着行业成长性的提升,现金—现金流的敏感性逐渐提升,即在高成长性行业中公司留存了更多的内部自由现金流。

表3-11 行业成长性与现金—现金流敏感性

因变量 ΔCash	模型 1	模型 2	模型 3	模型 4
	全样本	衰退行业	低成长行业	高成长行业
Cons	-0.1437***	-0.2856***	-0.1617***	0.0196
	(-6.39)	(-5.58)	(-3.82)	(0.50)
Cash_Flow	0.2473***	0.1571	0.2465*	0.3148***
	(2.91)	(1.02)	(1.88)	(3.16)
Size	0.0060***	0.0127***	0.0079***	0.0003
	(5.74)	(5.72)	(4.35)	(0.17)

续表

因变量 ΔCash	模型1	模型2	模型3	模型4
	全样本	衰退行业	低成长行业	高成长行业
Capex	-0.4419***	-0.4618***	-0.4479***	-0.4291***
	(-18.00)	(-11.00)	(-10.16)	(-10.43)
ΔNwc	-0.0848***	-0.0945***	-0.0862***	-0.0766***
	(-13.05)	(-7.88)	(-9.27)	(-8.05)
ΔShort_Debt	-0.0577***	-0.1233***	-0.0739***	0.0030
	(-3.97)	(-4.31)	(-3.18)	(0.12)
时间效应	控制	控制	控制	控制
N	9345	2129	3619	3597
Adj R-Sq	0.1089	0.1471	0.1112	0.0910
F-Value	47.2840	21.2693	19.8487	21.9822

七、稳健性检验

为了确保上述结论的稳健性，本章进行了如下稳健性检验：

1. 现金持有竞争效应模型中的内生性问题的处理

现金持有竞争效应模型中，产品市场竞争优势可能对公司在行业中的相对现金持有水平产生影响而存在内生性问题。首先，采用 Durbin – Wu – Hausman 检验（DWH Test）来验证内生性问题的存在性；其次，选用滞后三期、四期的现金持有水平作为工具变量，并采用广义矩阵估计方法（GMM），重新估计现金持有竞争效应的模型。为了合理地选择工具变量，我们采用 Kleibergen – Paap rk Wald F 统计量来检验工具变量是否有弱识别的问题（Weak Identification），同时也采用 Hansen J 统计量检验工具变量是否存在过度识别的问题（Over Identification）。

表 3 – 12 报告了两步骤回归的结果以及相关统计量。由模型 5 ~ 模型 8 中的 Kleibergen – Paap rk Wald F 数值可以看出，工具变量对滞后两期的现金持有水平具有较好的解释能力，不存在弱识别的情况。模型 1 ~ 模型 4 的 DWH Test 指标证明了，除衰退行业样本模型的内生性不显著以外，其他模型均存在不同程度的内生性问题。采用工具变量以及 GMM 估计后，$Zcash_{t-2}$ 的系数在全样本模型中为 0.0168，在 10% 水平上显著。分行业成长性进一步考察现金持有的竞争效应后，我们发现，衰退性行业中，现金持有并不能带来企业竞争优势，而对于低成长性行业以及高成长性行业而言，$Zcash_{t-2}$ 系数分别为 0.0141 与 0.0225，且显著性逐渐增强，这与预期相符。此外，统计量 Hansen's J 表明工具变量并不存在过度识别的问题。

表 3-12 现金持有竞争效应模型的内生性检验及 GMM 估计

	Instrument Variables					Fist – Stage Estimation			
因变量 (ΔMarketshare)	模型1 全样本	模型2 衰退	模型3 低成长	模型4 高成长	因变量 ($Zcash_{t-2}$)	模型5 全样本	模型6 衰退	模型7 低成长	模型8 高成长
$Zcash_{t-2}$	0.0168* (1.78)	-0.0046 (-0.22)	0.0141 (1.68)	0.0225** (2.54)	$Zcash_{t-3}$	0.5120*** (22.39)	0.5637*** (13.08)	0.4753*** (15.33)	0.4825*** (11.11)
					$Zcash_{t-4}$	0.0651*** (4.28)	0.0005 (0.02)	0.0721** (2.42)	0.0993*** (4.29)
其他变量	略	略	略	略		略	略	略	略
N	5750	431	2179	3140		5750	431	2179	3140
F	9.68	3.40	5.03	6.72		81.59	13.32	25.09	56.76
DWH Test	30.24**	22.81	48.58***	52.75***					
Kleibergen – Paap rk Wald F						361.329	143.426	167.298	110.476
Hansen J	0.0356	0.528	0.503	0.791					

2. 考虑现金持有代理效应的干扰

现金资源在帮助公司取得产品市场竞争优势的同时,也因流动性强而易产生代理问题。张会丽与吴有红(2012)在检验公司所持现金的战略效应时发现,超额现金持有水平与公司主营业务毛利率之间存在倒 U 形关系,即支持了现金持有的代理效应。然而,在采用行业相对主营业务收入增长率代替毛利率后,陆正飞与韩非池(2013)并未发现倒 U 形关系,其解释为代理问题主要体现在成本费用上,而非营业收入上。借鉴上述做法,我们在回归中加入行业相对现金持有水平的二次项,如表 3-13 所示。结果与预期一致,二次项不显著,这表明代理问题并未改变本章有关现金持有竞争效应的结果,同时行业成长性对现金持有竞争效应的影响依然成立。

表 3-13 行业成长性与现金持有竞争效应(控制平方项)

因变量: ΔMarketshare	模型1 全样本	模型2 衰退性行业	模型3 低成长性行业	模型4 高成长性行业
Cons	3.0467*** (7.47)	0.3892 (0.26)	2.9321*** (2.60)	6.0373*** (5.97)
$Zcash_{t-2}$	0.0227* (1.95)	-0.0118 (-0.36)	0.0239* (1.65)	0.0366*** (2.98)

续表

因变量: $\Delta Marketshare$	模型1 全样本	模型2 衰退性行业	模型3 低成长性行业	模型4 高成长性行业
$Zcash\_Square_{t-2}$	0.0084 (0.73)	-0.0073 (-0.11)	0.0091 (0.65)	0.0115 (1.03)
$Size_{t-1}$	-0.1397*** (-7.46)	-0.0231 (-0.34)	-0.1398*** (-2.68)	-0.2722*** (-5.85)
Lev_{t-1}	0.5180*** (5.76)	0.6351*** (3.87)	0.6761*** (2.88)	0.4006** (2.48)
Lev_{t-2}	-0.3620*** (-4.69)	-0.3411** (-2.21)	-0.4079** (-1.99)	-0.3616*** (-2.62)
Se_{t-1}	-0.2664** (-2.10)	-0.2685 (-0.85)	-0.1333 (-0.37)	-0.4931** (-2.05)
Se_{t-2}	-0.1149 (-0.86)	-0.0405 (-0.19)	-0.1815 (-0.61)	-0.1172 (-0.46)
Inv_{t-1}	0.0362 (0.34)	0.2705 (1.40)	-0.0306 (-0.14)	-0.1383 (-0.63)
Inv_{t-2}	0.2824*** (2.74)	0.0247 (0.13)	0.0837 (0.34)	0.3056* (1.66)
$\Delta Marketshare_{t-1}$	-0.1195*** (-6.87)	-0.2586*** (-6.63)	-0.0722* (-1.80)	-0.0614** (-2.00)
$\Delta Marketshare_{t-2}$	-0.1651*** (-11.12)	-0.2748*** (-8.10)	-0.1849*** (-6.06)	-0.1737*** (-4.80)
公司效应	控制	控制	控制	控制
时间效应	控制	控制	控制	控制
N	7811	2302	2320	3189
F	22.1310	10.5629	3.4525	9.7874

3. 行业成长性代理变量的选择与处理

行业成长性还采用以下两种度量方式进行稳定性检验：①本章所谓行业成长性是指由行业基本面所决定的行业成长性，为了消除行业 Tobin's Q 指标中的噪声，借鉴 Campello 和 Graham (2013) 的方法，将 Tobin's Q 对主营业务收入增速、净利润率、资产回报率以及杠杆率等基本面信息进行回归得到其的拟合值，以此作为行业成长性的估算值。②参照 Bushman (2011) 的方法，采用行业上一年度平均股票收益率来反映行业成长性。以上行业成长性变量替代后，检验结果保持不变。

第五节　结论与启示

现金持有是公司的关键财务决策，国内外学者在考察现金持有水平影响因素的基础上，已从基于信息不对称与代理问题两大视角关注公司现金持有的价值，发展到时下基于产业组织等理论，从行业特征的视角系统考察公司现金持有的水平及其经济后果的相关研究。但现有文献主要考察了产品市场竞争结构与现金持有的关系，而忽视了另一重要的行业特征即行业成长性差异的影响。本章以我国2003~2012年沪深A股上市公司作为样本，结合行业的竞争程度与公司面临的融资约束程度，系统考察了行业的成长性对于公司现金持有水平及其竞争效应的影响。研究发现，行业成长性与公司现金持有水平正相关，高成长性行业公司的高额持有现金通过满足占优投资的资金需求进而实现了其竞争效应；随着行业竞争强度与公司面临的融资约束程度的提高，行业成长性与公司现金持有水平及其竞争效应之间的正相关性都得到了强化；进一步的检验还发现，高成长行业中公司实现的现金持有竞争效应提升了其现金持有的价值，并且随着行业竞争程度与融资约束程度的提高，公司现金持有价值效应的提升更明显。

本章的政策启示在于：成长性差异作为公司所在行业的关键特征，行业成长性直接影响公司的"投资机会集"与战略行为选择，并通过行业的市场竞争程度以及公司的融资需求进而显著影响公司的现金持有的动机、水平及其竞争效应与价值效应，本章全面、深入地揭示了行业成长性何以成为影响公司现金持有决策的关键因素，公司应紧密结合其所在行业的成长性特征合理持有现金，才能在及时把握行业成长性带来的市场先机的同时有效抵御掠夺风险，进一步获取和巩固其产品市场的竞争优势，持续提升公司的价值。

第四章 市场化进程、行业特征与公司现金持有竞争效应

第一节 引言

20世纪90年代末以来,无论发达市场与新兴市场,企业都出现大量现金持有现象,企业持有现金的背后动机、影响因素及其经济后果等逐渐引起国内外学者的广泛关注,并日益成为学术研究的焦点之一。然而公司现金持有在缓解公司融资约束(Opler et al.,1999)提升其持有价值(Mikkelson and Partch,2003)的同时也滋生了管理层过度投资、盲目多元化(Ozkan et al.,2004)等有损现金持有价值的代理问题。面对现金持有价值较高观与较低观的现存争议,近期学者开始基于产业组织理论从产品市场竞争视角来探讨公司持有现金的价值效应。产业组织理论的逻辑指出,公司的财务资源支撑着其竞争行为,并最终影响公司的产品市场业绩。现金持有充裕的公司通过实施更有利的产品市场竞争战略或可对竞争对手产生可信的威慑作用,并在产品市场竞争中获取优势地位,发挥了现金持有的竞争效应。

现金持有的竞争效应除与现金持有水平相关联外,更重要的还取决于企业所面临的外部融资约束及其内部的代理冲突。Frésard(2010)结合竞争对手的融资约束与行业竞争程度率先检验了公司持有现金的竞争效应。陆正飞和韩非池(2013)与杨兴全等(2014、2015)基于宏观经济政策、信贷歧视、行业成长性及公司治理等视角检验了我国上市公司现金持有竞争效应存在性及其影响因素。从已有的实证研究可知,国内外学者对现金持有竞争效应的研究可谓层出不穷,相关文献也日益颇丰,但已有研究大都关注国家的宏观经济政策诸如产业政策(陆正飞和韩非池,2013)、货币政策(杨兴全等,2014)、微观企业的代理冲突

（张会丽和吴有红，2012）、公司治理水平等（杨兴全等，2015）对现金持有竞争效应的影响。而忽略了我国微观企业整体的经营环境（市场化进程）、产权控制模式（产权性质）以及中观的行业特征（行业竞争及成长性）等对现金持有竞争效应的可能影响。而无论是作为微观企业赖以生存的外部经营环境——市场化进程和行业特征，还是企业自身的产权属性都与企业所面临的融资约束及其自身的代理冲突息息相关，因此，上述因素可能是在中国转型经济背景下影响公司现金持有竞争效应更根本或更实际的决定因素。

中国证券市场的发展正处于新兴和转型时期，经济与社会发展的一个突出特点即市场化进程在整体推进的同时，各地区之间存在非均衡的发展（樊纲等，2011）。从而使公司所处的治理环境或面临的融资约束在纵向时间与横向空间上存在显著差异。一方面，随着市场化改革的不断推进，金融市场发展的逐步完善，公司的外部融资渠道日益扩充，加之逐步完善的银行公司化改革，信贷资源的分配也日趋遵循以市场为导向的原则，上述种种渐进式改革大大缓解了企业的融资约束。另一方面，市场化进程在整体推进的过程中，政府也不断从"干预型"向"服务型"转化，监管部门的独立性逐渐增加，公司内部治理机制也不断完善，在约束管理层或大股东对利益侵占或掏空行为的同时也降低了代理成本。因此，市场化进程通过治理效应以及融资约束效应深刻影响着微观企业的行为选择（杨兴全等，2014）。与之相匹配，转轨经济体中企业产权性质与行业环境差异对企业战略选择起着至关重要的作用（任颋等，2015）。由于我国特殊的计划经济体制，在其渐进式改革发展过程中微观企业主要存在国有与民营两大主体。而国有企业因其典型预算软约束和隐性担保，加之所有者缺位引致的严重代理问题也异化了其相对于民营企业的行为选择。此外，伴随着国家对行业管制的放松、非公有制经济的支持与鼓励以及对"大众创业、万众创新"等双创公司的扶持和引导，促使我国行业特征呈现出行业竞争程度急剧变化并不断处在动态调整之中（吴昊旻等，2012），淘汰过剩产能，较多成熟产业加速转型升级，预示着我国中观行业也享有更多、更好的投资机会，自然引致诸多行业普遍面临较高的成长性。

现金持有竞争效应作为公司重要的财务战略选择之一，除受宏观经济政策及微观代理冲突和公司治理的影响外，公司所处的外部经营环境、中观行业特征以及内生于制度环境的产权性质又会对现金持有竞争效应产生怎样的影响呢？目前的实证研究尚未给出直接的经验证据。有鉴于此，本章基于市场化进程、产权性质及行业特征角度分析其与公司现金持有竞争效应的关系，选取2003~2012年沪深两市A股上市公司为样本，实证检验三者对公司现金持有竞争效应的影响。研究表明，①市场化进程通过缓解企业所面临的融资约束进而弱化了公司现金持有的竞争效应；②现金持有竞争效应主要体现在民营企业中，而在国有企业中尚不显著，且市场化进程能显著弱化现金持有竞争效应在"国民"之间的差异；③随着行业成长性的提升以及行业竞争程度的加剧，公司现金持有竞争效应越易凸显，且行业特征对现金持有竞争效应的上述影响在民营企业中更显著。此外，较高的市场化进程在一定程度上还强化了行业特征对现金持有竞争效应的影响。

本章贡献主要有以下几点：①已有的相关研究大都关注宏观经济政策与微观代理问题及公司治理对现金持有竞争效应的影响，本章则从市场化进程、产权性质与行业特征角度出发，将现金持有竞争效应的研究视角由已有宏微观视角扩充到了宏观经营环境、中观行业特征以及微观企业异质，在丰富现金持有竞争效应现有研究的同时，也为企业现金持有竞争效应有效发挥的前提条件提供了微观企业的经验证据；②现存的相关研究大都单独探究现金持有竞争效应受宏观或微观基础的影响，而少有结合宏观环境及微观企业来综合探讨其对现金持有竞争效应的影响，本章则尝试将宏观经营环境、中观行业特征及微观企业异质纳入同一分析框架下，探究三者各自以及两两交互对现金持有竞争效应的可能影响，在探究现金持有竞争效应决定因素的同时，也为面临不同经营环境、处于不同行业特征、具有不同产权属性的企业现金战略管理提供了经验和借鉴。

第二节　理论分析与研究假设

1. 市场化进程与现金持有竞争效应

公司持有充裕的现金有利于其增加自身产品市场业绩进而具有不同于保守债务政策的竞争效应（Frésard，2010）。且现金持有竞争效应的实现程度与其面临的融资约束（杨兴全等，2014）及代理冲突（杨兴全等，2015）密切相关。市场化改革是我国计划经济向市场经济过渡的重要体制性改革。尤其是改革开放以来，市场化改革不断加快，经济实力得到了显著提升。虽然我国的市场化进程整体取得较大进步，但由于资源禀赋、地理位置以及国家政策的不同，各地区的市场化进程仍存在严重的不平衡，上述区域间的不平衡发展直接导致不同地区的上市公司所处的融资环境及其治理环境的显著不同，进而影响公司的现金持有竞争效应。

融资环境方面，首先，市场化进程推动了我国金融体制的改革，随着股份制商业银行、金融创新以及金融机构自身业务的快速发展，在增加企业融资渠道的同时也使企业融资更趋灵活和便利。其次，市场化程度越高的地区，充分的市场竞争降低了信息不对称,利于投资者对目标公司未来投资项目的盈利能力有更好的了解及预期。此时,公司在面临良好盈利能力的投资项目时,也能以较低的外部融资成本筹集所需资金,降低其对内部资金的依赖。此外,市场化进程的推进在改善投资者权益保护的同时进一步降低了企业的外部融资成本。由此可知,市场化进程能够显著缓解企业的融资约束。而融资约束又是影响公司现金持有竞争效应的驱动因素(杨兴全等,2014),当公司外源融资来源不足或存在融资约束时,公司所持现金的竞争效应越发凸显。而市场化进程的提高促使更多外源融资替代了内源现金持有,缓解企业融资约束的同时也弱化了现金持有的竞争效应。

治理环境方面,随着市场化的发展,一方面,政府不断由"干预型"向"服务型"转化,政府要求企业承担社会负担的动机和行为将减弱,政府监管部门的独立性大大加强,利于其监管功能的发挥。尤其是非国有经济的快速发展,产品及要素市场的不断发达,公司面临的市场竞争加剧,在降低信息不对称及代理问题的同时将提升所持现金的利用效率。另一方面,市场化进程的提高有利于社会中介组织和法律系统对微观企业实施监督和约束。市场化进程的发展提高了管理层利益侵占的成本和风险,加之其对其他中介监督结构的强化将促使管理层或大股东将所持现金运用于具有更高投资收益的项目上,进而提高现金的利用效率,最终提升了现金持有的竞争效应。综上所述,市场化进程兼具缓解融资约束效应和治理效应。因此,市场化进程对现金持有竞争效应的最终影响还取决于其治理效应与缓解融资约束效应的强弱。基于以上分析,我们提出如下假设:

假设4-1A:较高的市场化进程与现金持有竞争效应负相关。

假设4-1B:较高的市场化进程与现金持有竞争效应正相关。

2. 市场化进程、产权性质与现金持有竞争效应

已有研究表明,国有企业与民营企业在融资约束及代理问题上存在显著差异,一方面,由于国有企业预算软约束及隐性担保的普遍存在,信贷资金配置具有显著的"国民"差异,民营企业面临着较严重的信贷歧视(Brandt and Li,2003;方军雄,2007)。此时公司为及时把握投资机会而趋于增持现金,企业在捕捉优良投资机会的同时也强化了现金持有的竞争效应。另一方面,国有企业还存在所有者缺位问题,加之目标多元化的政策性负担(林毅夫和李志赟,2004),薪酬管制的长期存在(陈冬华等,2005)都将诱发管理层的机会主义行为,通过在职消费、关联交易等实现自身利益侵占的同时将使现金持有的竞争效应不复存在。因此,与民营企业相比,国有企业相对宽裕的融资来源以及更严重的代理问题大大降低了企业现金持有的竞争效应。即相对于国有企业本

身的预算软约束、隐性担保以及其本身较严重的代理问题,民营企业则因信贷歧视致使其面临较严重的融资约束,加之相对弱化的代理冲突,民营企业的现金持有在缓解融资约束、提升现金利用效率的同时也提高了现金持有的竞争效应(杨兴全等,2014)。

随着市场化进程的推进,一方面,非国有银行因不存在与政府的天然关联,更倾向于凭借市场机制来分配资源,大大改善了企业的融资环境。民营企业较高的成长性及较优的投资收益将吸引银行的加入,信贷市场的完善有利于民营企业以较低融资成本取得投资所需的资金,在缓解信贷歧视导致的融资约束的同时,也降低了民营企业对内源现金持有的融资需求,进而,现金持有的竞争效应将受到抑制。另一方面,随着市场化程度的提高,国有企业因所有者缺位及国有股一股独大而引致的复杂代理冲突将随管理层的违约风险和成本的提高而降低,市场化进程在降低企业信息不对称及代理问题的同时将促使管理层利用所持现金捕捉更高收益的投资机会,提升现金管理的同时也提高了现金持有的利用效率,进而提升了现金持有的竞争效应。基于以上分析,我们提出如下假设:

假设4-2:与国有企业相比,民营企业现金持有竞争效应更加显著。随着市场化进程的提高现金持有竞争效应在"国民"之间的显著差异降低。

3. 产权性质、行业特质与现金持有竞争效应

现金持有竞争效应的高低与公司所处行业竞争程度以及其成长性的高低密切相连。行业竞争程度对现金持有竞争效应的影响主要体现在以下三方面:其一,高集中行业企业趋于采用相互"勾结"的策略,通过垄断定价获取超额收益,垄断逐渐取代市场竞争进而弱化了现金持有的竞争效应;其二,行业内竞争越激烈,公司为避免淘汰出局,需要持续稳定的资金支持进行技术革新以降低成本、提高效率,但激烈竞争引致的经营不确定性又会导致经营现金流的频繁波动,而外部融资的成本又相对高昂,因此,持有更多的现金能为公司的技术革新提供持续稳定的资金支持,持有现金获取竞争优势对公司而言更重要;其三,产品市场竞争具有显著的治理效应,可以降低现金持有的代理成本,防止所持现金的滥用进而强化现金持有的竞争效应。

行业成长性的更替与产品市场竞争结构的变化相伴而生,行业成长性的周期演变反映着产业的兴衰历程,其间势必伴随着产业的集聚与分散,当行业处于高成长阶段时,产品技术尚不成熟、未开发市场广阔、已有市场并不稳固,在利润的吸引下公司大量涌入将使行业规模迅速膨胀,导致竞争加剧(Philips and MacKay,2005)。当行业处于高成长阶段且产品市场竞争激烈时,因竞争对手选择投资而公司自身放弃投资所失去的市场份额的落后成本更加高昂,公司一般采取强势的市场占优投资战略以谋求利益最大化,并引发"羊群行为"

第四章 市场化进程、行业特征与公司现金持有竞争效应

(Akdoǧu and MacKay, 2012)。然而，公司采取上述占优投资战略势必会激发其资金需求，成长性行业资产构成的低附属担保价值属性导致其外源"融资缺口"(Barclay and Smith, 1995)，激烈竞争带来的经营状况不确定性又会导致经营现金流的频繁波动（Bolton and Scharfstein, 1990），此时持有更多的现金能为公司的战略性投资提供便捷融资，利于公司提升其抵御掠夺风险与阻止竞争者进入的能力，进而实现其产品市场的竞争优势。综上所述，成长性及行业竞争是企业所处行业所表现的普遍特征，成长性行业往往因严重的信息不对称而面临着更严重的融资约束，激烈的行业竞争还能缓解公司的代理冲突进而强化现金持有的竞争效应。

行业成长性及行业竞争程度对现金持有竞争效应的影响完全建立在充分的市场竞争环境下。但由于我国渐进式的改革发展，企业微观主体或多或少地受到政府等非市场因素的干预，尤其是改革之初成立的国有企业，政府对其干预更为突出，政府将自身的部分社会目标转嫁给企业的同时，也将大量的资源（诸如信贷资金）向其倾斜，导致其受市场竞争及融资约束的影响有限，国有企业所持现金的竞争效应相应弱化。尤其是政府想扶持的成长性国有企业，将通过干预银行信贷，通过政府补助等方式满足其自身的融资缺口，降低高成长行业的经营风险，其本身通过持有现金来满足资本投资的需求将下降，竞争效应也将被弱化。而民营企业本身的信贷歧视及其投资发展需要，其对高成长与高竞争更趋敏感，将积极持有现金以实现竞争效应。基于以上分析，我们提出如下假设：

假设4-3：相对于国有企业，行业特征（成长性、竞争程度）对民营企业现金持有竞争效应的影响更为显著。

4. 市场化进程、行业特征与现金持有竞争效应

前已述及，行业竞争主要通过增加企业间的捕食风险、改善公司所处的治理环境进而作用于公司现金持有的竞争效应，行业成长性对现金持有竞争效应的影响归根结底还是充分的市场竞争及其对占优投资的把握。而上述影响又显然受制于市场的开放程度及信息的公开状况。而市场化进程的整体推进有助于创造公平竞争的市场氛围，激发企业自主创新和竞争合作的热情，形成良性的市场竞争格局。市场化进程给行业竞争发挥其捕食风险及治理效应提供良好外部环境的同时，也缓解了成长性企业面临的信息不对称，有利于其更加准确地将所持现金投资到更高投资收益的占优投资项目中，进而强化现金持有的竞争效应。因此，预期市场化程度的提升将强化行业特征（成长性与竞争程度）对公司现金持有竞争效应的影响。基于以上分析，我们提出如下假设：

假设4-4：市场化进程将强化行业特征对现金持有竞争效应的影响。

综上所述，本章的逻辑框架概括如图4-1所示。

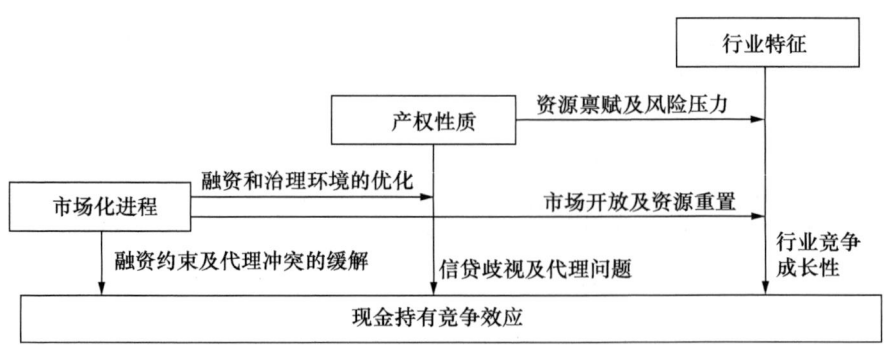

图 4-1 本章的逻辑框架

第三节 研究设计

一、模型建立与变量定义

1. 现金持有竞争效应的模型

为检验产权性质对现金持有的竞争效应以及产权性质对行业特征（成长性与竞争性）与现金持有竞争效应之间关系的影响，本章参照 Frésard（2010）的研究方法构建如下的基本模型：

$$Com_{i,t} = \beta_1 Zcash_{i,t-1} + \beta_2 Size_{i,t-1} + \sum_{k=1}^{2}\delta_k Lev_{i,t-k} + \sum_{k=1}^{2}\gamma_k Se_{i,t-k} + \sum_{k=1}^{2}\lambda_k Inv_{i,t-k} + \sum_{k=1}^{2}\nu_k Com_{i,t-k} + \alpha_i + \eta_t + \varepsilon_{i,t} \quad (4-1)$$

其中，下标 i 和 t 分别表示公司和年份；ε 表示残差项；α 为公司固定效应；η 为时间固定效应。

(1) 被解释变量（Com）。一般而言，公司采取的提升产品市场业绩的战略最终会体现在公司的主营业务收入增长上，参考 Frésard（2010）的做法，本章采用经年度行业中值调整后的主营业务收入增长率来衡量公司的产品市场竞争优势（Com）。

(2) 解释变量（Zcash），公司现金持有对产品市场竞争优势的影响，需要刻画公司现金持有水平相比其竞争对手的状况，因此，我们采用行业年度中值调整后的现金持有水平来反映；同时，考虑到不同行业现金持有水平分布的离散程度对现金持有竞争效应的影响，我们借鉴 Philips 和 MacKay（2005），Frésard（2010）的做法用调整后的现金持有水平除以行业现金持有的标准差得到变量 Zcash。

（3）控制变量。我们还控制了影响公司产品市场竞争优势的其他变量：前期资产规模（Size）、前期财务杠杆（Lev）、前期销售费用（Se）、前期资本投资（Inv）以及前期的产品市场竞争优势。

2. 市场化进程的度量（Market）

市场化进程数据来自樊纲等的《中国市场化指数——各地区市场化相对进程 2011 年报告》，主要选取市场化进程总指数和金融业市场化指数为外部市场化进程的替代变量。由于该报告没有给出 2010 年、2011 年和 2012 年的相关数据，2010 年、2011 年和 2012 年的市场化指数采取上年指数加上前 3 年指数增加值的平均数的方法确定。

3. 产权性质的度量（Gov）

根据最终控制人性质界定为政府控制的企业和民营企业，当企业是政府控制时 Gov 取 1，否则取 0。

4. 行业竞争程度与行业成长性的度量

（1）产品市场竞争程度（HHI）。按照研究惯例，选取反映市场集中度的赫芬达尔指数（HHI）来衡量产品市场竞争，其计算公式如下：

$HHI = \sum_f (X_f / \sum X_f)^2$，HHI 指数较小表示，当行业可容纳的公司数量一定时，一个行业内相似规模的公司较多，公司间的竞争激烈。此时，公司更有可能根据竞争对手的行为采取相似的战略选择，行业内竞争对手之间的相互影响程度较高。反之，较高的 HHI 则意味着，行业集中度较高，公司间竞争程度较低。当 HHI 低于中位数时，HHI 赋值为 1，表示产品市场竞争较强；否则，赋值为 0，表示产品市场竞争较弱。

（2）行业成长性的度量（Ind_Q）。根据证监会《上市公司行业分类指引》的规定，我国上市公司所属行业可以分为 13 个门类。其中，制造业上市公司较密集，因此我们又将其分为 10 个大类。剔除金融保险业（I）、上市公司数量较少的木材家具业（C2）、其他制造业（C99）和传播与文化产业（L）以及无法判定主营业务的综合类（M）之后，得到 17 个行业分类。借鉴叶康涛与祝继高（2009）的采用行业 Tobin's Q 值衡量成长性的方法，本章采用各年度、行业的 Tobin's Q 中值（Ind_Q）来测度行业的成长性。Tobin's Q 的计算公式设定为：（流通股份数×流通股价格＋非流通股份数×每股净资产＋总负债）÷总资产。

二、样本选择与数据来源

本章选取了 2003~2012 年沪深两市 A 股公司的年度数据，数据来源于 CSMAR 数据库。为提高数据的有效性，本章剔除了营业收入为负、ST 类公司及数据缺失的样本，共得到 11663 个公司年度数据。为剔除极端值的影响，本章对所有连续变量进行了上下 1% 的 Winsorize 处理。

第四节 实证检验结果与分析

一、变量描述性统计

1. 主要变量的描述性统计

表 4-1 报告了主要变量的描述性统计，产品市场竞争优势（Com）的均值为 0.0555，最大值、最小值分别为 1.7130 和 -0.6353，标准差为 0.3873，说明产品竞争地位在公司间存在明显差异。现金持有水平（Zcash）的均值为 0.1132、标准差为 0.6144、最小值与最大值分别为 -0.6994 和 3.0004，表明与竞争对手相比，持有现金的水平在公司间也存在明显差异。通过行业成长及产品市场竞争的最值及标准差同样可得，行业的成长性及其竞争程度在公司间也有明显的差异。

表 4-1 主要变量描述性统计

变量代码	观测值	均值	标准差	最小值	中值	最大值
Com	11663	0.0555	0.3873	-0.6353	0.0000	1.7130
Zcash	11663	0.1132	0.6144	-0.6994	0.0000	3.0004
Gov	11663	0.6310	0.4826	0.0000	1.0000	1.0000
Ind_Q	11663	1.6500	0.5344	0.9809	1.4571	3.0620
HHI	11663	0.4914	0.4999	0.0000	0.0000	1.0000
Size	11663	21.6659	1.2083	19.1204	21.5263	25.3934
Lev	11663	0.5152	0.2124	0.0736	0.5139	1.3297
Se	11663	0.0881	0.1250	-0.0503	0.0468	0.7245
Inv	11663	0.0749	0.0711	0.0002	0.0542	0.3357

2. 基于市场化进程的现金持有竞争效应的描述性统计

表4-2是结合产权性质对现金持有竞争效应分组的描述性统计结果。首先，我们根据现金持有水平（Zcash）的中位数将样本分为高、低两组，发现现金持有水平较高组的产品市场竞争优势（Com）的均值与中位数都大于现金持有水平较低组，并且均值差异检验T值和中值差异检验Z值均在1%水平上显著，表明现金持有更多的公司更具有产品市场竞争优势。考虑市场化进程后，分组检验结果表明，市场化进程高低的两个子样本中高现金持有的产品市场竞争优势的均值与中值均高于低现金持有组，与此同时，市场化在较低市场化进程组中，均值与中值的差异检验结果更显著。为进一步检验现金持有竞争效应在不同产权性质企业中的影响差异，表4-2考虑国有与民营分组检验的结果表明，两类产权属性的企业中，高现金持有的产品市场竞争优势的均值与中值均高于低现金持有组，且民营企业的均值差异T检验以及中值差异性检验Z值的显著性高于国有企业。上述结果表明，相对于高市场化进程组，较低市场化进程组可能使得企业所持现金的竞争效应更明显；相对于国有企业，民营企业所持现金可能更具有竞争效应。

表4-2 市场化进程与现金持有竞争效应的单变量检验

分组方法		产品市场竞争优势			
市场化进程	现金持有水平	均值	T值	中值	Z值
全样本	较低组 较高组	0.0397 0.0713	-4.4088***	-0.0121 0.0069	-6.1050***
高市场化进程	较低组 较高组	0.0318169 0.0646381	-3.3516***	-0.012219 0.0012391	-3.705***
低市场化进程	较低组 较高组	0.0425347 0.0829007	-3.8472***	-0.0154072 0.0155779	-5.829***
民营企业	较低组 较高组	0.0491 0.0853	-4.6324***	-0.0102 0.0154	-4.6930***
国有企业	较低组 较高组	0.0368 0.0634	-2.8213***	-0.0114 0.0022	-3.9340***

注：平均值差异的检验方法是T检验，中位数差异的检验方法是Wilcoxon秩和检验，*、**和***分别表示10%、5%和1%的显著性水平（双尾检验）。

3. 基于行业特征的现金持有竞争效应的描述性统计

表4-3结合行业成长性与行业竞争程度对现金持有竞争效应进行了单变量检验。首先将各行业依据其成长性高低以及竞争程度高低分组，然后分别统计现金持

有水平较高组与较低组所对应对产品市场竞争优势对均值与中值,并检验其差异性。结果表明,在成长性较高组以及竞争程度较高组中,较高现金持有组的均值与中值都显著大于较低现金持有组的均值与中值,且其显著性高于成长性较低组与竞争程度较低组。该结果初步证明了,行业特征是影响现金持有竞争效应的重要因素,且随行业成长性与产品市场竞争程度的提高,现金持有的竞争效应得到提升。

表 4-3 行业特征（成长性、竞争程度）与现金持有竞争效应的单变量检验

分组方法		产品市场竞争优势			
市场化进程	现金持有水平	均值	T 值	中值	Z 值
低成长性	较低组	0.0487	-2.0896**	-0.0107	-3.1120***
	较高组	0.0683		0.0041	
高成长性	较低组	0.0303	-3.7500***	-0.0128	-4.6610***
	较高组	0.0739		0.0097	
低竞争程度	较低组	0.0461	-1.7255*	-0.0099	-2.2140**
	较高组	0.0608		0.0032	
高竞争程度	较低组	0.0376	-3.2507***	-0.0147	-4.7850***
	较高组	0.0778		0.0076	

二、市场化进程与现金持有竞争效应的检验结果

表 4-4 是市场化进程对公司现金持有竞争效应的回归结果。模型 1 中 $Zcash_{t-1}$ 的系数为 0.0212 并在 1% 水平上显著,表明持有更多现金的公司能够获得市场竞争优势。模型 2 与模型 3 检验了不同市场化进程对公司现金持有竞争效应的差异影响。结果显示,高市场化进程组中 $Zcash_{t-1}$ 的系数并不显著,而低市场化进程组中 $Zcash_{t-1}$ 的系数为 0.0237 且在 5% 水平上显著,与假设 4-1A 相符。这一结果表明,因市场化程度的提高有效缓解了企业融资约束,进而弱化了现金持有竞争效应,市场化进程具体表现为缓解融资约束效应。

三、市场化进程、产权性质与现金持有竞争效应的检验结果

表 4-5 报告了市场化进程对产权性质与现金持有竞争效应之间关系影响的回归结果。模型 1 与模型 2 分别检验了民营企业与国有企业所持现金的竞争效应,结果显示,在国有企业中 $Zcash_{t-1}$ 的系数并不显著,而民营企业中 $Zcash_{t-1}$ 的系数为 0.0322 且在 5% 水平上显著,为检验结果的稳定性,在模型 3 全样本中设置公司产权性质与现金持有的交互项 $Gov_t \times Zcash_{t-1}$,该系数为 -0.0252 且在 5% 水平上显著,以上结果表明相对于国有企业,民营企业的现金竞争效应较强。

通过模型 4 与模型 5 的对比,我们发现随着市场化进程的提升,因产权性质而造成的现金持有竞争效应的差异逐渐弱化(模型 4 中 $Gov_t \times Zcash_{t-1}$ 系数为 -0.026,在 5% 水平上显著;模型 5 中 $Gov_t \times Zcash_{t-1}$ 系数为 -0.0138,并不显著),这与假设 4-2 相符。

表 4-4 市场化进程与现金持有竞争效应

变量	模型 1 全样本	模型 2 低市场化进程	模型 3 高市场化进程
$Zcash_{t-1}$	0.0212 *	0.0237 **	0.0198
	(1.85)	(2.07)	(1.59)
$Size_{t-1}$	-0.1405 ***	-0.1473 ***	-0.1485 ***
	(-10.66)	(-7.87)	(-7.69)
Lev_{t-1}	0.5290 ***	0.5264 ***	0.6138 ***
	(8.76)	(6.04)	(7.18)
Lev_{t-2}	-0.3729 ***	-0.3014 ***	-0.4728 ***
	(-6.31)	(-3.53)	(-5.62)
Se_{t-1}	-0.2592 ***	-0.4482 ***	-0.0102
	(-2.90)	(-3.63)	(-0.08)
Se_{t-2}	-0.1205	0.0259	-0.2631 *
	(-1.36)	(0.21)	(-1.95)
Inv_{t-1}	0.0552	-0.1311	0.2195
	(0.56)	(-0.91)	(1.59)
Inv_{t-2}	0.2908 ***	0.4192 ***	0.1967
	(3.14)	(3.02)	(1.54)
Com_{t-1}	-0.1226 ***	-0.1060 ***	-0.1523 ***
	(-9.84)	(-5.93)	(-8.58)
Com_{t-2}	-0.1651 ***	-0.1888 ***	-0.1479 ***
	(-13.81)	(-10.95)	(-8.70)
_cons	3.0623 ***	3.0970 ***	3.1510 ***
	(10.64)	(7.92)	(7.73)
N	7744	3773	3971
r2	0.0869	0.0953	0.0929
F	35.4339	18.9129	18.9648

注:*、** 和 *** 分别表示 10%、5% 和 1% 的显著性水平(下同)。

表 4-5 市场化进程、产权性质与现金持有竞争效应

变量	模型 1 民营企业	模型 2 国有企业	模型 3 全样本	模型 4 低市场化进程	模型 5 高市场化进程
$Zcash_{t-1}$	0.0322** (2.47)	-0.0190 (-0.87)	0.0332*** (2.86)	0.0367*** (2.63)	0.0260* (1.82)
Gov_t			0.0343 (1.21)	0.0455* (1.78)	0.0114 (0.78)
$Gov_t \times Zcash_{t-1}$			-0.0252** (-2.10)	-0.0260** (-1.99)	-0.0138 (-1.28)
$Size_{t-1}$	-0.1868*** (-11.30)	-0.1435*** (-5.90)	-0.1464*** (-11.07)	-0.1494*** (-7.98)	-0.1473*** (-7.60)
Lev_{t-1}	0.6050*** (8.15)	0.5811*** (5.57)	0.5508*** (9.09)	0.5232*** (6.00)	0.6146*** (7.18)
Lev_{t-2}	-0.3438*** (-4.76)	-0.4147*** (-3.97)	-0.3651*** (-6.17)	-0.3034*** (-3.55)	-0.4705*** (-5.58)
Se_{t-1}	-0.3512*** (-3.17)	-0.2032 (-1.29)	-0.2659*** (-2.97)	-0.4376*** (-3.54)	-0.0095 (-0.07)
Se_{t-2}	-0.0939 (-0.83)	-0.1419 (-0.98)	-0.1131 (-1.27)	0.0320 (0.26)	-0.2644** (-1.96)
Inv_{t-1}	0.0199 (0.18)	0.1473 (0.78)	0.0469 (0.48)	-0.1244 (-0.86)	0.2236 (1.62)
Inv_{t-2}	0.2249** (2.10)	0.2779 (1.62)	0.2904*** (3.12)	0.4304*** (3.10)	0.2017 (1.57)
Com_{t-1}	-0.1131*** (-7.54)	-0.2063*** (-9.59)	-0.1239*** (-9.95)	-0.1054*** (-5.90)	-0.1524*** (-8.58)
Com_{t-2}	-0.1778*** (-12.19)	-0.1846*** (-9.16)	-0.1670*** (-13.97)	-0.1887*** (-10.96)	-0.1483*** (-8.72)
_cons	3.9699*** (11.43)	3.0346*** (5.77)	3.1536*** (10.95)	3.0695*** (7.85)	3.1416*** (7.70)
N	2615	5129	7744	3773	3971
r2	0.1344	0.1068	0.0898	0.0969	0.0933
F	18.2152	29.4952	32.7695	17.2321	17.0365

四、产权性质、行业特征与现金持有竞争效应的检验结果

表4-6检验了产权性质对行业特征(行业成长性与竞争程度)与公司现金持有竞争效应之间关系的影响。在模型1中,$Ind\_Q_{t-1} \times Zcash_{t-1}$的系数为0.0279,且在10%的水平上显著,这表明随着行业成长性的提升,公司现金持有竞争效应越发凸显。在模型2中,$HHI_{t-1} \times Zcash_{t-1}$的系数为0.0274,在10%水平上显著,这表明产品市场竞争的加剧强化了公司现金持有竞争效应。通过对模型3、模型4与模型5、模型6的对比,我们验证了不同产权性质背景下,行业特征对现金持有竞争效应的影响,结果表明行业成长性与竞争程度对公司所持现金的竞争效用在民营企业中更为显著(在模型3、模型4中,$Ind\_Q_{t-1} \times Zcash_{t-1}$与$HHI_{t-1} \times Zcash_{t-1}$的系数分别为0.575和0.0436且均在5%水平上显著,而在模型5、模型6中,系数均不显著),回归结果支持并验证了假设4-3。

表4-6 产权性质、行业特征与现金持有竞争效应

变量	模型1	模型2	模型3	模型4	模型5	模型6
	全样本		民营企业		国有企业	
$Zcash_{t-1}$	-0.0186	0.0094	-0.0497*	0.0101	-0.0370	-0.0266
	(-0.65)	(0.65)	(-1.78)	(1.33)	(-1.60)	(-1.23)
Ind_Q_{t-1}	-0.0087		0.0561		-0.0302	
	(-0.37)		(1.62)		(-1.12)	
$Ind\_Q_{t-1} \times Zcash_{t-1}$	0.0279*		0.0575**		0.0242	
	(1.71)		(1.99)		(1.15)	
HHI_{t-1}		0.0127		0.0381		-0.0151
		(0.66)		(1.01)		(-0.71)
$HHI_{t-1} \times Zcash_{t-1}$		0.0274*		0.0436**		0.0138
		(1.83)		(2.15)		(0.57)
$Size_{t-1}$	-0.1423***	-0.1406***	-0.1896***	-0.1864***	-0.1402***	-0.1395***
	(-10.67)	(-10.66)	(-11.38)	(-11.27)	(-5.71)	(-5.73)
Lev_{t-1}	0.5293***	0.5289***	0.6032***	0.6068***	0.5864***	0.5859***
	(8.76)	(8.75)	(8.12)	(8.17)	(5.63)	(5.62)
Lev_{t-2}	-0.3720***	-0.3741***	-0.3467***	-0.3432***	-0.4089***	-0.4128***
	(-6.28)	(-6.33)	(-4.79)	(-4.75)	(-3.92)	(-3.96)
Se_{t-1}	-0.2558***	-0.2590***	-0.3453***	-0.3517***	-0.2144	-0.1998
	(-2.86)	(-2.90)	(-3.11)	(-3.18)	(-1.36)	(-1.27)

续表

变量	模型 1	模型 2	模型 3	模型 4	模型 5	模型 6
	全样本		民营企业		国有企业	
Se_{t-2}	-0.1209 (-1.36)	-0.1208 (-1.36)	-0.0859 (-0.76)	-0.0946 (-0.84)	-0.1691 (-1.17)	-0.1435 (-0.99)
Inv_{t-1}	0.0570 (0.58)	0.0561 (0.57)	0.0252 (0.23)	0.0199 (0.18)	0.1283 (0.68)	0.1591 (0.84)
Inv_{t-2}	0.2896*** (3.13)	0.2882*** (3.11)	0.2283** (2.13)	0.2250** (2.10)	0.2883* (1.68)	0.2620 (1.52)
Com_{t-1}	-0.1222*** (-9.81)	-0.1231*** (-9.88)	-0.1124*** (-7.49)	-0.1134*** (-7.56)	-0.2067*** (-9.62)	-0.2081*** (-9.67)
Com_{t-2}	-0.1650*** (-13.81)	-0.1652*** (-13.82)	-0.1778*** (-12.19)	-0.1781*** (-12.21)	-0.1848*** (-9.18)	-0.1837*** (-9.12)
_cons	3.1135*** (10.30)	3.0568*** (10.62)	3.8938*** (11.03)	3.9466*** (11.22)	2.9867*** (5.56)	3.0415*** (5.79)
N	7744	7744	2615	2615	5129	5129
R^2	0.0872	0.0872	0.1372	0.1371	0.1074	0.1070
F	31.8335	31.8305	16.6871	16.6590	26.5325	26.4236

五、市场化进程、行业特征与现金持有竞争效应的检验结果

表4-7检验了市场化进程对行业特征（行业成长性与竞争程度）与公司现金持有竞争效应之间关系的影响。通过对模型1、模型2与模型3、模型4的对比，验证了市场化进程对行业特征与现金持有竞争效应关系的影响，结果表明行业成长性与竞争程度对公司现金竞争效应的提升作用在高市场化进程组中更显著（在模型3、模型4中，$Ind\_Q_{t-1} \times Zcash_{t-1}$ 与 $HHI_{t-1} \times Zcash_{t-1}$ 的系数分别为0.045和0.0435且在10%与5%的水平上显著，而在模型1、模型2中，其系数均不显著）。表4-7的检验结果与本章假设4-4的预期一致。

表4-7 市场化进程、行业特征与现金持有竞争效应

变量	模型 1	模型 2	模型 3	模型 4
	低市场化进程		高市场化进程	
$Zcash_{t-1}$	0.0110 (0.24)	0.0176 (0.76)	-0.0423 (-1.14)	0.0064 (0.34)

续表

变量	模型 1	模型 2	模型 3	模型 4
	低市场化进程		高市场化进程	
Ind_Q_{t-1}	-0.0638*		0.0493	
	(-1.82)		(1.54)	
$Ind\_Q_{t-1} \times Zcash_{t-1}$	0.0078		0.0450*	
	(0.26)		(1.90)	
HHI_{t-1}		0.0112		0.0264
		(0.40)		(0.98)
$HHI_{t-1} \times Zcash_{t-1}$		0.0118		0.0435**
		(0.37)		(2.14)
$Size_{t-1}$	-0.1525***	-0.1474***	-0.1442***	-0.1483***
	(-8.03)	(-7.87)	(-7.38)	(-7.68)
Lev_{t-1}	0.5226***	0.5243***	0.6175***	0.6159***
	(5.99)	(6.00)	(7.22)	(7.20)
Lev_{t-2}	-0.3060***	-0.3026***	-0.4565***	-0.4748***
	(-3.58)	(-3.54)	(-5.40)	(-5.64)
Se_{t-1}	-0.4396***	-0.4480***	-0.0140	-0.0116
	(-3.56)	(-3.63)	(-0.10)	(-0.09)
Se_{t-2}	0.0353	0.0246	-0.2753**	-0.2555*
	(0.29)	(0.20)	(-2.04)	(-1.90)
Inv_{t-1}	-0.1204	-0.1315	0.2066	0.2245
	(-0.83)	(-0.91)	(1.49)	(1.63)
Inv_{t-2}	0.4183***	0.4175***	0.1817	0.1925
	(3.02)	(3.01)	(1.42)	(1.50)
Com_{t-1}	-0.1052***	-0.1063***	-0.1534***	-0.1530***
	(-5.88)	(-5.94)	(-8.64)	(-8.61)
Com_{t-2}	-0.1890***	-0.1891***	-0.1484***	-0.1472***
	(-10.97)	(-10.96)	(-8.74)	(-8.66)
_cons	3.4481***	3.0957***	3.0014***	3.1358***
	(8.04)	(7.90)	(7.15)	(7.69)
N	3773	3773	3971	3971
r2	0.0963	0.0953	0.0946	0.0940
F	17.1098	16.9292	17.3041	17.1750

六、稳健性检验

为了确保上述结论的稳健性,本章进行了如下稳健性检验:

(1) 现金持有竞争效应模型中,产品市场竞争优势可能对公司在行业中的相对现金持有水平产生影响而存在内生性问题。借鉴 Frésard(2010)的处理方法,分别选取了无形资产($Tang_{i,t}$),滞后一期现金持有($Cash_{i,t-1}$)和滞后两期现金持有($Cash_{i,t-2}$)作为工具变量,并采用广义矩阵估计方法(GMM),重新估计现金持有竞争效应的模型,结果稳健。

(2) 国内外学者研究发现债务保守具有竞争效应,为排除低债务竞争效应的影响,借鉴 Acharya 等(2007)与 Frésard(2010)的思路,保留高对冲需求的样本从而达到尽可能排除债务竞争效应干扰的目的。我们剔除相关系数高于 0,或 0.1,抑或 0.2 的样本进行稳健性检验,研究结论不变。

(3) 现金持有竞争效应的发挥要求公司具有一定的现金储备能力,为了消除低现金持有公司的样本可能造成的偏差,我们对现金持有水平高于行业均值的样本进行回归,研究结论依然稳健。

(4) 为规避市场化指数总指标带来信息的综合性,我们还同时选用市场化进程的两项分项指标:信贷资金分配市场化指数与中介组织发育、法律指数来进一步验证市场化进程对现金持有竞争效应的影响机理。结果如表 4-8 所示,模型 1~模型 2 检验了随信贷资金分配的市场化程度的提升,公司所持现金的竞争效

表 4-8 市场化进程分项指标与现金持有竞争效应

变量	模型 1	模型 2	模型 3	模型 4
	信贷资金分配市场化		中介组织发育和法律	
	低市场化进程	高市场化进程	低市场化进程	高市场化进程
$Zcash_{t-1}$	0.0253 **	0.0084	0.0129	0.0199 *
	(2.28)	(0.41)	(0.71)	(1.77)
$Size_{t-1}$	-0.0775 ***	-0.1931 ***	-0.1535 ***	-0.1691 ***
	(-2.78)	(-8.75)	(-7.58)	(-7.89)
Lev_{t-1}	0.5584 ***	0.5297 ***	0.5299 ***	0.6921 ***
	(5.55)	(5.94)	(5.86)	(7.67)
Lev_{t-2}	-0.4509 ***	-0.3694 ***	-0.2352 ***	-0.5040 ***
	(-4.39)	(-4.27)	(-2.67)	(-5.73)
Se_{t-1}	-0.4299 ***	-0.2381	-0.4242 ***	-0.1959
	(-3.11)	(-1.63)	(-3.34)	(-1.40)

续表

变量	模型 1	模型 2	模型 3	模型 4
	信贷资金分配市场化		中介组织发育和法律	
	低市场化进程	高市场化进程	低市场化进程	高市场化进程
Se_{t-2}	-0.0300	-0.3748***	-0.0927	-0.1980
	(-0.21)	(-2.74)	(-0.73)	(-1.35)
Inv_{t-1}	0.0651	-0.0804	0.0525	0.1421
	(0.41)	(-0.55)	(0.35)	(0.99)
Inv_{t-2}	0.3224**	0.2704**	0.2588*	0.2814**
	(2.08)	(1.98)	(1.79)	(2.13)
Com_{t-1}	-0.2019***	-0.2686***	-0.1130***	-0.1911***
	(-9.78)	(-15.18)	(-6.13)	(-10.56)
Com_{t-2}	-0.2311***	-0.2325***	-0.2023***	-0.1578***
	(-11.75)	(-13.64)	(-11.42)	(-9.06)
_cons	1.6889***	4.1880***	3.2808***	3.5936***
	(2.79)	(8.91)	(7.43)	(7.97)
N	3273	4471	3665	4079
r2	0.1212	0.1784	0.1010	0.1104
F	20.6352	48.0562	18.8528	22.3643

应因融资约束缓解而发生的变化，结果显示，模型 1 中 $Zcash_{t-1}$ 的系数为 0.0253 并在 5% 的水平上显著，而模型 2 中 $Zcash_{t-1}$ 的系数并不显著，结果表明市场化进程的提升可以通过缓解公司的融资约束而弱化现金持有竞争效应。模型 3 ~ 模型 4 检验了随投资者法律保护程度的提升，公司所持现金的竞争效应因治理环境改善而发生的变化，结果显示，模型 3 中 $Zcash_{t-1}$ 的系数为 0.0129 并不显著，而模型 4 中 $Zcash_{t-1}$ 的系数为 0.0199 且在 10% 的水平上显著，这说明市场化进程的提升可以通过优化公司的治理环境而增强现金持有竞争效应。结合表 4-4 的结果可知，虽然市场化进程的提升对公司现金持有竞争效应同时具备正向的强化作用和负向的弱化作用，但总体而言，作用于现金持有竞争效应的过程中，市场化进程的融资约束效应占据了主导作用。

第五节 研究结论与启示

现金持有是公司财务决策的重要部分，国内外学者在考察现金持有水平影响因素及其经济后果的基础上，已从融资约束与代理问题两大视角关注公司现金持有的价值发展到基于产业组织视角来系统考察公司现金持有的水平及其价值。然而，现有研究缺乏对制度背景与公司现金持有之间关系的考察。市场化进程是我国制度背景的重要组成部分，也是公司无法控制的外生变量，加之其对公司财务行为尤其是企业的现金持有行为兼具缓解融资约束和治理效应。本章选取2003~2012年上市公司数据，结合市场化进程、产权性质及行业特征，来探究各自及交互作用对现金持有竞争效应的可能影响，结果表明：①市场化程度的提高既可以通过优化公司的融资环境而降低现金持有竞争效应，也可以通过完善公司的治理环境而提高现金的竞争效应，但前者占据了主导地位；②相对于国有企业，民营企业现金持有竞争效应尤为显著，市场化进程的提高可以缓解因产权属性不同而导致的现金持有竞争效应的差异；③行业成长性与行业竞争程度对公司现金持有竞争效应具有显著影响，且行业特征的上述影响更多地体现在民营企业中；④市场化进程的提高还能强化行业特征（成长性和竞争程度）对现金持有竞争效应的显著影响。

本章的政策启示在于：①随着市场化进程的提升，信贷市场资本配置趋于合理，政府由"干预型"日益向"服务型"转化，市场化进程发挥着"基础性"的治理效用，并提升了公司现金资产的使用效率，降低了现金持有竞争效应在国民间的现存差异。为此，政府有必要进一步推动市场化改革以缓解公司融资约束、降低公司代理冲突等问题，创造更加完善的治理环境，利于企业平等拥有资源，公平竞争。②现金持有竞争效应的发挥与企业面临的成长性投资机会及治理环境息息相关，本章的研究表明，由于国有企业所有者缺位引致严重的代理冲突以及其受政府干预的资源偏向（诸如政府补助及预算软约束等），导致行业特征（成长性及行业竞争）对公司现金持有竞争效应的提升更多地体现在民营企业中。因此，降低信贷歧视、缩小国民差异以及完善内部治理是国企改革亟待解决的问题。③现金持有具有竞争效应，但其又受制于企业所面临的融资约束及其自身的代理冲突。因此，公司在制定现金决策过程中还需综合考虑自身特征、所处行业的成长性、竞争性环境及地区市场化进程，以确保所持现金帮助其实现产品市场上的竞争优势，发挥竞争效应。

第五章 融资约束、资本投资与公司现金持有竞争效应

第一节 引言

  现金作为公司的主要资产，其持有决策是公司财务政策的一项重要内容。国内外学者在研究现金持有水平影响因素的基础上，从信息不对称与代理问题两个视角关注公司现金持有的价值，发展到基于产业组织理论考察公司现金持有的竞争效应。从产业组织理论的逻辑看，公司的财务资源支撑着其竞争行为，现金持有充裕的公司通过实施更有利的产品市场竞争战略或对竞争对手造成可信的威慑，能够在产品市场竞争中获取优势地位。Fresard（2010）结合竞争对手的融资约束与行业竞争程度检验了公司持有现金的竞争效应，陆正飞和韩非池（2013）、杨兴全等（2014）基于宏观经济政策、信贷歧视等检验了我国上市公司现金持有的竞争效应。但公司持有现金本身是中性的，并不直接创造价值，现金持有竞争效应势必会通过特定的渠道或者中间媒介来实现。无论是对于一家公司的成败还是对于一国经济的增长而言，资本投资均至关重要，无论是增加生产线、扩充产能的投资机会，还是改变生产和经营区位、扩大分销网络等行业竞争行为都需要公司进行资本性投资来实现，在公司经营现金流不确定性和外部融资受限的现实背景下，公司所储备现金是持续资本性投资的重要资金来源，资本投资在公司现金持有实现竞争效应中具有中介效应。

  融资约束是影响公司现金持有动机及其价值效应的主要因素，当信息不对称与代理问题阻碍公司取得外部融资而内部融资又有限时，公司不得不放弃一些有价值的投资机会而发生投资不足，这时储备的现金对公司的投资更加重要。与非融资约束公司相比，融资约束公司在实现现金流中储备较多的现金（Almeida et al.；2004），储备现金在减轻公司融资约束的同时，还能满足成长性投资机会的资金需求而提高公司的财务柔性（Denis，2011），那么，融资约束公司的现金持有是否通过资本投资的中介效应实现更显著的竞争效应？融资约束程度与公司的产权性质和金融发展水平相关联，相对于政府控制的公司，民营公司因信贷歧视而难以从银行等正式金融中介中获得及时且有效的资金支持，政府控制公司又存在预算软约束，而民营公司在获得政府支持上处于劣势。那么，现金持有通过资本投资实现的竞争效应在不同产权性质公司中是否存在差异，是否在民营公司中更显著？发达的金融市场有助于扩大公司的融资渠道，降低公司外部融资成本，缓解公司的融资约束，公司更多可供选择的融资来源对现金持有产生替代作用。对于我国这样一个具有新兴加转型双重制度特征的经济体制而言，金融发展水平在整体不断推进的同时，由于资源禀赋、地理位置以及国家政策的不同，还存在区域之间的发展不平衡，那么，金融发展的区域差异对公司现金持有的竞争效应产生何种影响呢？

鉴于此，本章以 2003~2012 年的上市公司为研究对象，基于资本投资中介效应的视角，结合金融发展与产权性质的制度背景，检验了融资约束对公司现金持有的竞争效应的影响。研究发现：公司现金持有通过资本投资的中介效应而具有竞争效应，且在融资约束公司与民营公司中更显著；但随着金融发展水平的提高，公司现金持有通过资本投资中介效应实现的竞争效应逐步弱化。相比已有研究，本章的主要贡献体现在：持有现金具有公司增加产品市场业绩或确立市场中的优势地位的竞争效应，现金持有竞争效应势必通过特定的渠道或者中间媒介实现的同时，又与公司融资约束相关联。本章选择资本投资这一中间渠道，基于公司融资约束考察现金持有的竞争效应与资本投资所起的中介效应，拓展与丰富公司现金持有经济后果研究的同时，也为公司合理持有现金以获取或保持产品市场竞争中的优势地位提供了启示。

第二节 理论分析与研究假设

信息不对称与代理问题是影响公司现金持有水平与价值的主要因素。一方面，由于信息不对称与交易成本的存在，公司从外部融资的成本较高，公司内部积累的现金因能减少其外源融资成本与缓解投资不足，而符合股东价值最大化的理财目标。与低成长公司相比，由于信息不对称问题更严重或投资不足成本更高，持续高额持有现金将是高成长公司的最优政策，高额持有现金可在未降低经营业绩的情况下支持公司的成长（Mikkelson and Partch，2003）。另一方面，由于代理问题的存在，现金作为流动性最强的资产，公司持有大量现金时，更容易异化成大股东或管理层"资源转移"的对象（杨兴全和张照南，2010）。公司治理的低效甚至失效将导致公司现金持有水平较高，且高额持有现金的公司更有可能实施有损股东财富的多元化并购（Harford，1999）。Pinkowitz等（2006）、Kalcheva和Lins（2007）基于跨国样本的比较研究发现，投资者保护较弱、管理者代理问题严重的国家，公司持有现金较高，但价值较低。面对公司现金持有价值不同观点的争议，学者们开始基于产业组织理论来探讨公司持有现金的竞争效应。Acharya等（2007）为现金持有可作为一种风险管理工具提供了证据，持有较高现金具有衍生金融工具在降低公司掠夺性风险的相同功效，可以作为衍生金融工具的替代方式。Fresard（2010）发现现金持有具有与债务保守行为不同的竞争效应，且该竞争效应在竞争对手面临融资约束或行业竞争程度增强时更显著。

掠夺理论认为，公司现金持有具有竞争效应，现金充裕的公司通过实施更有利的产品市场竞争战略或可对竞争对手产生可信赖的威慑作用，能够在产品市场竞争中获取优势地位。现金持有竞争效应的实现并非一蹴而就，而要通过直接与间接两种渠道。一方面，现金持有充裕的公司，可以通过加大资本性投资或研发支出、改变生产和经营区位、扩大分销网络、密集的广告宣传等手段，实现其掠夺现金匮乏竞争对手的市场份额的目的。另一方面，现金持有具有信号作用，可成为公司扭曲竞争者战略的"先发制人的武器"（Preemptive Weapon），更高的现金持有水平实际上向竞争对手做出了将来进一步扩大生产能力、增加资本性投资等竞争性策略的可信承诺，该承诺可对竞争对手产生可信的威慑力和攻击性，制约了竞争对手潜在的产能扩张，并对试图进入者产生威慑作用，阻碍其进入市场，进而改变市场竞争结果。实物期权理论认为，公司拥有投资机会的排他性产权时，因不确定性程度随着时间的推移而降低，有助于公司更准确地做好决策，延缓调整成本高昂或不可逆投资是有价值的（Pindyck，1988）。然而，当投资机会在公司间存在竞争时，实物期权的价值不复存在，延缓投资将导致公司在产品市场竞争中处于不利地位。Dixit（1980）、Kulatilaka和Perotti（1998）研究发现，资本投资赋予公司充分利用未来成长机会的能力，并诱使竞争者做出让步而有利于公司捕获更多的市场份额。相反，公司的投资不足会导致公司面临投资机会与市场份额被掠夺的风险（Minton and Schrand，1999）。因此，战略性资本投资是公司获取产品市场竞争优势的重要战略决策，由于信息不对称，拥有良好投资机会的公司外部融资成本较高，经营状况的不确定性又导致经营现金流波动，现金持有就为公司的战略性资本投资提供了稳定的资金支持，有助于公司捕捉有利的投资机会而获取更高的市场份额，资本投资在现金持有竞争效应实现中具有中介效应。融资约束是影响公司现金持有动机及其价值效应的主要因素,当公司的其他融资来源不足或存在融资约束时,持有现金保障资本投资的作用更重要。与非融资约束公司相比,融资约束公司在实现的现金流中储备较多的现金(Almeida et al.,2004),Arslan 等(2006)研究发现,融资约束公司的投资现金流敏感性更高,而且,公司持有较高现金因增加公司实施获利性投资项目的能力而起到了有价值的对冲效应,尤其在公司周期的萧条阶段这种对冲效应更显著。Denis 和 Sibilkov(2010)研究发现,公司较高的现金持有水平均与融资约束和非融资约束公司的投资水平正相关,但融资约束公司的投资边际价值更大。基于以上分析,我们提出如下假设:

假设 5-1:资本投资在公司现金持有竞争效应的实现中具有中介效应。

假设 5-2:公司现金持有通过资本投资实现的竞争效应在融资约束公司中更显著。

融资约束程度与公司的产权性质和所在区域的金融发展水平相关联。我国的资本市场是一个发展处于转型时期的新兴市场,政策性市场的特征仍然存在,政府的动机将对上市公司的融资行为产生重要影响,信贷资源配置具有显著的"国民"差异,民营公司面临较严重的信贷歧视问题,在紧缩货币政策下,信贷歧视会导致银行信贷资金更向国有公司倾斜(叶康涛和祝继高,2009)。信贷资金配给的国有倾向使得国有公司的融资约束较低,在货币紧缩时,则会加剧民营公司的融资约束程度。Allen 等(2005)研究发现,我国银行信贷占 GDP 的比重为 1.11,高于其他法系国家的平均数 0.73,然而,如果只考虑发放给私营部门的银行信贷,银行信贷占 GDP 的比重降为 0.24。此外,地方政府出于经济增长、产业发展以及维护政府形象等考虑给予上市公司补助,国有公司普遍存在预算软约束或更易于获得政府补助,而民营公司在获取政府支持上处于劣势,更需要做好自身流动性管理,通过储存现金来支持资本投资的资金需求。发达的金融市场与制度对公司以较低的成本取得投资所需的资金至关重要,随着金融的发展,融资工具与技术不断创新,融资渠道不断扩大,为公司提供了不断开阔的融资平台,使得公司融资变得更加便利;有助于降低市场中的信息不对称、实施有效监督、甄别劣质项目,进而提高资金配置效率;投资者权益得到更好的保护,公司更容易以较低的成本为投资项目融入数量更多或期限更长的资金。我国是新兴加转轨的资本市场,市场化进程已经取得了举世公认的成就,伴随市场化进程的推进,我国金融体制改革不断深化与金融体系日臻完善,不仅能为公司提供充足的外部资金,而且通过减少信息不对称,使公司更容易取得外部融资,融资约束得以缓解,公司更多可供选择的融资来源对现金持有产生替代而使现金持有的竞争效应逐步弱化。然而,由于资源禀赋、地理位置以及国家政策的不同,我国的市场化进程在地区间不平衡。市场化进程低的地区金融发展水平相对滞后，其所处公司的融资机会较少或外部融资成本较高而面临的融资约束程度较高，公司持有现金的作用相对更为重要。基于以上分析，我们提出如下假设：

假设 5-3：现金持有通过资本投资实现的竞争效应在民营公司中更显著。

假设 5-4：现金持有通过资本投资实现的竞争效应在金融发展水平较低地区的公司中更显著。

第三节 研究设计

一、研究模型与变量定义

1. 公司现金持有竞争效应与资本投资中介效应的检验模型

我们借鉴 Baron 和 Kenny（1986）以及温忠麟等（2004）提出的中介效应检验方法，构建以下递归（Recursive）模型，以检验现金持有的竞争效应与资本投资所起的中介作用。

$$Com_{i,t} = \beta_1 Zcash_{i,t-2} + \beta_2 Size_{i,t-1} + \sum_{k=1}^{2}\delta_k Lev_{i,t-k} + \sum_{k=1}^{2}\gamma_k Se_{i,t-k} +$$
$$\sum_{k=1}^{2}\nu_k Com_{i,t-k} + \alpha_i + \eta_t + \varepsilon_{i,t} \quad (5-1)$$

$$Invest_{i,t-1} = \alpha_0 + \alpha_1 Zcash_{i,t-2} + \alpha_2 Leverage_{i,t-2} + \alpha_3 Growth_{i,t-2} +$$
$$\alpha_4 Size_{i,t-2} + \alpha_5 Return_{i,t-2} + \alpha_6 Age_{i,t-2} +$$
$$\alpha_7 Invest_{i,t-2} + \sum Industry + \sum Year + \varepsilon_{i,t-1} \quad (5-2)$$

$$Com_{i,t} = \lambda_1 Zcash_{i,t-2} + \lambda_2 Invest_{i,t-1} + \lambda_3 Size_{i,t-1} + \sum_{k=1}^{2}\delta_k Lev_{i,t-k} +$$
$$\sum_{k=1}^{2}\gamma_k Se_{i,t-k} + \sum_{k=1}^{2}\nu_k Com_{i,t-k} + \alpha_i + \eta_t + \varepsilon_{i,t} \quad (5-3)$$

式中，下标 i 和 t 分别代表公司和年份；k 为变量的滞后期数；α_i 和 η_t 为公司固定效应和时间效应；$\varepsilon_{i,t}$ 为残差项。

第一步对模型（5-1）进行回归，检验产品市场竞争与现金持有的回归系数是否显著为正，如果系数 β_1 显著为正，意味着现金持有具有竞争效应，则进行下一步，如果不显著，则终止检验；第二步对模型（5-2）进行回归，检验中介变量资本性投资与现金持有的回归是否显著为正，如果系数 α_1 显著为正，说明现金持有支持了公司的资本性投资；第三步对模型（5-3）进行回归，如

果 λ_1 与 λ_2 两个系数都显著为正且系数 λ_1 与 β_1 相比有所下降则说明存在部分中介效应。如果现金持有的回归系数 λ_1 不显著,但资本性投资的回归系数 λ_2 显著,说明资本投资扮演了完全中介的效应。

模型（5-1）和模型（5-3）中：①被解释变量：产品市场竞争优势（Com）,竞争优势最终体现为公司经营绩效的高低,我们采用 Fresard（2010）的类似方法,以公司营业收入增长率与年度行业均值的差额来度量产品市场竞争优势（Com）。②解释变量：现金持有水平（Zcash）,公司现金持有对产品市场竞争优势的影响,需要刻画公司现金持有水平相比其竞争对手的状况,因此我们用年度行业均值调整后的公司现金持有水平（Cash）来反映。其中,现金持有水平等于现金及现金等价物除以总资产。同时,考虑到不同行业现金持有水平分布的离散程度对现金持有竞争效应的影响,我们借鉴 Fresard（2010）的做法用 Cash 除以行业现金持有的标准差得到变量 Zcash,反映公司现金持有水平相对行业水平的状况。

此外,我们还控制了可能影响现金持有竞争效应相关的其他变量：①公司规模（Size）,前期资产存量可能会对产品市场业绩产生影响。②负债比率（Lev）,等于公司总负债除以总资产,低杠杆的财务保守行为具有竞争效应。③销售费用（Se）,定义为公司的营业费用除以净资产。公司在广告、促销等市场策略方面的花费最终会在产品市场业绩上得以反映。④前期产品市场业绩,可能会对其后的业绩产生持续影响。除前期资产的对数外,其余变量取滞后两期的数值；为了控制行业因素的影响,所有控制变量均经年度行业均值的调整。

模型（5-2）中,因变量 $Invest_{i,t-1}$ 为 t-1 年的新增资本投资,是公司 t-1 年总投资减去维持性投资的差额,其中,总投资等于现金流量表中投资活动净现金流量的相反数除以资产总额,维持性投资为现金流量表附注中固定资产折旧和无形资产摊销之和除以资产总额。$Growth_{t-2}$ 代表公司的成长机会,以销售收入增长率作为成长机会的代理变量。$Leverage_{t-2}$、$Zcash_{t-2}$、$Size_{t-2}$、$Return_{t-2}$、Age_{t-2}、$Invest_{t-2}$ 分别代表上市公司 t-2 年的资产负债率、现金持有量、公司规模、股票收益、上市时间和 t-2 年的资本投资。由于财务杠杆具有还本付息的压力以及随着上市时间的增加公司的投资日趋稳定,$Leverage_{t-2}$ 和 Age_{t-2} 同新增资本投资呈负向关系,而 $Zcash_{t-2}$、$Size_{t-2}$、$Return_{t-2}$、$Invest_{t-2}$ 将对新增资本投资产生正面影响。此外,为了充分考虑行业效应和年度效应,模型中还加入行业哑变量 Industry 和年度哑变量 Year。

2. 融资约束、产权性质与金融发展水平的衡量

参考 Hadlock 和 Pierce（2010）以及鞠晓生等（2013）衡量融资约束的方法,以 SA 指数度量融资约束,通过方程（$-0.737 \times size + 0.043 \times size^2 - 0.04 \times$

age）计算融资约束程度，SA 指数越小，公司融资约束程度越大。

采用国内主流文献的通常做法，依照上市公司最终控制人的性质划分产权性质（State），政府控制企业为 1，民营企业为 0。

在金融经济学中，通常采用金融资产总量与 GDP 之比来衡量国家或地区的金融发展程度（FD），我们借鉴卢峰和姚洋（2004）的做法，以各地区全部金融机构年末总贷款余额与各地区当年 GDP 的比值表示地区金融发展程度。主要变量的定义如表 5-1 所示。

表 5-1 变量定义表

变量名称	变量符号	变量定义
产品市场竞争优势	Com	公司营业收入增长率与年度行业均值的差额
公司现金持有水平	Zcash	年度行业均值调整后的公司现金持有水平除以行业现金持有的标准差
公司规模	Size	总资产的自然对数
负债比率	Lev	负债总额/总资产
销售费用	Se	营业费用除以净资产
新增资本投资	Invest	总投资减去维持性投资的差额，其中，总投资等于现金流量表中投资活动净现金流量的相反数除以资产总额，维持性投资为现金流量表附注中固定资产折旧和无形资产摊销之和除以资产总额
成长性	Growth	销售收入增长率
股票收益	Return	现金红利的年度股票回报率
上市时间	Age	公司的上市年限通过方程
融资约束	SA	$(-0.737 \times size + 0.043 \times size^2 - 0.04 \times age)$ 计算
产权性质	State	依照上市公司最终控制人性质划分，政府控制企业为 1，民营企业为 0
金融发展程度	FD	各地区全部金融机构当年年末总贷款余额与各地区当年 GDP 的比值

二、样本选择与数据来源

本章选取 2003~2012 年沪深两市 A 股公司为样本，相关财务数据来源于 CCER 数据库和 CSMAR 数据库，金融发展数据来源于各省统计年鉴和金融年鉴，剔除营业收入为负、金融行业、ST 类型和数据缺失的样本，同时，为了剔除极端值的影响，我们对所有连续变量进行了 1%~99% 水平的 Winsorize 处理。

制度背景、行业特征与公司现金持有竞争效应

第四节 实证检验结果与分析

一、主要变量的描述性统计

表5-2对主要变量进行了描述性统计。产品市场竞争优势（Com）的均值与中位数分别为0与-0.0925，且最小值与最大值分别为-1.291与4.7186，表明公司间产业竞争优势差异较大。公司现金持有（Zcash）的均值与中位数为0与-0.216，且最大值为5.2725，表明存在部分公司高额持有现金的现象。公司资本投资（Invest）的均值与中位数分别为0.0232与0.0126，最小值与最大值分别为-0.1978与0.269。

表5-2 主要变量描述性统计

变量	观测值	均值	标准差	最小值	中值	最大值
Com	8698	0.0000	0.6247	-1.2910	-0.0925	4.7186
Zcash	8698	0.0000	0.9916	-2.1059	-0.2160	5.2725
Invest	8698	0.0232	0.0742	-0.1978	0.0126	0.2690
Size	8698	21.6198	1.1889	18.9384	21.5192	25.1825
Lev	8698	0.5296	0.2258	0.0795	0.5288	1.5008
Se	8698	0.0391	0.0499	0.0000	0.0225	0.2811
Growth	8698	0.2232	0.6402	-0.7234	0.1264	4.7398
Return	8698	0.5399	1.0801	-0.7756	0.2042	4.3529
Age	8698	8.4755	4.2163	1.0000	9.0000	17.0000
SA	8698	3.7404	1.2847	1.0184	3.5956	8.0921
Country	8698	0.6526	0.4762	0.0000	1.0000	1.0000
FD	8698	0.9386	0.5481	0.3185	0.7672	2.8130

表5-3是基于融资约束、产权性质与金融发展水平分组的主要变量的描述性统计。结果表明，相对于较低融资约束的公司，面临较高融资约束的公司，其产品市场竞争优势与投资水平相对较低，而现金持有水平相对较高。相对于政府控制公司，民营公司倾向于更多地投资，其产品市场竞争优势与现金持有水平也

相对较高。相对于金融发展水平较高的地区，处于较低金融发展水平地区的公司，其产品市场竞争优势均值显著较低，而现金持有水平相对较高。

表 5-3 基于融资约束、产权性质与金融发展水平分组的描述性统计

变量代码	观测值	均值	中值	标准差	观测值	均值	中值	标准差	均值差异 T值	中值差异 Z值
		高融资约束				低融资约束				
Com	4349	-0.0346	-0.0830	0.4599	4349	0.0346	-0.0811	0.7528	-5.168***	-0.651
Zcash	4349	0.0107	-0.1942	1.0798	4349	-0.0107	-0.2480	0.8947	1.004	2.596***
Invest	4349	0.0136	0.0037	0.0773	4349	0.0327	0.0205	0.0697	-12.138***	-14.270***
		民营公司				政府控制公司				
Com	3022	0.0137	-0.0798	0.7057	5676	-0.0073	-0.0829	0.5769	1.497	-0.111
Zcash	3022	0.0183	-0.2225	1.0438	5676	-0.0097	-0.2130	0.9626	1.255	-0.167
Invest	3022	0.0261	0.0168	0.0768	5676	0.0216	0.0106	0.0728	2.662***	3.568***
		低金融发展水平				高金融发展水平				
Com	4349	-0.0134	-0.0851	0.5860	4349	0.0134	-0.0775	0.6610	-1.994**	-1.316
Zcash	4349	0.0033	-0.2148	0.9838	4349	-0.0033	-0.2198	0.9994	0.313	0.702
Invest	4349	0.0237	0.0133	0.0743	4349	0.0226	0.0118	0.0742	0.683	1.168

注：均值的检验方法是 T 检验，中位数的检验方法是 Wilcoxon 秩和检验。*、**、*** 分别表示显著性水平 10%、5%、1%。

二、现金持有竞争效应与资本投资中介效应的检验结果

表 5-4 是现金持有竞争效应与资本投资中介效应的检验结果。模型 1 中我们首先对公司持有现金是否具有竞争效应进行了验证，回归结果中 $Zcash_{t-2}$ 的系数为 0.0255，在 1% 的水平上显著为正，表明持有更多现金的公司在产品市场中更具有竞争优势。模型 2 中，现金持有与资本性投资正相关（$Zcash_{t-2}$ 系数为 0.0101，在 1% 的水平显著），模型 3 中，在现金持有竞争效应模型中加入资本性投资变量后，现金持有（$Zcash_{t-2}$）与资本性投资（Inv_{t-1}）的系数都显著为正，而且现金持有的系数由不加入中介变量的 0.0255 降低为 0.0201，这说明资本投资在现金持有竞争效应中起了部分中介的效应，即公司现金竞争效应的实现一定程度上是通过现金进行资本性投资来实现的。

表5-4 现金持有竞争效应与资本投资中介效应的检验结果

步骤一	模型1	步骤二	模型2	步骤三	模型3
	被解释变量：Com_t		被解释变量：$Invest_{t-1}$		被解释变量：Com_t
$Zcash_{t-2}$	0.0255***	$Zcash_{t-2}$	0.0101***	$Zcash_{t-2}$	0.0201**
	(3.22)		(13.26)		(2.17)
$Size_{t-1}$	-0.2932***	Lev_{t-2}	-0.0228***	Inv_{t-1}	0.5233***
	(-14.33)		(-6.07)		(4.20)
Lev_{t-1}	0.4707***	$Growth_{t-2}$	0.0070***	$Size_{t-1}$	-0.2938***
	(6.09)		(5.60)		(-14.19)
Lev_{t-2}	-0.1674**	$Size_{t-2}$	0.0059***	Lev_{t-1}	0.4694***
	(-2.01)		(8.63)		(6.05)
Se_{t-1}	-1.8645***	$Return_{t-2}$	0.0068***	Lev_{t-2}	-0.1651*
	(-3.94)		(6.04)		(-1.96)
Se_{t-2}	0.3751	Age_{t-2}	-0.0015***	Se_{t-1}	-1.8602***
	(0.81)		(-7.90)		(-3.92)
Com_{t-1}	-0.1971***	$Invest_{t-2}$	0.3281***	Se_{t-2}	0.3693
	(-14.24)		(33.07)		(0.80)
Com_{t-2}	-0.1524***	_cons	-0.0989***	Com_{t-1}	-0.1972***
	(-11.69)		(-6.53)		(-14.24)
_cons	6.1533***	N	8698	Com_{t-2}	-0.1524***
	(14.02)	R2	0.2252		(-11.69)
N	8698	F	77.6144	_cons	6.1655***
R2	0.0945				(13.91)
F	52.7959			N	8698
				R2	0.0945
				F	49.2720

注：括号中的数字为t检验值，*、**、***分别表示显著性水平10%、5%、1%。

三、基于融资约束的现金持有竞争效应与资本投资中介效应的检验结果

表5-5是以SA指数度量融资约束，以其中值为依据把样本分成两个子样本，检验融资约束、现金持有竞争效应与资本投资中介效应的结果。表5-5模型1中，$Zcash_{t-2}$均在1%的水平上显著，但高融资约束公司的系数及其显著性水平高于低融资约束公司，说明随着公司融资约束的加剧，现金持有的竞争效应变得更显著。模型2中，高融资约束公司的$Zcash_{t-2}$系数的大小与显著性水平都明

显高于低融资约束公司，说明现金持有在融资约束公司支持资本投资的作用更明显。在模型3中，现金持有（Zcash$_{t-2}$）与资本性投资（Inv$_{t-1}$）的系数都与产品市场竞争优势显著正相关，说明资本投资在融资约束与非融资约束公司中都起了部分中介效应，但高融资约束公司的现金持有（Zcash$_{t-2}$）系数与显著性水平均高于低融资约束公司。表5-4与表5-5的检验结果表明，现金持有通过资本投资的中介效应具有竞争效应，而且实现的竞争效应在融资约束公司中更显著。

表5-5 融资约束、现金持有竞争效应与资本投资中介效应的检验结果

步骤一 被解释变量：Com$_t$	模型1 高融资约束公司	模型1 低融资约束公司	步骤二 被解释变量：Invest$_{t-1}$	模型2 高融资约束公司	模型2 低融资约束公司	步骤三 被解释变量：Com$_t$	模型3 高融资约束公司	模型3 低融资约束公司
Zcash$_{t-2}$	0.0312*** (3.06)	0.0156** (2.10)	Zcash$_{t-2}$	0.0112*** (10.23)	0.0083*** (6.74)	Zcash$_{t-2}$	0.0143** (2.01)	0.0133* (1.71)
Size$_{t-1}$	-0.2257*** (-5.70)	-0.2427*** (-8.62)	Lev$_{t-2}$	-0.0220*** (-4.27)	-0.0259*** (-4.36)	Inv$_{t-1}$	0.648*** (3.53)	0.3782** (2.55)
Lev$_{t-1}$	0.4781*** (4.08)	0.4795*** (4.50)	Growth$_{t-2}$	0.0104*** (5.63)	0.0039** (2.36)	Size$_{t-1}$	-0.2235*** (-5.56)	-0.2452*** (-8.59)
Lev$_{t-2}$	0.0678 (0.50)	-0.2087* (-1.91)	Size$_{t-2}$	0.0054*** (2.79)	0.0049*** (4.13)	Lev$_{t-1}$	0.4804*** (4.09)	0.4733*** (4.42)
Se$_{t-1}$	-0.8529 (-1.20)	-3.4695*** (-4.97)	Return$_{t-2}$	0.0073*** (4.11)	0.0061*** (4.20)	Lev$_{t-2}$	0.0625 (0.45)	-0.1971* (-1.77)
Se$_{t-2}$	-0.5851 (-0.83)	0.4032 (0.62)	Age$_{t-2}$	-0.0017*** (-5.74)	-0.0013*** (-5.25)	Se$_{t-1}$	-0.8622 (-1.22)	-3.4620*** (-4.96)
Com$_{t-1}$	-0.2696*** (-11.86)	-0.1906*** (-10.51)	Invest$_{t-2}$	0.2635*** (17.92)	0.3933*** (29.44)	Se$_{t-2}$	-0.5774 (-0.81)	0.3692 (0.56)
Com$_{t-2}$	-0.1562*** (-6.80)	-0.1548*** (-10.41)	_cons	-0.0856** (-2.10)	-0.0779** (-2.94)	Com$_{t-1}$	-0.2696*** (-11.85)	-0.1910*** (-10.52)
_cons	4.3954*** (5.34)	5.3588*** (8.67)	N	4349	4349	Com$_{t-2}$	-0.1559*** (-6.78)	-0.1550*** (-10.42)
N	4349	4349	R2	0.1888	0.2657	_cons	4.3522*** (5.22)	5.4109*** (8.65)
R2	0.1007	0.1034	F	30.4262	47.3086	N	4349	4349
F	26.4700	27.5415				R2	0.1007	0.1035
						F	24.7059	25.7203

注：括号中的数字为t检验值，*、**、***分别表示显著性水平10%、5%、1%。

四、基于产权性质的现金持有竞争效应与资本投资中介效应的检验结果

表 5-6 是基于产权性质检验现金持有竞争效应与资本投资中介效应的结果。模型 1 政府控制公司样本中 $Zcash_{t-2}$ 不显著，说明现金持有在政府控制公司中没有实现竞争效应，终止资本投资中介效应的检验。模型 1 与模型 2 民营公司样本中，$Zcash_{t-2}$ 分别在 1% 的水平上显著为正，模型 3 民营公司中 $Zcash_{t-2}$、Inv_{t-1} 分别在 5% 与 1% 水平上显著为正，说明现金持有在民营公司通过资本投资的中介效应具有竞争效应。

表 5-6 产权性质、现金持有竞争效应与资本投资的中介效应

步骤一 被解释变量：Com_t	模型1 政府控制公司	模型1 民营公司	步骤二 被解释变量：$Invest_{t-1}$	模型2 政府控制公司	模型2 民营公司	步骤三 被解释变量：Com_t	模型3 政府控制公司	模型3 民营公司
$Zcash_{t-2}$	0.0103 (1.41)	0.0324*** (2.87)	$Zcash_{t-2}$	0.0097*** (10.34)	0.0115*** (8.70)	$Zcash_{t-2}$	0.0063 (0.77)	0.0219** (1.98)
$Size_{t-1}$	-0.3683*** (-14.70)	-0.1882*** (-4.68)	Lev_{t-2}	-0.0210*** (-4.40)	-0.0295*** (-4.66)	Inv_{t-1}	0.4420*** (4.03)	0.5535*** (3.68)
Lev_{t-1}	0.5171*** (5.49)	0.6576*** (4.60)	$Growth_{t-2}$	0.0080*** (4.93)	0.0051*** (2.63)	$Size_{t-1}$	-0.3726*** (-14.66)	-0.1849*** (-4.57)
Lev_{t-2}	-0.2747*** (-2.76)	-0.1882 (-1.19)	$Size_{t-2}$	0.0060*** (7.19)	0.0065*** (4.86)	Lev_{t-1}	0.5069*** (5.36)	0.6631*** (4.63)
Se_{t-1}	-2.7901*** (-4.24)	-0.8894 (-1.16)	$Return_{t-2}$	0.0046*** (3.25)	0.0103*** (5.39)	Lev_{t-2}	-0.2574** (-2.55)	-0.2008 (-1.26)
Se_{t-2}	0.2460 (0.39)	0.4045 (0.53)	Age_{t-2}	-0.0012*** (-4.76)	-0.0017*** (-5.28)	Se_{t-1}	-2.7752*** (-4.22)	-0.9134 (-1.19)
Com_{t-1}	-0.1373*** (-8.21)	-0.3029*** (-12.10)	$Invest_{t-2}$	0.3646*** (29.64)	0.2543*** (14.99)	Se_{t-2}	0.2121 (0.34)	0.4475 (0.58)
Com_{t-2}	-0.1434*** (-9.11)	-0.1329*** (-5.64)	_cons	-0.1025*** (-5.48)	-0.1071*** (-3.67)	Com_{t-1}	-0.1377*** (-8.23)	-0.3023*** (-12.06)
_cons	7.8614*** (14.63)	3.7734*** (4.43)	N	5676	3022	Com_{t-2}	-0.1439*** (-9.14)	-0.1324*** (-5.62)
N	5676	3022	R2	0.2449	0.2196	_cons	7.9489*** (14.62)	3.7119*** (4.33)
R2	0.1012	0.1058	F	55.4422	25.4850			
F	37.1143	19.3499				N	5676	3022

续表

步骤一 被解释变量： Com_t	模型1 政府控制 公司	模型1 民营公司	步骤二 被解释变量： $Invest_{t-1}$	模型2 政府控制 公司	模型2 民营公司	步骤三 被解释变量： Com_t	模型3 政府控制 公司	模型3 民营公司
						R2	0.1014	0.1060
						F	34.7112	18.0866

注：括号中的数字为 t 检验值，*、**、*** 分别表示显著性水平10%、5%、1%。

五、基于金融发展的现金持有竞争效应与资本投资中介效应的检验结果

表5-7是金融发展对现金持有竞争效应与资本投资中介作用影响的检验结果。表5-7的模型1中较高金融发展子样本 $Zcash_{t-2}$ 不显著，说明金融发展水平较高时，现金持有不具有竞争效应，终止资本中介效应的检验，较低金融发展子样本中 $Zcash_{t-2}$ 在1%的水平上显著为正，模型2中较低金融发展子样本 $Zcash_{t-2}$ 与资本投资在1%的水平上显著正相关，模型3中较低金融发展子样本现金持有 $Zcash_{t-2}$ 和资本投资 Inv_{t-1} 均与产品市场竞争优势显著正相关，说明金融发展水平较低时公司现金持有通过资本投资的中介效应实现了竞争效应。上述结果表明，现金持有的竞争效应与资本投资所起的中介效应与金融发展水平紧密关联，随着金融发展的推进，公司更多可供选择的融资来源对现金持有产生替代作用，现金持有的竞争效应被弱化。

表5-7 金融发展对现金持有竞争效应与资本投资中介作用影响的检验结果

步骤一 被解释变量： Com_t	模型1 高金融发展	模型1 低金融发展	步骤二 被解释变量： $Invest_{t-1}$	模型2 高金融发展	模型2 低金融发展	步骤三 被解释变量： Com_t	模型3 高金融发展	模型3 低金融发展
$Zcash_{t-2}$	-0.0011	0.0433***	$Zcash_{t-2}$	0.0097***	0.0107***	$Zcash_{t-2}$	-0.0093	0.0285**
	(-0.25)	(3.81)		(8.82)	(10.02)		(-0.51)	(2.31)
$Size_{t-1}$	-0.3175***	-0.2988***	Lev_{t-2}	-0.0153***	-0.0313***	Inv_{t-1}	0.2007	0.7127***
	(-9.83)	(-9.58)		(-2.81)	(-5.95)		(1.56)	(4.26)
Lev_{t-1}	0.4122***	0.6764***	$Growth_{t-2}$	0.0049***	0.0088***	$Size_{t-1}$	-0.3147***	-0.3041***
	(3.48)	(6.03)		(2.83)	(4.92)		(-9.62)	(-9.66)
Lev_{t-2}	0.0279	-0.3813***	$Size_{t-2}$	0.0052***	0.0072***	Lev_{t-1}	0.4169***	0.6650***
	(0.22)	(-3.17)		(5.56)	(7.01)		(3.51)	(5.91)

续表

步骤一 被解释变量: Com_t	模型1 高金融发展	模型1 低金融发展	步骤二 被解释变量: $Invest_{t-1}$	模型2 高金融发展	模型2 低金融发展	步骤三 被解释变量: Com_t	模型3 高金融发展	模型3 低金融发展
Se_{t-1}	-2.4705***	-1.3099*	$Return_{t-2}$	0.0081***	0.0058***	Lev_{t-1}	0.0187	-0.3574***
	(-3.65)	(-1.83)		(4.88)	(3.68)		(0.15)	(-2.94)
Se_{t-2}	0.4920	0.5703	Age_{t-2}	-0.0013***	-0.0018***	Se_{t-1}	-2.4826***	-1.2632*
	(0.71)	(0.84)		(-4.75)	(-6.51)		(-3.67)	(-1.76)
Com_{t-1}	-0.2398***	-0.2511***	$Invest_{t-2}$	0.3161***	0.3360***	Se_{t-2}	0.5048	0.4796
	(-11.84)	(-12.41)		(22.13)	(24.27)		(0.73)	(0.70)
Com_{t-2}	-0.1565***	-0.1801***	_cons	-0.0866***	-0.1225***	Com_{t-1}	-0.2394***	-0.2517***
	(-8.04)	(-9.84)		(-4.11)	(-5.47)		(-11.81)	(-12.44)
_cons	6.6117***	6.2691***	N	4349	4349	Com_{t-2}	-0.1563***	-0.1812***
	(9.54)	(9.41)	R2	0.2087	0.2557		(-8.03)	(-9.88)
N	4349	4349	F	34.4973	44.9108	_cons	6.5549***	6.3731***
R2	0.1174	0.1215					(9.35)	(9.49)
F	30.5669	31.9717				N	4349	4349
						R2	0.1175	0.1220
						F	28.5437	29.9524

注：括号中的数字为t检验值，*、**、***分别表示显著性水平10%、5%、1%。

六、进一步：现金持有竞争效应与资本投资中介作用的经济后果

前文表明公司现金持有通过资本投资中介效应实现的竞争效应在金融发展水平较低或公司面临融资约束时较高，但公司现金持有竞争效应是否提高了现金持有价值还有待于进一步检验。我们借鉴 Pinkowitz 等（2006）的现金持有价值模型，检验现金持有竞争效应是否提高了现金持有的价值，现金持有价值效应的基本模型（5-4）如下：

$$\begin{aligned} V_{i,t} = &\alpha_0 + \alpha_1 CF_{i,t} + \alpha_2 dCF_{i,t} + \alpha_3 dCF_{i,t+1} + \alpha_4 dNA_{i,t} + \alpha_5 dNA_{i,t+1} + \\ &\alpha_6 I_{i,t} + \alpha_7 dI_{i,t} + \alpha_8 dI_{i,t+1} + \alpha_9 D_{i,t} + \alpha_{10} dD_{i,t} + \\ &\alpha_{11} dD_{i,t+1} + \alpha_{12} Invest_{i,t} + \alpha_{13} dInvest_{i,t} + \alpha_{14} dInvest_{i,t+1} + \\ &\alpha_{15} dV_{i,t} + \alpha_{16} Cash_{i,t} + \varepsilon_{i,t} \end{aligned} \quad (5-4)$$

模型（5-4）中，V 表示公司价值等于公司权益的市场价值加上负债的账面价值，为了估计持有现金的市场价值，我们控制公司的获利能力、投资、融资等

第五章 融资约束、资本投资与公司现金持有竞争效应

影响公司价值的变量。其中 CF 为公司净现金流；NA 为非现金资产，以公司年末总资产减去现金持有的余额表示；I 为公司当年发生的利息费用，以财务费用表示；D 为公司支付的现金股利。Cash 和 Invest 分别表示公司现金持有水平和资本性投资水平。X_t 是变量 X 在第 t 年的水平，dX_t 是变量 X 从第 t-1 年到第 t 年的变化量，$X_t - X_{t-1}$；dX_{t+1} 是变量 X 从第 t 年到第 t+1 年变化量，$X_{t+1} - X_t$。为了控制异方差性，所有变量除以总资产。

表 5-8 是公司现金持有价值的检验结果。表 5-8 全样本回归检验的结果表明，现金持有与公司价值显著正相关，系数为 0.8938，说明总体上我国上市公司持有现金的市场价值小于其账面价值；高市场竞争优势公司的现金持有边际价值 1.1152，高于低市场竞争优势公司的 0.6320；融资约束公司的现金边际价值 1.4993 显著大于非融资约束公司的 0.2384；非政府控制公司的现金边际价值 1.519，显著高于政府控制公司的 0.1886；同时，较低金融发展水平组中现金持有的边际价值为 1.2794，高于高金融发展水平组的 0.5297。表 5-8 的检验说明，公司现金持有有助于赢得产品市场竞争优势的同时，提升了现金持有的价值，而且提升的现金持有价值在融资约束公司、民营公司和金融发展水平较低地区中更高。

表 5-8　公司现金持有价值的检验结果

被解释变量:V_t	全样本	高市场竞争优势	低市场竞争优势	融资约束	非融资约束	民营	政府控制	低金融发展	高金融发展
$Cash_t$	0.8938 ***	1.1152 ***	0.6320 ***	1.4993 ***	0.2384	1.5190 ***	0.1886	1.2794 ***	0.5297 **
	(7.63)	(6.45)	(4.20)	(6.66)	(1.34)	(9.64)	(0.79)	(7.81)	(2.41)
CF_t	-2.3261 ***	3.5315 ***	-4.6725 ***	2.7744 ***	-5.0782 ***	0.4089	-4.5782 ***	0.2105	-5.1460 ***
	(-8.33)	(11.00)	(-10.26)	(6.90)	(-12.87)	(1.34)	(-9.18)	(0.76)	(-10.44)
dCF_t	0.6627 ***	1.2653 ***	0.3218	0.8687 ***	0.3569	0.8690 ***	0.4649	1.4055 ***	0.0351
	(3.76)	(4.32)	(1.32)	(2.79)	(1.60)	(4.54)	(1.48)	(8.86)	(0.09)
dCF_{t+1}	-0.4354 **	1.1455 ***	-2.1826 ***	2.0761 ***	-1.7967 ***	0.7295 ***	-1.3582 ***	1.2642 ***	-1.6882 ***
	(-2.28)	(6.13)	(-6.56)	(8.23)	(-6.51)	(3.70)	(-3.69)	(6.98)	(-4.48)
dNA_t	-0.1588 *	-0.4443 ***	-0.0810	-0.7941 ***	0.1046	-0.7046 ***	0.0508	-0.7266 ***	-0.0563
	(-1.74)	(-4.72)	(-0.53)	(-6.51)	(0.81)	(-7.30)	(0.31)	(-7.73)	(-0.37)
dNA_{t+1}	0.6889 ***	0.1120	0.8201 ***	0.3684 ***	0.7376 ***	0.3848 ***	0.7271 ***	0.3572 ***	0.9596 ***
	(8.79)	(1.16)	(7.17)	(2.80)	(7.39)	(4.12)	(5.69)	(4.61)	(6.80)
I_t	19.0239 ***	1.2173	20.3781 ***	-5.9331 ***	21.7900 ***	20.6995 ***	5.1161 **	-3.7155 ***	37.8841 ***
	(14.27)	(0.80)	(10.01)	(-2.48)	(12.57)	(14.47)	(2.12)	(-2.65)	(17.52)

续表

被解释变量:V_t	全样本	高市场竞争优势	低市场竞争优势	融资约束	非融资约束	民营	政府控制	低金融发展	高金融发展
dI_t	-42.7905***	-2.0094	-46.6622***	-3.8353	-46.6371***	-4.7065**	-70.8422***	-6.3106***	-54.2257***
	(-27.49)	(-0.88)	(-21.54)	(-1.25)	(-24.08)	(-2.57)	(-27.02)	(-3.14)	(-24.26)
dI_{t+1}	-5.7011***	-1.5364	-6.4342***	-8.6401**	-4.9933**	0.0244	-7.2984***	-6.2139***	-2.9465
	(-3.63)	(-0.70)	(-2.84)	(-2.57)	(-2.55)	(0.01)	(-2.85)	(-3.77)	(-1.10)
D_t	14.7564***	8.7572***	15.6812***	6.9345***	19.7595***	9.9497***	21.6495***	7.6653***	22.6919***
	(14.49)	(10.42)	(7.79)	(7.14)	(5.64)	(10.33)	(9.54)	(7.22)	(13.49)
dD_t	-3.7226***	-2.3199**	-3.8461*	-0.7157	-7.9212***	-0.3085	-9.4748***	-1.8981	-3.9152**
	(-3.35)	(-2.38)	(-1.95)	(-0.71)	(-2.93)	(-0.27)	(-4.48)	(-1.58)	(-2.23)
dD_{t+1}	4.2803***	3.4489***	4.0199***	3.8708***	3.0353***	6.7327***	3.5643***	1.0894*	13.3699***
	(5.61)	(3.97)	(3.52)	(3.77)	(2.87)	(5.84)	(3.28)	(1.67)	(7.56)
$Invest_t$	0.2751	-0.9532***	0.6388	-0.7349**	0.6185	-1.6860***	2.0183***	-1.8026***	1.3317***
	(0.89)	(-3.44)	(1.15)	(-1.98)	(1.28)	(-5.32)	(3.36)	(-5.53)	(2.65)
$dInvest_t$	-0.4650	1.1486***	-1.0033**	0.9703***	-1.1602***	2.1269***	-2.9977***	2.0674***	-1.5588***
	(-1.58)	(4.05)	(-2.08)	(2.73)	(-2.63)	(7.10)	(-5.32)	(6.62)	(-3.26)
$dInvest_{t+1}$	-0.0880	0.4372*	-0.0149	-0.0176	-0.2203	0.1597	-0.1942	0.3681	-0.6453
	(-0.32)	(1.68)	(-0.03)	(-0.05)	(-0.52)	(0.57)	(-0.36)	(1.31)	(-1.40)
dV_t	-0.1946***	-0.2689***	-0.1486***	-0.1584***	-0.1996***	-0.2075***	-0.1295***	-0.1858***	-0.1602***
	(-13.15)	(-12.76)	(-7.08)	(-7.74)	(-9.74)	(-10.77)	(-5.47)	(-9.37)	(-7.36)
_cons	0.6841***	0.6618***	0.6967***	2.0266***	0.5512***	0.8750***	0.9864***	1.1453***	1.3792***
	(10.46)	(10.86)	(6.12)	(25.97)	(5.77)	(13.84)	(6.14)	(15.76)	(13.19)
N	7788	3894	3894	3894	3894	2884	4904	3894	3894
R2	0.3117	0.3423	0.3609	0.3007	0.3735	0.4420	0.2678	0.2792	0.4121
F	154.3068	94.0102	91.2071	70.9951	105.7596	91.6820	82.9103	67.9118	117.1611

注:括号中的数字为t检验值,*、**、***分别表示显著性水平10%、5%、1%。

七、稳健性检验

为了确保上述结论的稳健性,本章进行了如下稳健性检验:

(1)国内外学者都研究发现债务保守具有竞争效应,为排除低债务竞争效应的影响,我们在模型设计时控制了负债对产品市场竞争的影响,在稳健性检验中我们仅保留债务竞争效应不明显(或较低)的样本,进一步降低债务竞争效应的影响。借鉴Acharya等(2007)与Fresard(2010)的思路,当公司经营现金流和投资机会的相关性很低时,公司的对冲需求很高,投资机会到来时,由于外部借款受限,高对冲需求的公司债务竞争效应弱化,保留高对冲需求的样本从而达到尽可能排除债务竞争效应干扰的目的。我们剔除相关系数高于0,或0.1,抑或0.2样本(即剔除低对冲需求)进行稳定性检验,研究结论没有改变。

(2)考虑到存在大量政策导向的信贷及不良资产,各地区全部金融机构当年年末总贷款余额与各地区当年GDP的比值趋向于过高估计金融发展程度,而发放给私人部门的信贷决策往往市场化程度较高、信贷投放也更有效率,因此,非国有公司信贷比是衡量金融发展程度更为合理的指标(张军和金煜,2005)。由于无法得到按照公司性质细分的信贷配给的分地区数据,我们借鉴张军和金煜(2005)的研究方法,假定银行信贷资金全部发放给国有公司和非国有公司,基于分配给国有公司的银行信贷比例与国有公司产出份额间密切关系,运用残差结构一阶自相关的固定效应面板数据方法,间接估计各地区非国有公司信贷,以私人部门信贷占GDP的比重度量金融发展水平进行稳定性检验,检验结果保持不变。

(3)公司规模是度量融资约束的常用变量,规模越小,公司面临的融资约束程度越大,我们以公司规模替代SA指数进行稳定性检验,检验结果也没发生实质性变化。

(4)现金持有竞争效应的发挥要求公司具有一定的现金储备能力,当公司储存现金太少时,势必影响现金持有竞争效应的作用。为了消除低现金持有公司的样本可能造成的偏差,我们对现金持有水平高于行业均值的样本进行回归,研究结论仍然成立。

第五节 研究结论与启示

现金作为公司的重要资产,其持有的经济后果已成为国内外学界关注的热点,国内外学者从信息不对称与代理问题视角研究公司现金持有的经济后果,发展到基于产业组织理论考察现金持有的竞争效应。公司现金持有竞争效应需要通过一定中间渠道或媒介来实现,而且其效应的实现程度还与公司的融资约束程度密切关联。本章以2003~2012年我国上市公司数据为对象,基于产权性质和金融发展水平,从资本投资中介效应视角检验了融资约束对现金持有竞争效应的影响。研究发现:公司现金持有具有竞争效应,资本投资是公司持有现金获得产品市场竞争优势的重要中间渠道;现金持有的竞争效应与资本投资所起的中介效应在融资约束公司与民营公司中更显著,但随着金融发展的推进,公司现金持有竞争效应与资本投资所起的中介效应弱化。进一步检验表明，现金持有的竞争效应带来了更高的现金价值，而且在融资约束公司、民营公司和金融发展水平较低地区的公司中更高。

本章的启示在于：在激烈的产品市场竞争环境下，公司应结合金融发展水平与融资约束做好流动性管理，将公司的战略目标与现金持有决策相结合，为战略性投资提供稳定的资金支持，并为实现产品市场上的竞争优势提供便利，进而提高现金持有的价值。

第六章 公司治理、资本投资与现金持有竞争效应

第一节 引言

学者们基于信息不对称与代理理论对公司现金持有价值的研究分别形成了现金持有价值较高与较低两种对立的观点（Mikkelson，2003；Kalcheva and Lins，2007）。面对研究分歧，学者们尝试基于产业组织理论，从竞争效应视角开始深入探讨公司持有现金的经济后果。Baskin（1987）通过构建垄断势力模型考察了现金持有的战略效应，认为现金可成为公司谋取竞争优势的战略工具。Fresard（2010）的研究则结合竞争对手的融资约束情况与行业竞争的程度检验了公司现金持有的竞争效应，陆正飞和韩非池（2013）、杨兴全等（2014）基于产业政策、货币政策等探讨了中国上市公司现金持有的竞争效应。然而，公司现金持有本身是中性的，并不直接具有竞争效应或创造价值，其竞争效应必是通过特定的渠道或中间媒介来实现，而现有文献还未深入考察现金持有何以实现其竞争效应的具体路径。无论是增加生产线、扩充产能的投资机会，还是改变生产和经营区位、扩大分销网络等行业竞争行为，都需要公司进行资本性投资来实现，但在经营现金流存在不确定性和外部融资受限时，持有现金可为公司持续而稳定地实现资本性投资等重要决策提供战略储备。诸多证据表明，储备更多现金在缓解融资约束的同时，还能满足公司成长性投资机会的资金需求从而有助于增强公司的财务柔性（Denis and Sibilkov，2010），财务柔性强的公司不仅能有效规避财务困境进而提升公司价值（Gamba and Triantis，2008），而且还能更好地把握有利可图的投资机会或有效缓解不利冲击对公司带来的损失（Duchin et al.，2010）。可见，资本投资可以成为考察公司现金持有行为及其竞争效应的一个有效媒介，将

其作为中间渠道可以为更好地理解现金持有竞争效应的实现路径提供合理解释，也有助于弥合现金持有价值效应研究的已有分歧，提醒管理层重视公司资本投资及现金持有行为。因此，基于资本投资中介效应视角考察现金持有的竞争效应具有重要的理论与决策参考价值。

公司现金持有竞争效应的实现须以现金的有效利用为前提，但持有的现金能否被有效利用还取决于公司潜在代理冲突的严重程度及其公司治理水平，而现有基于产业组织理论视角考察公司现金持有竞争效应的文献尚未系统考虑代理问题的显著影响。此外，中国作为处于转轨时期的新兴市场经济国家，在其市场化进程不断推进的过程中伴随着地区间治理环境的明显不平衡，而上市公司内部普遍存在的管理层与股东之间、大小股东之间的双重代理问题又往往会导致公司现金的滥用与非效率投资的盛行。那么，在此背景下，代理问题将如何影响公司现金持有的竞争效应及其实现媒介？公司治理机制的改善能否提高公司现金持有通过资本投资中介而实现的竞争效应？而公司治理机制的上述作用在潜在代理问题不同的公司中又是否存在显著的差异？再进一步，公司治理机制及其外部治理环境在现金持有竞争效应的实现过程中又各自发挥什么作用？其间的关系又如何？这些问题一以贯之、层层推进，对上述问题的系统考察对于通过公司治理机制及其外部治理环境的日益完善，进而有效规范和提升公司的现金持有行为及其经济后果、强化其竞争优势无疑具有重要的理论指导及政策参考价值。鉴于此，本章以2003~2012年中国上市公司为样本，将资本投资作为中间媒介实证检验公司治理对现金持有竞争效应的影响。

第二节 理论分析与研究假设

一、现金持有竞争效应的实现机理分析

结合公司所在行业的市场竞争状况考察公司现金持有竞争效应的研究，发端于产品市场竞争与公司资本结构的互动分析。当高财务杠杆导致的融资约束开始显著影响公司的投资机会与成长能力时，就会因面临来自行业竞争对手的掠夺威胁而弱化其在产品市场竞争中的地位，保持低财务杠杆是有利于公司避免掠夺风险的理性选择（Kovenock and Phillips, 1997）。根据优序融资理论，公司持有的现金可以被看作是负的债务，但低财务杠杆可能是公司债务融资能力已经达到极限，无法从信贷市场获得融资的无奈选择，而并非公司自主选择的结果，并不能

准确反映公司财务实力的强弱（Faulkender and Petersen，2006）。所以，当公司面临融资约束或其未来现金流不确定时，现金不应被简单地视作负的债务（Acharya et al.，2007）。不同于债务融资的诸多限制，现金持有更多的是出于公司的自主选择，现金资产的高度流动性特征可以确保公司能够将现金快速、低成本地转化为及时把握投资机会、占据更多市场份额以及快速而便捷地用于研发和技术创新等直接的"捕食"行为，以保持和获取其在产品市场上的竞争优势。结合公司竞争对手的融资约束情况以及其所在行业的竞争程度，Fresard（2010）考察公司现金持有竞争效应的研究发现，持有更多的现金有利于公司提高其产品市场竞争的业绩，现金持有与低财务杠杆保守行为具有不同的竞争效应。

从产业组织理论的视角看，储备充足的现金资源能通过支撑公司特定的竞争行为进而提高其产品市场业绩。不论是增加生产线、扩充产能，还是改变生产经营区位、扩大分销渠道等竞争行为，都需要公司通过资本投资来实现，而要把握这些投资机会往往面临激烈的竞争。当投资机会在公司间存在激烈的竞争时，及时而充裕的资本投资能够赋予和提升公司充分把握和利用未来成长机会的能力，有效阻止竞争者进入或迫使竞争者做出让步，进而捕获更多的市场份额，巩固其竞争优势（Dixit，1980）。诸多研究表明，因资本缺乏或前景误判而引致的投资不足则往往会使公司面临投资机会与市场份额被竞争对手掠夺的风险（Minton and Schrand，1999）。Akdogu和MacKay（2008）的实证研究发现，垄断性行业中的公司投资速度相对迟缓，其投资与价值变动的敏感性只有竞争性行业中公司的一半，这说明竞争性行业中公司的资本投资具有战略效应。Akdogu和MacKay（2012）的进一步研究还发现，当竞争对手投资而公司放弃投资导致的丧失市场份额（或市场价值）的落后成本高昂时，公司还更有可能仿效竞争对手进行投资，从而发生"羊群行为"。因此，现金持有充裕的公司，可以通过及时实施和加大其资本性投资，以实现其强化产品市场竞争力或掠夺现金匮乏竞争对手的市场份额的目的，资本投资就成为现金持有充裕公司有效实现其强化市场竞争地位的一个重要的中间渠道。此外，现金持有还具有信号作用，可成为公司扭曲竞争者战略的"先发制人的武器"（Preemptive Weapon），持有更多的现金实际上是向竞争对手发出了将来进一步扩充产能、增加资本性投资与研发投入以及增加分销渠道等竞争性策略的可信承诺，这种具有"攻击性目的"的承诺能够对竞争对手产生可信威慑，进而有效地制约竞争对手的潜在产能扩张企图，并对潜在竞争者进入行业的动机形成有效遏制，最终间接地改变竞争的格局或产品市场竞争业绩。

综上所述，公司的资本投资与其产品市场的竞争动态密切相关，资本性投资是公司获取和巩固竞争优势的一种重要战略选择和实现路径。但由于信息不对称的存在，那些拥有良好投资机会却面临高昂外部融资成本的公司，就会更加依赖其内部融资来满足其投资项目；而在经营状况的不确定性导致其经营现金流出现明显的波动时，持有的现金就成为公司资本投资的持续而稳定的资金来源，充裕的现金不仅能为公司创造可信的财务柔性，也有助于公司及时把握有利的投资机会。因此，充裕的现金持有为公司的战略性资本投资提供了融资便利，而资本投资则为现金持有实现其竞争效应提供了中间媒介。基于以上分析，我们提出如下假设：

假设 6-1：充裕的现金持有能通过促进和便利公司的战略性资本投资的实施进而具有竞争效应。

二、公司治理影响现金持有竞争效应的理论分析

由上文分析，公司的现金持有可通过特定的渠道——资本投资——实现其竞争效应，但这须以现金的有效利用为前提，而现金的利用效率又取决于公司潜在代理冲突的严重程度及其公司治理水平。股权结构问题是公司治理研究的逻辑起点，在分散股权结构下，管理层与股东之间的代理冲突是公司治理解决的主要问题，因为有效的监督约束机制的缺失，使管理层往往具有更强的过度投资动机，进而可以轻易地从其控制的资源中获取更多私人收益。然而，在集中的股权结构下，则同时存在着管理层与股东之间、大股东与中小股东之间的双重代理冲突，且以后者的利益冲突为主流，因为拥有公司决策主导权的大股东为满足其控制权收益的私欲而具有进行资源性投资扩张的强烈动机（La Porta et al., 1999）。Dyck和Zingales（2004）通过跨国比较研究发现，大股东为获取控制权收益，控制更大规模的资源是其在决策中首要考虑的因素。Wei和Zhang（2008）基于东亚国家（地区）样本的研究发现，大小股东间的利益冲突对公司投资效率产生显著影响，大股东现金流权的增加有助于缓解公司的过度投资，但随着大股东控制权与现金流权分离程度的提高，公司的过度投资逐步加剧。可见，在公司规模的选择上，掌握公司决策主导地位的大股东与管理层均具有规模扩张的动机，进而更容易引致过度投资。中国资本市场是一个处于转型时期的新兴市场，投资者法律保护水平不高，上市公司中普遍存在管理层损害投资者利益、大股东损害中小股东利益的双重代理冲突。因此，由于代理冲突的存在，公司持有更多的现金又很可能为管理层与大股东通过规模扩张以实现"构建企业帝国"的动机或资金的滥用提供便利条件。Kalcheva和Lins（2007）从股东保护与公司管理层代理问题两个层面检验公司现金持有的经济后果发现，当缺乏有效的外部股东保护时，管理层代理问题与高额现金持有的同时存在会损害公司价值。Pinkowitz等（2006）通过跨国样本的实证研究发现，公司持有现金的市场价值受投资者法律

保护的影响，随投资者法律保护程度的提高而增加。此外，出于消极工作、厌恶风险等理性人考虑，持有大量现金在为管理层追求"平静生活"（Bertrand et al.，2003）和"职位固守"（Berger et al.，1997）提供便利的同时，还可以减少外部融资，从而避开和弱化了外部资本市场对管理层的监督。可见，充裕的现金持有在为公司创造正向的竞争效应的同时，还面临着严重的代理冲突损害公司价值的威胁，如何权衡利弊以发挥现金持有行为的价值最大化，这就须要完善的公司治理机制与健全的外部治理环境作为其保障。公司治理作为协调公司各利益相关者权益的一系列制度安排，其目的在于缓解代理冲突，良好的公司治理有助于降低信息不对称及外部监管成本，能为外部投资者更好地评价公司决策行为及其经济后果提供可靠信息。因此，公司管理层或大股东将持有现金用于非效率投资等谋取私利的行为将面临更高的风险与成本。可见，代理冲突导致的资金滥用与非效率投资虽然会降低现金持有的价值，但相对完善的公司治理因能发挥其减少现金滥用和矫正投资行为的双重治理作用，进而会提升现金持有通过资本投资中介效应而实现的竞争效应。

代理理论认为公司治理与公司价值之间的关系取决于公司潜在代理问题的严重程度，而公司面临的成长机会与自由现金流又是影响公司潜在代理冲突严重程度的两大主要因素。公司有价值的成长机会是驱动其正常性资本投资的关键因素，有利于公司价值最大化的投资和越多的成长机会，除能抑制甚至消除大股东和管理层过度投资行为的同时，这些有价值的投资机会还能为现金持有竞争效应的实现提供有利空间；而低成长下的黯淡投资前景则更易诱致管理层或控股股东的过度投资行为，同时也阻碍了公司现金持有竞争效应的实现。当公司缺乏更好的成长机会时，如果来自现有资产的现金流超过适度投资水平需要的自由现金流越多，管理层与控股股东利用自由现金流进行过度投资或滥用资金的潜在可能性就越大。因此，当公司缺乏有价值投资机会但自由现金流量过高时，其面临的潜在代理冲突往往也更严重。所以，公司面临的代理问题的差异很可能就是导致诸多关于公司治理与公司业绩关系的研究结果出现显著分歧的一个重要原因和背景（Hutchinson and Gul，2004）。在那些潜在代理成本更高的公司中，公司治理显得更重要，而其边际效应也更显著。Chi 和 Lee（2010）以自由现金流作为潜在代理问题的表征变量的实证研究发现，公司治理水平与公司价值在高自由现金流公司中显著正相关，而在低自由现金流公司中的显著性降低甚或不显著。Chen 等（2011）的研究还发现，股东权力与公司的股权融资成本负相关，而且这种负相关性在高自由现金流公司中更显著。基于以上分析，我们提出如下假设：

假设6-2：公司治理的改进能够强化公司现金持有通过资本投资的中介效应而实现的竞争效应，而且公司治理的这种强化作用在潜在代理问题严重的公司中更加显著。

第三节 研究设计

一、模型设计与变量定义

1. 模型设计

我们借鉴 Baron 和 Kenny（1986）以及温忠麟等（2004）提出的中介效应检验方法，构建以下递归（Recursive）模型检验公司现金持有是否通过资本性投资的中介效应获取产品市场竞争优势。

$$Com_{i,t} = \beta_1 Zcash_{i,t-1} + \chi Size_{i,t-1} + \sum_{k=1}^{2} \delta_k Lev_{i,t-k} + \sum_{k=1}^{2} \gamma_k Se_{i,t-k} +$$
$$\sum_{k=1}^{2} \nu_k Com_{i,t-k} + \alpha_i + \eta_t + \varepsilon_{i,t} \qquad (6-1)$$

$$Invest_{i,t} = \alpha_0 + \alpha_1 Leverage_{i,t-1} + \alpha_2 Growth_{i,t-1} + \alpha_3 Zcash_{i,t-1} +$$
$$\alpha_4 Size_{i,t-1} + \alpha_5 Return_{i,t-1} + \alpha_6 Age_{i,t-1} + \alpha_7 Invest_{i,t-1} +$$
$$\sum Industry + \sum Year + \varepsilon_{i,t} \qquad (6-2)$$

$$Com_{i,t} = \lambda_1 Zcash_{i,t-1} + \lambda_2 Invest_{i,t} + \chi Size_{i,t-1} + \sum_{k=1}^{2} \delta_k Lev_{i,t-k} +$$
$$\sum_{k=1}^{2} \gamma_k Se_{i,t-k} + \sum_{k=1}^{2} \nu_k Com_{i,t-k} + \alpha_i + \eta_t + \varepsilon_{i,t} \qquad (6-3)$$

上述模型中，下标 i 和 t 分别是公司和年份；k 为变量的滞后期数；α_i 和 η_t 分别代表公司固定效应和时间效应；$\varepsilon_{i,t}$ 是残差项。

第一步对模型（6-1）进行回归，检验产品市场竞争与现金持有的回归系数是否显著为正，如果系数 β_1 显著为正，意味着现金持有具有竞争效应，则进行下一步，如果不显著则停止检验。第二步对模型（6-2）进行回归，检验中介变量资本投资与现金持有的回归系数是否显著为正，如果系数 α_3 显著为正，说明现金持有支持了公司的资本性投资。第二步对模型（6-3）进行回归，如果 λ_1 与两个系数 λ_2 都显著为正且系数 λ_1 与 β_1 相比有所下降则说明存在部分中介效应。如果现金持有的回归系数 λ_1 不显著，但资本投资的回归系数 λ_2 显著，说明资本性投资扮演了完全中介的作用。

2. 变量定义

模型（6-1）及模型（6-3）中：①被解释变量（Com）：现金持有的竞争

效应最终体现为公司经营绩效的高低，我们借鉴 Fresard（2010）的做法，以公司营业收入增长率减去行业均值的差额衡量产品市场竞争优势（Com）。②解释变量（Zcash）：公司现金持有对产品市场竞争优势的影响，需要刻画公司现金持有水平相比其竞争对手的状况，因此，我们对公司现金持有水平（Cash）减去行业均值进行调整。其中，Cash 等于现金及现金等价物除以总资产。为消除不同行业现金持有水平分布的离散程度对现金持有竞争效应可能造成的影响，借鉴 Fresard（2010）的做法，用经行业均值调整后的 Cash 除以行业现金持有的标准差得到最终的代理变量 Zcash，反映公司现金持有水平相比其竞争对手的状况。

此外，与主流研究一致，我们还控制了可能影响现金持有竞争效应的相关变量：①资产的对数（Size），资产规模可能会对产品市场业绩产生影响。②财务杠杆比率（lev），低杠杆的财务保守行为具有竞争效应，我们控制财务杠杆比率对竞争效应的影响，以公司总负债除以总资产表示。③销售费用（Se），等于公司的营业费用除以净资产。公司在促销活动方面的支出与产品市场业绩相关联。④滞后期产品市场业绩（Com），控制前期产品市场业绩可能会对后期产生的影响。除滞后期资产的对数外，其余控制变量取滞后两期的数值；所有控制变量均经过年度行业均值的调整，以控制行业因素的影响。

模型（6-2）中：被解释变量 $Invest_t$ 为公司 t 年的新增资本投资，等于现金流量表中投资活动净现金流量的相反数减去现金流量表附注中固定资产折旧和无形资产摊销之和除以资产总额。$Growth_{t-1}$ 是公司的成长机会，以 t-1 年的销售收入增长率表示。$Leverage_{t-1}$、$Zcash_{t-1}$、$Size_{t-1}$、$Return_{t-1}$、Age_{t-1}、$Invest_{t-1}$ 分别为上市公司 t-1 年的财务杠杆比率、相对竞争对手的现金持有水平、资产规模、股票报酬率、上市年限和 t-1 年的资本性投资。考虑到行业和年度的影响，模型中还加入行业 Industry 和年度 Year 哑变量。

3. 公司治理水平的衡量

借鉴张学勇和廖理（2010）的做法，我们基于持股结构与股东权益、管理层治理以及董事、监事与其他治理三个维度 12 个具体指标，采取主成分分析的方法，取第一大主成分得分为公司治理水平。表 6-1 是公司治理指数的载荷系数，系数的符号与理论预测符号基本一致。本章中的公司治理水平指数 CGI 为虚拟变量，当公司治理水平大于年度均值时，CGI = 1（公司治理水平高），否则 CGI = 0（公司治理水平低）。

表 6-1 公司治理指数的载荷系数

指标	变量名称	变量解释	载荷系数
持股结构与股东权益	大股东持股比例	第一大股东持股比例	-0.3804
	股权制衡	第二大至第五大股东持股之和除以第一大股东持股比例	0.2122
	股东会议次数	公司年度召开的股东大会次数	0.0909
	流通股比例	流通股所占比例	0.1763
	国有股比例	国有股所占比例	-0.2471
管理层治理	两职合一	董事长与 CEO 是否兼任	-0.0401
	高管持股比例	高管持股所占比例	0.0789
董事、监事与其他治理	董事会规模	董事会人数	0.0223
	独立董事比例	董事会中独立董事所占比例	0.0354
	董事会次数	年度召开董事会次数	0.1029
	监事会次数	年度召开监事会次数	0.1265
	专业委员会个数	薪酬委员会、审计委员会等专业委员会的个数	0.0934

资料来源：根据 CSMAR 和 CCER 数据库计算整理。下同。

二、样本选择与数据来源

《中国上市公司分类指引》于 2001 年正式颁布，本章检验模型有些变量需要滞后两期的数据，且 CSMAR 数据库也从 2003 年开始提供相关公司治理水平的数据。因此，本章以 2003~2012 年的 A 股公司为样本，相关财务数据来源于 CSMAR 和 CCER 数据库，实证分析时剔除了营业收入为负、金融行业、ST 类型和数据缺失的样本；同时，为消除极端值影响，本章对所有的连续变量在 1%~99% 的水平上进行了 Winsorize 处理。

第四节 实证检验结果与分析

一、变量描述性统计

表 6-2 是基于公司治理水平均值分组的描述性统计。表中高公司治理水平公司产品市场竞争优势（Com）的均值与中位数为 0.0439 与 -0.0565，分别大

于低公司治理水平公司的 -0.0366 与 -0.0947；高公司治理水平公司现金持有（Cash）的均值与中位数为 0.024 与 0.0011，分别大于低公司治理水平公司的 0.0125 与 -0.005；高公司治理水平公司资本投资（Invest）的均值与中位数为 0.001 与 -0.0071，分别大于低公司治理水平公司的 -0.0034 与 -0.0087。这说明公司的现金持有水平、资本投资、产品市场竞争优势与公司治理水平相关联，治理水平的提高有利于公司持有更多的现金，实施更多的资本投资，进而实现更多的产品市场竞争优势。

表 6-2 基于公司治理水平分组的描述性统计

主要变量	公司治理水平高			公司治理水平低			均值与中位数的差异性检验	
	均值	中位数	标准差	均值	中位数	标准差	T 值	Z 值
Com	0.0439	-0.0565	0.6693	-0.0366	-0.0947	0.5509	5.45***	6.55***
Cash	0.0240	0.0011	0.1053	0.0125	-0.0050	0.1099	1.82*	1.91*
Invest	0.0010	-0.0071	0.0809	-0.0034	-0.0087	0.0751	3.81***	2.77***
Size	0.0979	0.0633	1.0224	0.1566	0.1252	1.1313	7.18***	7.26***
Lev	0.0049	0.0131	0.1769	0.0305	0.0381	0.1860	-5.45***	-5.23***
Se	-0.0019	-0.0137	0.0590	-0.0015	-0.0126	0.0618	-7.53***	-6.64***

注：均值显著性差异的检验方法是 T 检验，中位数显著性差异的检验方法是 Wilcoxon 秩和检验。***、**、* 分别表示显著性水平 1%、5%、10%。

表 6-3 是按照公司现金持有分组的单变量检验结果，结果表明，与低现金持有样本相比，高现金持有样本的资本性投资与产品市场竞争优势均显著较高，说明公司通过持有更多的现金以支持资本性投资从而实现其产品市场竞争优势。

表 6-3 基于公司现金持有量的单变量检验

分组	资本性投资		产品市场竞争优势	
	中值	均值	中值	均值
高现金持有	0.0694	0.0555	-0.0654	0.0393
低现金持有	0.0532	0.0427	-0.0846	-0.0494
T 或 Z 值	2.301***	2.447***	2.831***	2.877***

注：均值显著性差异的检验方法是 T 检验，中位数显著性差异的检验方法是 Wilcoxon 秩和检验。***、**、* 分别表示显著性水平 1%、5%、10%。

二、现金持有通过资本投资中介作用而实现竞争效应的检验结果

表 6-4 是现金持有通过资本投资中介效应而实现其竞争效应的检验结果。

表7-4的回归（1）中我们首先对公司持有现金是否具有竞争效应进行了验证，回归结果中 $Zcash_{t-1}$ 的系数为0.0361，在1%的水平上显著为正，说明持有充裕现金有利于公司在产品市场竞争中获取优势地位。回归（2）中，现金持有 $Zcash_{t-1}$ 与资本性投资在1%的水平显著正相关，表明现金持有促进了公司战略性资本投资的实施。回归（3）中，在现金持有竞争效应模型中加入资本性投资变量后，现金持有（$Zcash_{t-1}$）与资本性投资（Inv_{t-1}）的系数都显著为正，而且现金持有的系数由不加入中介变量的0.0361降低为0.0203，说明资本性投资在现金持有竞争效应中起了部分中介效应。表6-4的实证结果表明，公司现金持有为公司的战略性资本投资提供了资金支持，有利于公司及时捕捉有利的投资机会，进而实现现金持有的竞争效应。

表6-4　现金持有通过资本投资实现竞争效应的检验结果

步骤一	回归（1）被解释变量：Com	步骤二	回归（2）被解释变量：INV	步骤三	回归（3）被解释变量：Com
$Zcash_{t-1}$	0.0361***	$Zcash_{t-1}$	0.0124***	$Zcash_{t-1}$	0.0203*
	(3.252)		(7.043)		(1.852)
$Size_{t-1}$	0.0768***	$Size_{t-1}$	0.0104***	Inv_{t-1}	1.2901***
	(6.159)		(5.339)		(12.287)
Lev_{t-1}	0.4862***	Lev_{t-1}	-0.0287***	$Size_{t-1}$	0.0417***
	(6.502)		(-2.896)		(3.486)
Lev_{t-2}	-0.5407***	$Grow_{t-1}$	0.0034**	Lev_{t-1}	0.5247***
	(-8.740)		(2.363)		(7.527)
Se_{t-1}	1.4160***	Ret_{t-1}	0.0475***	Lev_{t-2}	-0.5041***
	(6.164)		(7.105)		(-8.690)
Se_{t-2}	0.3029	Inv_{t-1}	0.1963***	Se_{t-1}	1.4569***
	(1.525)		(14.445)		(6.870)
Com_{t-1}	0.0164	_cons	0.0044	Se_{t-2}	0.3250*
	(1.539)		(0.409)		(1.757)
Com_{t-2}	-0.0193**	N	13529	Com_{t-1}	-0.0072
	(-2.288)	ar1	-18.412		(-0.720)
_cons	-0.0244	ar2	0.859	Com_{t-2}	-0.0305***
	(-0.349)	j	157.000		(-4.278)
N	12193			_cons	-0.0544
ar1	-11.679				(-0.829)

续表

步骤一	回归（1）被解释变量：Com	步骤二	回归（2）被解释变量：INV	步骤三	回归（3）被解释变量：Com
ar2	0.622			N	12193
j	171.000			ar1	-11.417
				ar2	0.433
				j	197.000

注：括号中的数字为 t 检验值，***、**、* 分别表示显著性水平 1%、5%、10%。

三、公司治理影响现金持有竞争效应的检验结果

现金持有竞争效应作用的发挥关键在于确保持有现金的有效利用，然而，由于代理问题的存在，现金作为流动性最强的资产容易遭受管理层和大股东的滥用或侵占而影响现金持有的竞争效应。我们以公司治理水平指数 CGI 的均值为标准将样本分为公司治理水平高低两个子样本，检验公司治理对现金持有竞争效应的影响，检验结果如表 6-5 所示。表 6-5 的回归（1）与回归（2）中 Zcash 均与产品市场竞争优势显著正相关，但回归（1）高公司治理水平子样本中的系数大于回归（2）低公司治理水平子样本，且显著性水平更高。回归（5）高公司治理子样本中，现金持有与资本投资都与产品市场竞争优势显著正相关。在回归（6）低公司治理水平子样本中，现金持有水平不显著，只有资本投资显著正相关。这表明在较高公司治理组中资本投资起到了部分中介效应，而在较低公司治理组中则发挥了完全中介效应。表 6-5 的检验结果说明，公司治理水平因能发挥其减少现金的滥用和矫正投资行为的双重作用，进而提升了现金持有通过资本投资中介效应实现的竞争效应。

表 6-5 公司治理影响现金持有竞争效应的检验结果

步骤一：被解释变量 Com	回归（1）高公司治理	回归（2）低公司治理	步骤二：被解释变量 INV	回归（3）高公司治理	回归（4）低公司治理	步骤三：被解释变量 Com	回归（5）高公司治理	回归（6）低公司治理
$Zcash_{t-1}$	0.0606*** (4.668)	0.0478** (2.560)	$Zcash_{t-1}$	0.0091*** (3.206)	0.0130*** (5.931)	$Zcash_{t-1}$	0.0517*** (4.196)	0.0152 (0.806)
$Size_{t-1}$	0.1229*** (8.412)	0.0634*** (3.031)	$Size_{t-1}$	0.0105*** (3.593)	0.0182*** (7.429)	Inv_{t-1}	1.1103*** (10.537)	1.4815*** (9.533)

续表

步骤一：被解释变量 Com	回归(1) 高公司治理	回归(2) 低公司治理	步骤二：被解释变量 INV	回归(3) 高公司治理	回归(4) 低公司治理	步骤三：被解释变量 Com	回归(5) 高公司治理	回归(6) 低公司治理
Lev_{t-1}	0.5243*** (6.256)	0.4348*** (4.008)	Lev_{t-1}	-0.0622*** (-4.217)	-0.0413*** (-3.122)	$Size_{t-1}$	0.0721*** (4.894)	-0.0318 (-1.452)
Lev_{t-2}	-0.6510*** (-9.920)	-0.4475*** (-5.022)	$Grow_{t-1}$	0.0091*** (3.590)	0.0038*** (3.175)	Lev_{t-1}	0.5701*** (7.323)	0.6472*** (5.618)
Se_{t-1}	1.6377*** (8.022)	1.0715*** (3.061)	Ret_{t-1}	0.0448*** (4.573)	0.0369*** (4.564)	Lev_{t-2}	-0.6147*** (-9.819)	-0.3044*** (-3.515)
Se_{t-2}	-0.0722 (-0.376)	0.9504*** (3.477)	Inv_{t-1}	0.1776*** (11.229)	0.1911*** (12.797)	Se_{t-1}	1.4471*** (7.183)	1.1918*** (3.498)
Com_{t-1}	-0.0091 (-0.901)	0.0254** (2.226)	_cons	0.0102 (1.225)	-0.0117 (-0.736)	Se_{t-2}	0.1335 (0.730)	1.1588*** (4.401)
Com_{t-2}	-0.0385*** (-4.547)	-0.0146* (-1.820)	N	6.179	6.350	Com_{t-1}	-0.0191** (-2.186)	0.0121 (1.014)
_cons	-0.1240 (-1.309)	0.1303 (1.620)	ar1	-11.003	-15.377	Com_{t-2}	-0.0476*** (-6.232)	-0.0264*** (-3.141)
N	4155	8038	ar2	0.651	-0.374	_cons	0.0515 (0.647)	0.3441*** (4.793)
ar1	-8.481	-6.670	j	157.000	157.000	N	4155	8038
ar2	0.740	0.462				ar1	-8.363	-6.620
j	171.000	171.000				ar2	0.781	0.368
						j	197.000	197.000

注：括号中的数字为 t 检验值，***、**、* 分别表示显著性水平1%、5%、10%。

公司治理影响现金持有竞争效应的边际价值，在代理问题程度不同的公司中可能存在差异，为了检验这种差异，我们将成长性低且自由现金流高的公司界定为潜在代理问题较严重的子样本，剩余的其他公司界定为潜在代理问题较轻的子样本，分别考察公司治理对现金持有竞争效应的影响在潜在代理问题程度不同公司之间存在的差异。表 6-6A 是以潜在代理问题较重的公司为对象检验的结果，表 6-6A 的回归 (1) 中现金持有水平 Zcash 与产品市场竞争优势不具有显著性，终止资本投资中介效应的检验，表明潜在代理问题较重的公司因现金持有可能被滥用而不具有竞争效应。进一步根据公司治理指数 CGI 将潜在代理问题较重的公司分为治理水平高低两组检验发现，当潜在代理问题严重公司的治理水平较高时，表6-6A的回归（2）中现金持有水平 Zcash 与产品市场竞争优势在1%的水平正相关，回归（4）中现金持有水平 Zcash 与资本投资在1%水平正相关，回归（6）中现金持有水平、资本投资均与产品市场竞争优势显著正相关，结果表明潜在代理问题严重公司的治理水平提高时，能够有效遏制代理问题，公司现金持有通过资本投资的中介效应实现了竞争效应。表6-6B 以潜在代理问题较轻公司为对象检验发现，潜在代理问题较轻的公司在考虑公司治理水平前后现金持有都具有竞争效应，资本投资发挥了中介效应，与表6-6A 相比，公司治理水平提高对现金持有竞争效应的影响程度相对较低，以上结果说明，公司治理在潜在代理问题严重的公司中更加重要，公司治理强化现金持有竞争效应的功效在潜在代理问题严重的公司中更显著。

表6-6A 公司治理、潜在代理问题较重与现金持有竞争效应的检验结果

步骤一：被解释变量 Com	回归(1) 潜在代理问题较重	回归(2) 高治理—重代理问题	步骤二：被解释变量 INV	回归(3) 潜在代理问题较重	回归(4) 高治理—重代理问题	步骤三：被解释变量 Com	回归(5) 潜在代理问题较重	回归(6) 高治理—重代理问题
$Zcash_{t-1}$	0.0266 (1.319)	0.1103*** (5.155)	$Zcash_{t-1}$	0.0051* (1.834)	0.0075*** (3.784)	$Zcash_{t-1}$	0.0242 (1.186)	0.0651*** (2.639)
$Size_{t-1}$	0.1051*** (3.612)	-0.1553*** (-6.677)	$Size_{t-1}$	0.0121*** (3.085)	0.0177*** (5.915)	Inv_{t-1}	2.4143*** (7.169)	3.5728*** (10.019)
Lev_{t-1}	0.4202*** (4.568)	0.3520*** (3.700)	Lev_{t-1}	-0.0288** (-2.028)	-0.0381*** (-4.691)	$Size_{t-1}$	0.0323 (1.081)	-0.1937*** (-8.361)
Lev_{t-2}	-0.4227*** (-5.465)	-0.0262 (-0.333)	$Grow_{t-1}$	0.0014 (0.282)	0.0259*** (8.299)	Lev_{t-1}	0.5770*** (5.637)	0.6901*** (7.944)
Se_{t-1}	1.4988*** (3.962)	1.5125*** (4.462)	Ret_{t-1}	0.0586*** (5.864)	0.0404*** (3.842)	Lev_{t-2}	-0.2979*** (-3.525)	-0.1142 (-1.564)
Se_{t-2}	0.7729*** (3.835)	0.8533*** (4.112)	Inv_{t-1}	0.1627*** (10.186)	0.1085*** (10.793)	Se_{t-1}	1.7751*** (4.555)	1.6035*** (4.771)
Com_{t-1}	0.0390*** (3.578)	0.0506*** (5.996)	_cons	-0.0173*** (-3.793)	-0.0026 (-0.663)	Se_{t-2}	0.1071 (0.462)	0.1086 (0.493)
Com_{t-2}	-0.0051 (-0.538)	-0.0091 (-1.106)	N	4101	1711	Com_{t-1}	0.0363*** (3.123)	0.0315*** (3.233)
_cons	0.0013 (0.024)	0.2147*** (7.435)	ar1	-9.006	-4.952	Com_{t-2}	-0.0154 (-1.560)	-0.0307*** (-3.341)
			ar2	0.298	-1.271			
			j	157.000	157.000			

续表

步骤一：被解释变量 Com	回归(1) 潜在代理问题较重	回归(2) 高治理—重代理问题	步骤二：被解释变量 INV	回归(3) 潜在代理问题较重	回归(4) 高治理—重代理问题	步骤三：被解释变量 Com	回归(5) 潜在代理问题较重	回归(6) 高治理—重代理问题
N	3666	1376				_cons	-0.0033	0.2846***
ar1	-4.329	-2.761					(-0.057)	(7.705)
ar2	-1.144	-0.152				N	3666	1376
j	171.000	171.000				ar1	-4.705	-2.885
						ar2	-1.651	0.150
						j	171.000	171.000

注：括号中的数字为t检验值，***、**、*分别表示显著性水平1％、5％、10％。

表 6-6B 公司治理、潜在代理问题较轻与现金持有竞争效应的检验结果

步骤一：被解释变量 Com	回归(1) 潜在代理问题较轻	回归(2) 高治理—轻代理问题	步骤二：被解释变量 INV	回归(3) 潜在代理问题较轻	回归(4) 高治理—轻代理问题	步骤三：被解释变量 Com	回归(5) 潜在代理问题较轻	回归(6) 高治理—轻代理问题
$Zcash_{t-1}$	0.0401***	0.0814***	$Zcash_{t-1}$	0.0093***	0.0104***	$Zcash_{t-1}$	0.0304**	0.0592***
	(3.062)	(5.160)		(4.397)	(4.211)		(2.040)	(3.487)
$Size_{t-1}$	0.1105***	0.1227***	$Size_{t-1}$	0.0181***	0.0242***	Inv_{t-1}	3.9762***	3.4440***
	(7.067)	(7.710)		(7.417)	(8.515)		(9.146)	(9.555)
Lev_{t-1}	0.4691***	0.4930***	Lev_{t-1}	-0.0236*	-0.0241	$Size_{t-1}$	-0.0653***	-0.0346
	(5.592)	(5.030)		(-1.885)	(-1.597)		(-2.693)	(-1.539)
Lev_{t-2}	-0.5356***	-0.6791***	$Grow_{t-1}$	0.0032	0.0039	Lev_{t-1}	0.7368***	0.7023***
	(-8.218)	(-8.388)		(1.602)	(2.610)		(7.429)	(6.938)
Se_{t-1}	1.4013***	1.4404***	Ret_{t-1}	0.0405***	0.0283***	Lev_{t-2}	-0.4517***	-0.6125***
	(5.397)	(7.269)		(5.568)	(3.283)		(-5.603)	(-7.090)
Se_{t-2}	0.0517	0.0100	Inv_{t-1}	0.1921***	0.1706***	Se_{t-1}	1.1840***	1.5054***
	(0.263)	(0.047)		(12.468)	(9.841)		(4.062)	(6.961)
Com_{t-1}	-0.0077	0.0235**	_cons	0.0175	-0.0055	Se_{t-2}	0.5014**	0.0552
	(-0.790)	(-2.053)		(1.168)	(-0.461)		(2.149)	(0.261)
Com_{t-2}	-0.0258***	-0.0322***	N	9428	5960	Com_{t-1}	-0.0412***	-0.0416***
	(-2.740)	(-3.329)	ar1	-15.686	-12.245		(-3.553)	(-3.569)
_cons	0.1022**	-0.1979**	ar2	0.099	-0.875	Com_{t-2}	-0.0606***	-0.0566***
	(2.146)	(-2.142)	j	157.000	157.000		(-5.613)	(-5.515)

续表

步骤一：被解释变量 Com	回归（1）潜在代理问题较轻	回归（2）高治理—轻代理问题	步骤二：被解释变量 INV	回归（3）潜在代理问题较轻	回归（4）高治理—轻代理问题	步骤三：被解释变量 Com	回归（5）潜在代理问题较轻	回归（6）高治理—轻代理问题
N	8527	5748				_cons	0.0291	-0.1481
ar1	-8.956	-6.986					(0.458)	(-1.517)
ar2	0.395	0.568				N	8527	5748
j	171.000	171.000				ar1	-9.262	-7.080
						ar2	0.604	0.720
						j	171.000	171.000

注：括号中的数字为 t 检验值，***、**、*分别表示显著性水平 1%、5%、10%。

四、拓展性检验

1. 不同治理环境下公司治理水平对现金持有竞争效应的影响

治理环境是公司微观治理机制所在的宏观制度基础，一方面，治理环境因对企业契约的顺利签订和执行产生直接影响而制约公司治理的效率，所以，治理环境对于公司的微观治理机制具有更基础性的影响（2005），治理环境的改进有利于促进公司微观治理机制的完善，治理环境与公司治理水平之间呈互补关系；另一方面，随着治理环境的改善，公司面临的代理冲突会得到一定的遏制，又会相对弱化公司治理水平对于代理问题的缓解作用，故二者又呈现出替代的关系。所以，在验证了公司治理水平对现金持有竞争效应的正面作用后，本章将进一步检验公司治理水平的这种正面作用在不同的治理环境中是否存在差异，治理环境与公司治理水平对现金持有竞争的影响究竟是互补还是替代的关系？前文检验结果表明，公司治理水平较高时，公司持有现金通过资本投资中介效应实现更显著的竞争效应。因此，我们以高治理水平公司子样本为对象按治理环境指数中位数分成两组以检验治理环境与公司治理水平之间的关系，治理环境以樊纲等（2011）编制的市场化进程指数度量，市场化指数越高说明公司所处地区的市场化进程越快、投资者法律保护越好，该地区的治理环境更好。检验结果如表 6-7 所示，表 6-7 的回归（1）高市场化进程样本中现金持有水平 Zcash 与产品市场竞争优势显著正相关，回归（3）中现金持有水平 Zcash 与资本投资显著正相关，回归（5）中现金持有水平和资本投资均与产品市场竞争优势显著正相关，而低市场化进程组回归（2）中 Zcash 系数不显著，现金持有不具有竞争效应，可停止资本投资中介效应的考察。上述检验结果表明，公司治理水平改进强化现金持有竞争效应的正向作用在市场化进程较高时才存在,治理环境为公司治理水平作用的发挥提供了基础性保障,治理环境与公司治理水平对现金持有通过资本投资实现竞争效应的影响是一种互补的关系。

表6-7 不同治理环境下公司治理对现金持有竞争效应影响的检验结果

步骤一:被解释变量 Com	回归(1)高市场化进程	回归(2)低市场化进程	步骤二:被解释变量 INV	回归(3)高市场化进程	回归(4)低市场化进程	步骤三:被解释变量 Com	回归(5)高市场化进程	回归(6)低市场化进程
$Zcash_{t-1}$	0.0914***	-0.0148	$Zcash_{t-1}$	0.0054*	0.0165***	$Zcash_{t-1}$	0.0754***	-0.0667***
	(5.240)	(-1.357)		(1.818)	(5.556)		(4.946)	(-5.526)
$Size_{t-1}$	0.0092	0.0916***	$Size_{t-1}$	0.0123***	0.0048*	Inv_{t-1}	1.6381***	1.8091***
	(0.440)	(6.762)		(4.241)	(1.830)		(9.791)	(13.183)
Lev_{t-1}	0.6821***	0.4579***	Lev_{t-1}	-0.0341**	-0.0469***	$Size_{t-1}$	-0.0469***	-0.0040
	(6.446)	(6.095)		(-2.410)	(-3.969)		(-2.953)	(-0.351)
Lev_{t-2}	-0.7020***	-0.0958	$Grow_{t-1}$	0.0140***	0.0083***	Lev_{t-1}	0.9487***	0.7942***
	(-8.156)	(-1.629)		(6.005)	(3.314)		(10.414)	(11.994)
Se_{t-1}	3.2937***	-0.6311***	Ret_{t-1}	0.0285***	0.0722***	Lev_{t-2}	-0.5313***	0.1017*
	(11.276)	(-2.829)		(2.990)	(7.509)		(-8.050)	(1.675)
Se_{t-2}	1.4025***	1.0688***	Inv_{t-1}	0.1859***	0.1927***	Se_{t-1}	3.0522***	-0.3705
	(6.492)	(5.810)		(13.361)	(13.714)		(13.193)	(-1.522)
Com_{t-1}	0.0204**	0.0476***	_cons	-0.0141**	-0.0040	Se_{t-2}	0.8342***	1.1021***
	(2.386)	(8.197)		(-2.051)	(-0.986)		(4.742)	(6.407)
Com_{t-2}	0.0132	-0.0320***	N	2914	2265	Com_{t-1}	0.0034	0.0377***
	(1.622)	(-7.164)	ar1	-8.445	-7.454		(0.427)	(6.607)
_cons	0.2548***	-0.2956***	ar2	0.207	0.447	Com_{t-2}	-0.0100	-0.0437***
	(4.365)	(-13.342)	j	157.000	157.000		(-1.571)	(-9.514)
N	2350	1805				_cons	0.2088***	-0.2116***
ar1	-4.437	-4.965					(5.307)	(-13.622)
ar2	0.530	0.077				N	2350	1805
j	171.000	171.000				ar1	-4.286	-5.135
						ar2	0.825	-0.279
						j	197.000	197.000

注:括号中的数字为t检验值,***、**、*分别表示显著性水平1%、5%、10%。

2. 现金持有竞争效应对现金持有边际价值的影响

前文基于行业竞争与公司治理检验了公司现金持有竞争效应及其实现渠道，但是市场份额与资本投资的扩张并不一定带来股东财富的增加，因为我们并不清楚公司现金持有竞争效应的经济后果。借鉴 Pinkowitz 等（2006）的经典现金持有价值模型检验现金持有竞争效应对现金边际价值的影响，现金持有价值效应的基本模型（6-4）如下：

$$V_{i,t} = \alpha_0 + \alpha_1 E_{i,t} + \alpha_2 dE_{i,t} + \alpha_3 dE_{i,t+1} + \alpha_4 dNA_{i,t} + \alpha_5 dNA_{i,t+1} + \alpha_6 I_{i,t} + \alpha_7 dI_{i,t} + \alpha_8 dI_{i,t+1} + \alpha_9 D_{i,t} + \alpha_{10} dD_{i,t} + \alpha_{11} dD_{i,t+1} + \alpha_{12} V_{i,t+1} + \alpha_{13} Cash_{i,t} + \alpha_{14} Invest_{i,t} + \varepsilon_{i,t} \tag{6-4}$$

式中，V 表示公司价值等于公司权益价值加上负债价值，为了估计持有现金的市场价值，我们控制公司的获利能力、投资、融资等影响公司价值的变量，E 为公司净利润；NA 为非现金资产，以公司年末总资产减去现金持有的余额表示；I 为公司当年发生的利息费用，以财务费用表示；D 为公司支付的现金股利，Cash 和 Invest 分别表示公司现金持有水平和资本性投资水平，X_t 是变量 X 在第 t 年的水平，dX_t 是变量 X 从第 t-1 年到第 t 年的变化量，$X_t - X_{t-1}$；dX_{t+1} 是变量 X 从第 t 年到第 t+1 年变化量，$X_{t+1} - X_t$。为了控制异方差性，所有变量除以总资产。

表 6-8 是现金持有的边际价值的检验结果。模型 1 中现金持有 $Cash_t$ 的系数在 1% 的水平上显著为正，系数为 0.589，说明总体上我国上市公司持有现金的市场价值小于其账面价值，边际价值较低。模型 2 和模型 3 中我们按照现金持有水平的均值把样本分为高现金持有和低现金持有两组，在高现金持有组中现金持有的边际价值更高，说明现金持有越多，其边际价值越高。模型 4 和模型 5 按照衡量公司产品市场竞争优势的经行业调整的营业收入的增长水平分成高行业增长和低行业增长两组，在高行业增长组中现金持有的边际价值显著高于低行业增长组，结果表明公司持有更多现金实现的产品市场获得竞争优势最终增加现金持有的边际价值。模型 6~模型 9 是基于 HHI 和自然边界（NH）衡量行业竞争程度分组检验的回归结果，在高行业竞争的公司持有现金的回归系数显著大于低竞争行业，说明现金持有的边际价值随着行业竞争激烈程度的提高而增加。

表 6-9 是公司治理对现金持有边际价值影响的检验结果。我们在公司现金持有价值模型中引入公司治理水平（CGI）以及公司治理水平与现金持有水平的交叉变量（CGI×$Cash_t$），模型 1 中 CGI×$Cash_t$ 的系数显著为正，表明公司治理水平越高现金持有的边际价值越高；模型 2 和模型 3 按经行业调整的营业收入的增长率的均值分组检验的结果，在高行业增长组中 CGI×$Cash_t$ 的系数显著为正，而低行业增长组 CGI×$Cash_t$ 的系数不显著，表明公司治理的完善有助于实现竞争

表6-8 行业竞争、资本投资与现金持有的边际价值

	模型1 全样本	模型2 高现金持有	模型3 低现金持有	模型4 高行业增长	模型5 低行业增长	模型6 高竞争HHI	模型7 低竞争HHI	模型8 高竞争NH	模型9 低竞争NH
E	2.823***	2.163***	4.354***	4.032***	1.969***	2.333***	3.373***	2.154***	3.634***
	(11.957)	(6.850)	(8.044)	(10.036)	(5.981)	(6.303)	(10.088)	(5.703)	(10.066)
dE_t	0.292*	0.178	0.797***	0.424	0.215	0.548**	0.140	0.466*	0.106
	(1.794)	(0.868)	(2.191)	(1.414)	(0.993)	(2.249)	(0.615)	(1.885)	(0.426)
dE_{t+1}	1.445***	1.037***	2.201***	1.705***	0.932***	0.882***	1.962***	1.206***	1.700***
	(10.425)	(5.883)	(6.943)	(7.120)	(4.935)	(4.187)	(10.152)	(5.638)	(8.198)
dNA_t	−8.853***	−12.194***	−3.630	−8.582***	−7.746***	−7.744***	−8.155***	−8.426***	−8.138***
	(−8.004)	(−8.187)	(−1.266)	(−4.753)	(−4.923)	(−4.352)	(−5.382)	(−4.641)	(−4.944)
dNA_{t+1}	1.836	5.391***	−4.663	2.996	0.268	1.207	2.694	0.465	3.356*
	(1.454)	(3.316)	(−1.637)	(1.448)	(0.148)	(0.623)	(1.548)	(0.237)	(1.783)
I	−3.856***	−4.668***	−1.835	−5.022***	−2.403	−4.826***	−3.568**	−2.313	−4.413***
	(−3.479)	(−3.291)	(−0.744)	(−2.909)	(−1.499)	(−2.814)	(−2.331)	(−1.338)	(−2.714)
dI_t	0.117	0.128	0.344*	−0.123	0.179	0.322**	−0.006	0.282**	0.012
	(1.153)	(0.915)	(1.761)	(−0.741)	(1.259)	(2.042)	(−0.043)	(1.961)	(0.080)
dI_{t+1}	0.166	0.328	0.151	0.521**	0.089	0.132	0.143	0.105	0.161
	(0.978)	(1.367)	(0.485)	(1.973)	(0.364)	(0.496)	(0.634)	(0.421)	(0.667)
D	0.224*	0.194	0.242	0.220	0.044	0.239	0.283	0.602***	−0.007
	(1.657)	(0.995)	(0.991)	(1.091)	(0.211)	(1.111)	(1.570)	(2.871)	(−0.039)
dD_t	−0.988***	−0.826***	−0.860***	−0.849***	−1.003***	−0.899***	−0.886***	−0.837***	−0.825***
	(−16.450)	(−10.227)	(−6.929)	(−8.995)	(−11.321)	(−9.316)	(−11.118)	(−9.135)	(−9.105)

续表

	模型1 全样本	模型2 高现金持有	模型3 低现金持有	模型4 高行业增长	模型5 低行业增长	模型6 高竞争HHI	模型7 低竞争HHI	模型8 高竞争NH	模型9 低竞争NH
dD_{t+1}	0.245*** (5.149)	0.196*** (3.046)	0.453*** (4.626)	0.178** (2.383)	0.340*** (4.907)	0.399*** (5.173)	0.201*** (3.193)	0.265*** (3.652)	0.266*** (3.758)
INV	0.060 (0.849)	0.410*** (4.299)	−0.390** (−2.016)	0.135 (1.181)	0.056 (0.557)	−0.251* (−1.997)	0.155* (1.649)	0.484*** (3.498)	0.066 (0.675)
$dINV_t$	−0.882*** (−8.176)	−0.946*** (−7.043)	−0.225 (−0.857)	−0.984*** (−5.989)	−0.738*** (−4.468)	−0.580*** (−3.248)	−0.751*** (−5.279)	−0.964*** (−5.198)	−0.865*** (−5.933)
$dINV_{t+1}$	0.468*** (5.657)	0.552*** (5.156)	0.125 (0.662)	0.399*** (3.196)	0.438*** (3.506)	0.408*** (2.996)	0.356*** (3.267)	0.470*** (3.397)	0.338*** (2.963)
V_{t+1}	0.371*** (42.845)	0.371*** (31.312)	0.262*** (15.604)	0.296*** (22.160)	0.420*** (32.693)	0.359*** (25.887)	0.384*** (32.292)	0.364*** (27.288)	0.318*** (23.953)
$Cash_t$	0.589*** (9.120)	0.629*** (6.131)	0.492*** (4.267)	0.596*** (6.161)	0.474*** (4.913)	0.678*** (6.695)	0.493*** (5.695)	0.615*** (6.421)	0.501*** (5.168)
Cash系数比较		T检验p值 0.0302		T检验p值 0.0519		T检验p值 0.0625		T检验p值 0.0883	
_cons	0.838*** (6.308)	0.628*** (3.744)	1.224** (2.428)	0.865*** (4.006)	0.792*** (4.101)	0.568** (1.996)	0.806*** (5.577)	0.846*** (2.590)	0.994*** (5.786)
N	13700	4710	7891	6571	7129	6238	7462	6439	6477
R2	0.518	0.525	0.529	0.490	0.557	0.536	0.520	0.546	0.484

注：括号中的数字为t检验值，*、**、***分别表示显著性水平10%、5%、1%。

优势的公司提升现金持有边际价值。模型4～模型7是基于行业竞争的进一步检验，我们发现在竞争程度越激烈的行业，公司治理水平对提升现金的边际价值越具有积极作用。

表6-9 公司治理对现金持有经济后果影响的检验结果

变量	模型1 全样本	模型2 高行业增长	模型3 低行业增长	模型4 高竞争 HHI	模型5 低竞争 HHI	模型6 高竞争 NH	模型7 低竞争 NH
E	2.949 *** (12.578)	4.147 *** (10.458)	2.066 *** (6.287)	3.508 *** (10.570)	2.367 *** (6.436)	3.809 *** (10.609)	2.197 *** (5.873)
dE_t	0.267 * (1.654)	0.471 (1.594)	0.182 (0.843)	0.100 (0.443)	0.553 ** (2.285)	0.052 (0.209)	0.497 ** (2.029)
dE_{t+1}	1.494 *** (10.856)	1.777 *** (7.514)	0.958 *** (5.084)	2.017 *** (10.515)	0.897 *** (4.291)	1.742 *** (8.457)	1.244 *** (5.870)
dNA_t	-9.867 *** (-8.968)	-9.921 *** (-5.551)	-8.421 *** (-5.354)	-9.170 *** (-6.087)	-8.458 *** (-4.781)	-8.835 *** (-5.398)	-9.528 *** (-5.286)
dNA_{t+1}	2.342 * (1.868)	3.619 * (1.772)	0.634 (0.351)	3.371 * (1.951)	1.470 (0.764)	3.765 ** (2.013)	0.995 (0.512)
I	-4.389 *** (-3.989)	-5.488 *** (-3.220)	-2.883 * (-1.802)	-4.008 *** (-2.641)	-5.395 *** (-3.164)	-4.890 *** (-3.027)	-2.736 (-1.597)
dI_t	0.140 (1.389)	-0.071 (-0.436)	0.179 (1.270)	0.006 (0.045)	0.361 ** (2.306)	0.031 (0.199)	0.293 ** (2.060)
dI_{t+1}	0.134 (0.796)	0.457 * (1.754)	0.081 (0.332)	0.126 (0.564)	0.080 (0.303)	0.130 (0.540)	0.065 (0.260)
D	0.191 (1.426)	0.192 (0.965)	0.030 (0.146)	0.236 (1.319)	0.224 (1.045)	-0.054 (-0.291)	0.562 *** (2.709)
dD_t	-0.961 *** (-16.122)	-0.834 *** (-8.947)	-0.985 *** (-11.150)	-0.857 *** (-10.837)	-0.876 *** (-9.128)	-0.790 *** (-8.775)	-0.834 *** (-9.183)
dD_{t+1}	0.249 *** (5.258)	0.178 ** (2.407)	0.349 *** (5.052)	0.203 *** (3.250)	0.409 *** (5.336)	0.266 *** (3.780)	0.276 *** (3.840)
INV	0.075 (1.081)	0.150 (1.327)	0.062 (0.618)	0.212 ** (2.267)	-0.254 ** (-2.035)	0.109 (1.131)	0.452 *** (3.299)
$dINV_t$	-0.863 *** (-8.064)	-0.943 *** (-5.820)	-0.731 *** (-4.438)	-0.757 *** (-5.368)	-0.538 *** (-3.036)	-0.853 *** (-5.895)	-0.937 *** (-5.105)

续表

变量	模型 1 全样本	模型 2 高行业增长	模型 3 低行业增长	模型 4 高竞争 HHI	模型 5 低竞争 HHI	模型 6 高竞争 NH	模型 7 低竞争 NH
$dINV_{t+1}$	0.437 *** (5.319)	0.340 *** (2.754)	0.433 *** (3.473)	0.332 *** (3.073)	0.372 *** (2.752)	0.312 *** (2.751)	0.404 *** (2.945)
V_{t+1}	0.362 *** (42.033)	0.287 *** (21.717)	0.413 *** (32.095)	0.373 *** (31.425)	0.354 *** (25.738)	0.312 *** (23.629)	0.354 *** (26.762)
$Cash_t$	0.396 *** (4.133)	0.210 (1.508)	0.500 *** (3.380)	0.212 * (1.665)	0.589 *** (3.926)	0.182 (1.258)	0.482 *** (3.270)
CGI	0.182 *** (12.530)	0.208 *** (9.268)	0.126 *** (5.882)	0.180 *** (9.044)	0.187 *** (8.197)	0.157 *** (7.319)	0.213 *** (9.395)
$CGI \times Cash_t$	0.342 *** (2.766)	0.731 *** (3.954)	−0.044 (−0.239)	0.500 *** (3.000)	0.161 (0.839)	0.558 *** (2.992)	0.245 (1.325)
_cons	0.658 *** (4.961)	0.690 *** (3.220)	0.683 *** (3.534)	0.612 *** (4.223)	0.976 *** (5.628)	0.789 *** (4.571)	0.693 *** (2.140)
N	13700	6571	7129	7462	6238	6477	6439
R2	0.526	0.503	0.560	0.528	0.542	0.492	0.555

注：括号中的数字为 t 检验值，*、**、*** 分别表示显著性水平 10%、5%、1%。

五、稳定性检验

为保证研究结果的稳定性，本章还进行了以下三个方面的稳健性检验：

（1）国内外学者研究发现低财务杠杆具有竞争效应，根据优序融资理论，现金可以看作负的债务，因此，低财务杠杆的竞争效应可能会对检验结果产生影响。为减少低财务杠杆竞争效应的影响，我们借鉴 Acharya 等（2007）与 Fresard（2010）的思路，仅保留财务保守行为竞争效应不明显（或较低）的样本进行稳健性检验，以排除低财务杠杆竞争效应造成的影响。当公司经营现金流和投资机会的关联性很低时，公司的对冲需求很高；当出现投资机会时，由于外部融资受限，高对冲需求公司的低财务杠杆产生的竞争效应弱化。剔除公司经营现金流和投资机会相关系数高于 0，或 0.1，抑或 0.2 的低对冲需求样本公司进行稳定性检验，研究结果没有发生变化，这表明我们结论没有受到债务竞争效应的影响。

（2）我们以管理费用率作为代理问题的度量指标进行稳定性检验，检验结果没有发生实质性变化。

（3）现金持有通过捕捉投资机会进而实现其竞争效应，可能需要公司储备一定的现金作为保障,当公司储存的现金太少时,势必影响现金持有竞争效应的发挥。为了消除低现金持有公司的样本可能造成的偏差,我们对现金持有水平高于行业均值的样本进行单独检验,研究结论仍然成立。

第五节 研究结论与启示

学者们基于产业组织理论的视角探讨公司现金持有的经济后果的诸多研究发现,持有充裕的现金有助于公司在产品市场竞争中保持和获取竞争优势,即其具有显著的竞争效应。公司现金持有是中性的,其竞争效应的实现需要借助一定的中间渠道或媒介,并且该效应的发挥还取决于现金的有效利用,而这又受制于公司代理问题的严重程度及其公司治理水平。本章以2003~2012年中国上市公司数据为样本,基于资本投资中介效应的视角检验公司治理对于现金持有竞争效应的影响。检验发现,公司现金持有具有显著的竞争效应,资本投资在公司持有现金以获取产品市场竞争优势中发挥了中介效应;较高的公司治理水平强化了现金持有通过资本投资实现的竞争效应,且这种强化作用在潜在代理问题严重的公司中更显著。进一步检验表明,宏观治理环境与公司治理水平对现金持有竞争效应的影响是一种互补关系,而非替代关系。

本章的政策启示在于:

(1)应坚持"现金为王"理念,结合公司的投资机会与产品市场竞争动态有效配置公司财务资源,为公司进行技术革新等方面的战略性资本投资提供稳定资金支持的同时;还可为提升公司防御掠夺性风险、及时捕捉市场先机以及有效阻止竞争者进入或迫使其让步进而占据和保持其产品市场竞争优势等奠定资金基础。

(2)现金持有竞争效应的有效实现需要完善的公司治理机制作为保障,公司还应以下列方式持续完善公司治理机制以确保公司现金持有竞争效应的充分发挥:建立真正的职业经理人市场以发挥声誉机制作用,完善公司管理层激励补偿契约的设计与评价机制;从董事会规模、独立性、领导权结构、专业委员会职能、会议频率以及董事会激励等视角强化董事会的治理功能;形成既能有效制约管理层,又能抑制单一大股东追求控制权私利动机的科学股权制衡结构。

(3)公司微观治理机制内生和受制于一国(地区)的宏观制度环境,只有外部治理环境的改善和公司治理机制的完善"齐头并进"时,才能更有效地推动和系统性解决公司的代理问题,进而提升公司现金持有的竞争效应。所以,还必须在以下方面持续推动宏观治理环境的进一步改善：加快推进政府由"干预型"向"服务型"的转变，切实提高政府的服务质量和政府监管部门的独立性；持续培育充分竞争的产品市场和要素市场，积极发挥产品/要素市场竞争与公司治理机制的良性互动作用；强调和维持市场中介组织的独立性和超脱性，对政府的"过度"干预形成科学的补充甚至替代，以更好地体现"市场在资源配置中的决定性作用"；进一步推动完善投资者法律保护制度，切实提高法律的执行质量，为营造公平良好的市场竞争环境奠定法制基础。

第七章 金融发展、现金持有与企业研发平滑

第一节 引言

新经济增长理论认为,经济增长最持久的源泉在于知识生产和人力资本积累,技术进步和创新是一家公司乃至整个国家经济发展的推动力。技术进步和创新的一个重要途径是自主研究与开发(R&D),2012年我国全社会用于研究开发活动的支出达10240亿元,占GDP的1.97%[1],中共十八大报告提出实施创新驱动发展战略,在我国大力提倡自主创新,鼓励企业研发投入的背景下,通过研发投入提高自主创新能力已成为我国科技发展的基本战略和转变经济增长方式的中心环节。然而,企业研发投入因其内在的高风险所造成的收益不确定性以及逆向选择和道德风险问题,使得企业研发投入难以从外部融资渠道获得资金支持,企业研发投入主要依靠内部资金(Himmelberg and Petersen,1994;Hall,2002)。由于受宏观经济不确定性和自身特质性风险等的影响,企业内部资金不可避免地存在波动,企业运用内部资金进行研发活动存在较大风险,研发投入可能由于资金链断裂而被迫停止,研发活动相对高昂的调整成本(Adjustment Cost)将会使企业遭受很大的损失(Hall,2005;Brown and Petersen,2011)[2]。因此,如何有效保证研发支出的平稳持续就显得十分重要。

---

[1] http://lianghui.people.com.cn/2013npc/n/2013/0307/c357320-20712262.html.

[2] 一旦研发开始之后,由于资金问题放弃研发将会对公司产生诸多不利影响,如高昂的调整成本。首先,研发需要专业的人员,由于暂时资金困难而解散研发人员,待情况好转再雇用专业人员比较困难,再培训的成本高昂。其次,研发团队解散会泄露公司的战略或机密,对公司不利。最后,公司研发和运营通常是相辅相成的,解散研发人员可能造成营业的休克(Himmelberg and Petersen,1994;Hall,2002;Cooper and Haltiwanger,2006)。

第七章 金融发展、现金持有与企业研发平滑

现金作为流动性最强的资产，公司持有现金的动因与经济后果是学术界和实务界关注的重点话题。由于融资约束的存在，公司出于预防性动机而持有现金，有利于捕捉未来投资机会（Almeida et al., 2004）。Acharya 等（2007）、Han 和 Qiu（2007）发现公司现金流波动性越大，持有现金越能缓冲现金流波动的不利影响，Schroth 和 Szalay（2010）研究发现，与低现金持有企业相比，高现金持有企业在专利竞赛中更容易获胜。Brown 和 Petersen（2011）为现金持有在融资约束公司中所起的研发平滑作用提供了经验证据，研发平滑成为融资约束公司现金管理的一项重要内容。Lyandres 和 Palazzo（2012）研究发现，现金持有在企业的创新发展与实现中起着重要的战略作用。鞠晓生等（2013）结合融资约束考察了营运资本管理在平滑企业创新波动中的作用。融资约束程度是影响公司现金持有动机及其研发平滑作用的主要因素，但公司融资约束程度又与国家（或地区）的金融发展水平和公司的政府控制性质相关，上述国内外文献并未考虑国家的金融发展水平和公司的政府控制性质。La Porta 等（1997）、Rajan 和 Zingales（1998）、Demirguc-Kunt 和 Maksimovic（1998）、Wurgler（2000）等从投资者保护和信息不对称的视角，验证发达的金融市场有助于扩大企业的融资渠道，降低公司外部融资成本，提高资金配置效率，进而缓解企业的融资约束。对于我国这样一个具有新兴加转型双重制度特征的经济体制而言，金融发展水平在整体不断推进的同时，还存在区域之间的发展不平衡，那么，金融发展的纵向时间维度与横向区域差异对公司现金持有的研发平滑作用产生怎样的影响？中国的信贷资源配置具有显著的"国民"差异，民营公司面临较严重的信贷歧视问题（Brandt and Li，2003；方军雄，2007），政府控制公司又能获得更多的政府补助，不同产权性质的公司面临的融资约束程度不同，公司现金持有的研发平滑作用在不同产权性质的公司势必存在差异，随着金融发展的不断推进，市场在信贷资源配置中的功能更加凸显，信贷歧视现象减弱，现金持有的研发平滑作用在不同产权性质公司间的差异是否降低，也是值得考察的重要命题。

本章以中国工业企业数据为样本，以全部金融相关比率与非国有信贷比作为金融发展的度量指标，基于我国金融发展水平与公司的政府控制性质研究了公司现金持有所起的研发平滑作用。实证结果发现：①现金持有具有平滑公司研发投入的作用，公司的融资约束程度越大，现金的研发平滑效果越显著；②与政府控制的公司相比，现金的研发平滑效果在民营公司中更为显著；③公司所在地区的金融发展水平弱化了现金的研发平滑效应，而且这种弱化作用在面临融资约束的公司中更显著；④随着金融发展水平的提高，现金的研发平滑效应在"国民"公司间的差异降低了。

相对于已有文献，本章的主要贡献体现在：①持有现金具有公司增加产品市

场业绩或确立市场竞争中的优势地位的战略效应（Fresard，2010）。本章基于金融发展，结合公司的政府控制性质，从研发平滑作用的视角为现金持有战略效应实现的具体渠道提供了经验证据，丰富了公司现金持有经济后果的文献。②财务柔性（Financial Flexibility）是企业及时获取或调用财务资源，以便预防或应对非预期事件，捕捉有价值投资机会的能力（Denis，2011）。作为企业获取财务柔性的主要途径，现金持有能为企业创造相应的财务柔性和战略机会，有助于企业捕捉有利的投资机会。本章的研究为财务柔性理论提供了经验证据。③金融发展促进经济增长的渠道与微观机理一直是学者们关注的重点话题（Rajan and Zingales，1998；Demirguc - Kunt and Maksimovic，1998；Wurgler，2000；Carlin and Mayer，2003；Love and Zicchino，2006；Brown et al.，2009），本章从金融发展与现金持有的研发平滑视角，为金融发展与经济增长的关系提供了新的微观层面的证据。④基于金融发展考察不同产权性质公司现金持有的研发平滑效应差异，也丰富了我国"重国轻民"的信贷资金配置格局的经济后果的相关研究。

第二节 文献回顾、理论分析与假设提出

现金作为公司的主要资产，其持有决策是公司财务政策的一项重要内容。学者们在研究现金持有量影响因素的基础上，从信息不对称与代理问题两个视角关注公司的现金持有价值，形成了两种截然相反的观点。一方面，由于信息不对称与交易成本的存在，公司从外部融资的成本较高，现金持有减轻公司融资约束的同时，还能满足成长性投资机会的资金需求而提高企业的财务柔性（Denis，2011）。Mikkelson 和 Partch（2003）研究发现，持续高额持有现金因在不降低经营业绩的情况下支持公司的成长，是高成长公司的最优政策。与非融资约束公司相比，融资约束公司在实现的现金流中储备较多的现金（Almeida et al.，2004），其持有现金的边际价值也较高（Faulkender and Wang，2006），Pinkowitz 和 Williamson（2007）发现计算机软件、医药、电子设备等研发密集型行业，公司持有现金的边际价值较高。Denis 和 Sibilkov（2010）的研究表明，高额持有现金能使融资约束公司追加资本投资，与非融资约束公司相比，融资约束公司的投资边际价值更大。为应对预期经济衰退带来的不利冲击，储备更多现金是提高企业财务柔性的主要方式（Ang and Smedema，2011），财务柔性强的企业不仅能够有效地免予陷入财务困境而提高公司价值（Gamba and Triantis，2008），而且还能更好地把握有利可图的投资机会或减轻不利冲击对企业投资价值造成的损失（Duchin et al., 2010)。另一方面，由于代理问题的存在，现金作为流动性最强的资产又为管理层或大股东获取私利提供了条件，公司治理的低效甚至失效将导致高额持有现金的公司更有可能实施有损股东财富的多元化并购（Harford, 1999），频繁的并购与高额但低效的资本性支出因会浪费大量的现金资源进而降低了公司现金持有的价值（Dittmar and Mahrt - Smith, 2007; Harford et al., 2008）。Pinkowitz 等（2006）、Kalcheva 和 Lins（2007）基于跨国样本的比较研究发现，投资者保护较弱、管理者代理问题严重的国家，公司的现金持有水平较高，但价值较低。

　　面对公司现金持有价值不同观点的争议，学者们开始基于产业组织理论探讨公司持有现金的价值效应。掠夺理论（Predation Theory）认为，公司现金持有具有竞争效应，现金持有充裕的公司通过实施更有利的产品市场竞争战略或可对竞争对手产生可信的威慑作用，能够在产品市场竞争中获取优势地位。Baskin（1987）早期通过构建模型考察了现金持有的战略效应，Acharya 等（2007）、Haushalter 等（2007）考察了现金持有在风险管理与掠夺风险防御中的显著功效。Fresard（2010）结合竞争对手的融资约束与行业竞争程度检验公司持有现金的竞争效应发现，持有较多的现金有利于公司增加产品市场业绩。现金持有的战略效应需要通过一定的渠道或途径来实现，竞争与研发一直是经济学家关注的话题，研发活动在公司获取竞争优势的过程中起着举足轻重的作用。公司的研发活动在创造和积累知识、推动生产技术和工艺创新，进而引导实施成本领先与差别化战略以更好满足顾客个性化需求的同时，巩固了公司的竞争位势。公司通过研发活动获得竞争优势的动机不但需要大量资金的投入，更重要的是，还因研发活动相对高昂的调整成本（Adjustment Cost）而要求资金投入平稳持续。由于研发投资较低的抵押价值，债务融资导致研发密集型企业更严重的逆向选择与道德风险问题（Stiglitz and Weiss, 1981）以及更大的财务危机（Opler and Titman, 1994），而使研发活动依靠债务融资变得困难，发行股票融资除满足一定的条件外，还会发生发行成本，激烈竞争带来的经营状况的不确定性又会导致经营现金流的频繁波动。因此，持有现金成为公司研发活动持续稳定的重要资金来源，而且持有现金保障研发投入持续稳定的作用对面临融资约束的公司而言更重要。Opler 等（1999）研究发现，公司的现金持有水平随研发强度而增加，而且在融资约束公司中更高，Bates 等（2009）的研究也发现，R&D 投入的增加是公司现金持有水平上升的一个主要原因。Acharya 等（2007）比较现金持有与债务政策后认为，具有对冲需求的公司更倾向于通过现金持有对冲经营现金流的波动。Brown 和 Petersen（2011）为现金持有在融资约束公司中所起的研发平滑作用提供了经验证据，研发平滑成为融资约束公司持有现金的主要目的。基于以上分析，我们提出如下假设：

假设 7-1：持有现金具有平滑企业研发投入的作用，而且这种作用在面临融资约束的公司中更显著。

我国资本市场具有新兴加转轨的特征，公司大部分还是政府控制的国有公司，不同所有权性质的公司面临的代理冲突与融资约束程度不同，公司现金持有所起的研发平滑作用在不同产权性质的公司之间势必存在差异。首先，国有公司由于所有者缺位，普遍存在目标多元化的政策性负担（林毅夫和李志赟，2004），薪酬管制诱发过度的在职消费等机会主义行为（陈冬华等，2005），政治晋升使管理层激励目标发生偏移（俞鸿琳，2006）。因此，与民营公司相比，国有公司的激励约束机制不足，代理问题更严重，持有较多现金更容易诱发管理者或大股东对现金的过度滥用，降低现金持有平滑研发支出的作用。其次，中国的信贷资源配置具有显著的"国民"差异，民营公司面临着较严重的信贷歧视问题（Brandt and Li，2003；方军雄，2007）。在紧缩货币政策下，信贷歧视会导致银行信贷资金更向国有公司倾斜（叶康涛和祝继高，2009）。信贷资金配给的国有倾向使得国有公司的融资约束较低，在货币紧缩时，则会加剧民营公司的融资约束程度，公司自身持有现金平滑研发投入的作用变得更重要。最后，地方政府出于经济增长、产业发展以及维护稳定和政府形象等考虑给予上市公司补助，国有企业存在预算软约束（林毅夫和李志赟，2004）或获得更多的政府补助（许罡等，2012），国有企业研发投入面临资金缺口的时候，更有动机和可能向政府争取资金支持，而民营企业在获取政府支持上处于劣势，更需要做好自身流动性管理，储存现金来支持研发活动的可持续性。基于以上分析，我们提出如下假设：

假设 7-2：与政府控制的公司相比，现金持有平滑研发投入的作用在民营公司中更显著。

金融发展对经济增长的作用是金融发展理论研究的主要内容，学者们从宏观层面验证金融发展对经济增长所起作用的基础上（King and Levine，1993；Levine and Zervos，1998；Beck et al.，2000），开始重点从公司的财务层面关注金融发展促进经济增长的微观机理。金融发展主要通过以下途径降低企业的融资约束，缓解企业面临的财务波动，进而影响公司现金持有的研发平滑作用。首先，随着金融发展，融资工具与技术不断创新、融资渠道不断扩大，为企业提供了广阔的融资平台，使得公司融资变得更加便利。Rajan 和 Zingales（1998）研究金融发展对行业成长的促进作用后发现，金融发展通过降低企业融资成本，促进了外部融资依赖行业的快速成长。Demirguc-Kunt 和 Maksimovic（1998）使用企业微观层面的数据研究发现，金融发展提高了企业的外部融资便利程度，促进了企业的成长。Love（2003）、Love 和 Zicchino（2006）通过检验金融发展对企业投资的影响发现，金融欠发达的国家，公司面临的融资约束更严重，金融发展降低了投资与内部现金流的敏感性,而且这种缓解融资约束的作用在中小企业中更显著。其次,金融发展有助于降低市场中的信息不称、甄别劣质项目、实施有效监督、降低外部融资成本(Townsend,1979;Diamond,1984;Boyd 和 Prescott,1986;Greenwood and Jovanovic,1990),进而提高资金配置效率。Wurgler(2000)使用行业层面数据,从投资变动率的角度研究金融发展与资金配置效率之间的关系,研究结果表明,金融发展相对发达的国家有效追加增长性行业投资的同时,削减了衰退性行业的投资,金融发展与资本配置效率正相关。Bena and Ondko (2012) 基于企业微观层面的样本发现,金融发展有利于将外部资金配置到成长性高的企业,进而提高资金配置效率。最后,投资者的法律保护程度越高、国家的金融市场越发达(La Porta et al.,1997)、金融发展相对发达的国家,投资者权益得到保护的程度较高,企业更容易以较低的成本为投资项目,尤其能为研发投资融入数量更多、期限更长的资金。Demirguc - Kunt 和 Maksimovic(1999)通过跨国比较研究发现,金融相对发达的国家,小规模公司的债务期限更长。Carlin 和 Mayer(2003)利用跨国的行业数据实证检验了金融发展实物资本投资与 R&D 投资的促进作用,检验结果表明,相比实物资本投资,金融发展对依赖外部融资的行业的 R&D 投资所起的促进作用更显著。Giannetti(2003)以跨国非上市公司为样本检验发现,债权人权益保护越好的国家,公司越容易为无形资产投资取得债务融资,而且债务融资的期限更长。

随着我国金融体制改革的深化与金融体系的日臻完善,信息不对称与代理问题有效减轻,融资渠道不断拓展,企业的融资约束得以缓解,企业更多可供选择的融资来源对现金持有产生替代作用,现金持有的研发平滑作用逐步弱化。与非融资约束公司相比,金融发展对融资约束的缓解作用在面临融资约束的公司中更显著,能够在更大程度上降低公司研发平滑对现金持有的依赖,即金融发展对现金持有的研发平滑作用的弱化在融资约束公司中更加显著。此外,随着金融发展的不断推进,信贷资金更多地基于经济效率原则进行配置,效率低下的国企获取信贷资金难度增大(余明桂和潘红波,2008),而经营绩效好、成长性高的民营企业更易获取信贷资金,"重国轻民"的信贷资金配置现象减弱的同时,政府由"干预型"向"服务型"转化,政府通过控制企业承担社会目标的动机减弱,降低国有企业的政策性负担,国有企业的预算约束逐步硬化。因此,随着我国的金融发展程度的提高,企业融资约束得以缓解的同时,还降低了国有企业与民营企业的融资便利差异,进而现金持有所起的研发平滑作用在不同产权性质公司间的差异降低。基于以上分析,我们提出如下假设:

假设7-3:随着金融的发展,现金持有的研发平滑作用得以弱化的同时,其在国有与民营企业之间的差异也逐渐降低。

第三节 研究设计

一、模型建立与变量定义

1. 金融发展（Fina）的衡量

在金融经济学中，通常采用金融资产总量与 GDP 之比来衡量国家或地区的金融发展程度（Goldsmith，1969），国内学者也参照这一做法，以各地区全部金融机构当年年末总贷款余额与各地区当年 GDP 的比值表示地区金融发展程度（卢峰和姚洋，2004；江伟和李斌，2006），我们也利用这一指标衡量各地区金融发展程度，实证中用 TFD 表示。

考虑到存在大量政策导向的信贷及不良资产，TFD 指标趋向于过高估计金融发展程度，而发放给私人部门的信贷决策往往市场化程度较高、信贷投放也更有效率，因此，非国有企业信贷比是衡量金融发展程度更合理的指标（张军和金煜，2005）。由于无法得到按照企业性质细分的信贷配给的分地区数据，我们借鉴张军和金煜（2005）、李青原等（2010）的研究方法，假定银行信贷资金全部发放给国有企业和非国有企业，基于分配给国有企业的银行信贷比例与国有企业产出份额间的密切关系，运用残差结构一阶自相关的固定效应面板数据方法，间接估计各地区非国有企业信贷比，以 Pr_loan 表示。分解全部银行信贷与地区总产值比率的方程可以表达如下：

$Fin_{i,t} = \alpha_i + \beta_1 Soe_{i,t} + \vartheta_i + \mu_{i,t}$ 和 $\mu_{i,t} = \rho\mu_{i,t-1} + \delta_{i,t-1}$ $|\rho| < 1$

式中，银行信贷/地区生产总值比重数据（Fin）作为被解释变量，国有企业产值/工业总产值比重数据（Soe）作为解释变量，ϑ_i 和 $\mu_{i,t}$ 分别表示地区的虚拟变量和误差项。

表 7-1 是对国有企业信贷的面板数据估算的结果，根据这个结果，银行给非国有部门的信贷可以简单地通过从全部银行信贷中减去回归模型中由国有企业产出比重解释的部分，通过假定估计系数在各地区间是相同的，从而计算出各地区年末配置给到国有部门的银行信贷，即估算出各地区的非国有企业信贷水平。

2. 融资约束的衡量（Fc）

（1）公司规模。规模越小，公司面临的融资约束程度越大，我们设置虚拟变量 Fc_Size，当公司规模小于年度行业均值时，取值为 1，否则取值为 0。

表 7 – 1 估计对国有企业的信贷（面板数据的固定效应）

	系数	T 值
国有企业产值/工业总产值	0.697	7.81
ρ（ar）	0.595	
R_sq	0.192	
观测值	248	

（2）SA 指数（Fc_SA）。参考 Hadlock 和 Pierce（2009）以及鞠晓生等（2013）衡量融资约束的方法，通过方程（ $-0.737 \times size + 0.043 \times size^2 - 0.04 \times age$）计算融资约束程度，SA 指数越小，公司融资约束程度越大。我们设置虚拟变量 Fc_SA，当 SA 值小于年度行业均值时，取值为 1，否则取值为 0。

3. 现金持有平滑公司研发投入模型

参考 Brown 等（2009）、Brown 和 Petersen（2011）的研究，我们建立研发支出的动态模型，通过在模型中加入公司现金持有水平的变化量检验公司是否通过持有现金来平滑公司的研发支出。具体模型如下：

$$R\&D_{i,t} = \beta_1 \Delta Cash_{i,t-1} + \beta_2 Cf_{i,t-1} + \beta_3 Trade_{i,t-1} + \beta_4 Loan_{i,t-1} + \beta_5 Size_{i,t-1} + \beta_6 Grow_{i,t-1} + \beta_7 R\&D_{i,t-1} + \beta_8 R\&D_{i,t-1}^2 + \alpha_i + \eta_t + \varepsilon_{i,t} \quad (7-1)$$

式中，R&D 表示研发支出，以研究开发支出除以期初总资产表示，鉴于数据库无法直接获取公司现金持有水平，利用"流动资产 – 应收账款 – 存货"的期末数减去期初数除以期初总资产间接估算公司现金持有水平的变化量（ΔCash），现金持有变化量 ΔCash 的系数显著为负，说明现金持有的变动方向与研发支出的方向相反，现金持有对研发支出起到了平滑作用。Cf、Trade 和 Loan 分别为控制经营现金流、商业信用和债务融资额对研发支出的影响，经营现金流 =（利润总额 + 折旧）/总资产，商业信用 = 应付账款 – 应收账款/总资产，债务融资额 = 长期债务变动额/总资产。此外，我们还控制公司规模 Size（公司资产规模的自然对数）和成长性 Grow（销售收入增长率）对研发投入的影响。模型中，下标 i 和 t 分别代表公司和年份；α_i 和 η_t 为公司固定效应和时间效应；$\varepsilon_{i,t}$ 为残差项。

为了检验融资约束与金融发展对公司现金持有平滑研发支出的影响，我们在模型（7 – 1）的基础上加入融资约束虚拟变量、金融发展变量与现金持有变动的交叉项，构建模型（7 – 2）与模型（7 – 3）：

$$R\&D_{i,t} = \beta_1 \Delta Cash_{i,t-1} + \lambda_1 Fc + \lambda_2 Fc \times \Delta Cash_{i,t-1} + \beta_2 Cf_{i,t-1} + \beta_3 Trade_{i,t-1} + \beta_4 Loan_{i,t-1} + \beta_5 Size_{i,t-1} + \beta_6 Grow_{i,t-1} + \beta_7 R\&D_{i,t-1} + \beta_8 R\&D_{i,t-1}^2 + \alpha_i + \eta_t + \varepsilon_{i,t} \quad (7-2)$$

$$R\&D_{i,t} = \beta_1 \Delta Cash_{i,t-1} + \gamma_1 Fina + \gamma_2 Fina \times \Delta Cash_{i,t-1} + \beta_2 Cf_{i,t-1} + \beta_3 Trade_{i,t-1} +$$
$$\beta_4 Loan_{i,t-1} + \beta_5 Size_{i,t-1} + \beta_6 Grow_{i,t-1} + \beta_7 R\&D_{i,t-1} + \beta_8 R\&D^2_{i,t-1} +$$
$$\alpha_i + \eta_t + \varepsilon_{i,t} \tag{7-3}$$

模型（7-2）中 F_c 为融资约束虚拟变量，根据前文的分析，公司融资约束越强，现金持有所起的研发平滑作用越大，预期模型（7-2）中 λ_2 值显著为负。模型（7-3）中 Fina 为金融发展变量，随着金融发展水平的提高，公司现金持有平滑研发支出的作用降低，预期模型（7-3）中的 γ_2 值显著为正。

二、样本选择与数据来源

本章的财务数据取自国家统计局编制的包括所有国有企业和年销售额为500万元以上企业的中国工业企业数据库（Chinese Industrial Enterprises Database），该数据库在管理费用项目中，只详细披露了各公司2005年、2006年和2007年的研究开发支出，以2005~2007年三年的公司数据检验研究假设。金融发展数据来源于各省统计年鉴和金融年鉴。我们剔除营业收入为负，同时，为了减少极端值的影响，对所有连续变量进行了1%~99%水平的Winsorize处理。

第四节 检验结果与分析

一、变量描述性统计

表7-2是主要变量未经行业调整的描述性统计，企业平均R&D投资水平为2.24%，现金流均值为13.75%，商业信用均值为-4.2%，企业获取信贷资金的均值为0.54%，现金水平均值为5.92%。

表7-2 主要变量的描述性统计

变量	均值	中值	标准差	最大值	最小值
R&D	0.0224	0.0076	0.0370	0.2176	0.0000
Cash	0.0592	0.0244	0.2014	1.1229	-0.4238
Cf	0.1375	0.0923	0.1655	1.1105	-0.1125
Trade	-0.0422	-0.0309	0.2026	0.6537	-0.7232
Loan	0.0054	0.0000	0.0744	0.4291	-0.2704
Size	11.3610	11.2502	1.6678	15.7683	7.8240
Grow	0.2498	0.1668	0.5058	4.4979	-0.5846

表7-3 报告了经年度行业中值调整后,按照研发投入强度、融资约束程度和金融发展程度分组统计的研发支出和现金持有变动额。用研发投入除以资产和研发投入除以销售收入衡量的研发强度结果来看,研发支出和现金持有的中值和均值在高研发投入组更高;用公司规模和 SA 指数表示的融资约束分组结果来看,较低融资约束组研发支出水平更高,而现金持有变动额在融资约束组持有更多;在金融发展水平更高的组研发支出水平更高,而且现金持有变动水平相对较少。说明所在地区金融发展水平低,研发强度大,融资约束程度高公司的持有现金变动额较高,可能为研发平滑提供了稳定的资金支持。

表7-3 主要变量均值和中值检验结果

	研发支出		现金持有变动额	
	中值	均值	中值	均值
低研发强度—除以资产	-0.0060	-0.0064	-0.0188	0.0346
高研发强度—除以资产	0.0256	0.0421	0.0240	0.0851
T/Z 值	-119.84***	-97.93***	-14.28***	-14.62***
低研发强度—除以收入	-0.0054	-0.0058	-0.0134	0.0407
高研发强度—除以收入	0.0233	0.0389	0.0200	0.0781
T/Z 值	-111.21***	-87.52***	-11.81***	-10.87***
低融资约束—公司规模	0.0005	0.0157	-0.0207	0.0337
高融资约束—公司规模	-0.0004	0.0114	0.0190	0.0779
T/Z 值	6.86***	10.13***	-17.11***	-16.10***
低融资约束—SA 指数	0.0020	0.0194	-0.0244	0.0391
高融资约束—SA 指数	-0.0010	0.0083	0.0184	0.0721
T/Z 值	21.91***	26.82***	-18.10***	-11.98***
低金融发展—TFD	-0.0006	0.0117	0.0121	0.0697
高金融发展—TFD	0.0018	0.0165	-0.0068	0.0491
T/Z 值	-13.16***	-10.94***	9.82***	7.20***
低金融发展—Pr_loan	-0.0008	0.0105	0.0065	0.0651
高金融发展—Pr_loan	0.0013	0.0160	-0.0071	0.0469
T/Z 值	-12.67***	-13.02***	7.55***	6.59***

注:均值显著性差异的检验方法是 T 检验,中位数显著性差异的检验方法是 Wilcoxon 秩和检验。***、**、*分别表示显著性水平1%、5%、10%。

二、融资约束、现金持有与企业研发平滑的检验结果

考虑到前期的研发投入水平可能会对其后的研发水平产生持续影响,我们建立的回归方程加入滞后一期的研发水平,是一个动态面板模型。采用系统 GMM 来估计动态面板模型,以克服个体异质性和内生性问题。

表 7-4 是融资约束、现金持有与企业研发平滑的回归结果。模型 1 中,AR(2) T 值为 0.379,表明模型残差项不存在二阶自相关,Hansen Test 检验 p 值为 0.214,说明工具变量不存在过度识别问题,工具变量有效。现金持有变动与研发投入的系数 -0.005,在 1% 的水平上显著,表明现金持有对企业研发投入有显著的平滑作用,支持研究假设。此外,上期研发投入与本期研发投入显著负相关,商业信用、公司规模和成长性都会影响企业的研发投入水平。现金持有的研发平滑作用与企业的研发投入强度相关,研发密集型企业中,由于信息不对称更严重,从而使现金持有支持研发投入平稳持续的作用更加重要(Brown and Petersen, 2011; Lyandres and Palazzo, 2012)。我们分组检验了不同研发强度下公司现金持有平滑研发支出的效果,模型 2 和模型 5 是分别按照研发支出除以总资产和研发支出除以销售收入衡量研发密集程度的回归结果,在研发密集程度较高组中现金持有变动与研发支出都在 1% 的水平上显著负相关,而在研发密集程度较低组中系数只在 5% 与 10% 的水平上显著负相关,表明公司研发密集程度越大,更加依赖持有现金来平滑公司的研发支出。

模型 6 和模型 7 是按照公司规模和 SA 指数衡量融资约束的检验结果,从结果来看,现金持有变动与研发支出的系数都显著为负,而且融资约束与现金持有变动的交叉变量也显著为负,表明融资约束程度越严重,现金持有平滑研发投入的作用越强。

表 7-4 融资约束、现金持有与企业研发平滑的检验结果

变量	模型 1	模型 2	模型 3	模型 4	模型 5	模型 6	模型 7
	全样本	研发密集程度—研发除以资产		研发密集程度—研发除以销售收入		融资约束	
		研发密集低	研发密集高	研发密集低	研发密集高	公司规模	SA 指数
_cons	0.085 ***	0.003 ***	0.200 ***	-0.000	0.164 ***	0.084 ***	0.085 ***
	(4.742)	(2.960)	(4.398)	(-0.051)	(3.924)	(4.729)	(4.746)
ΔCash	-0.005 ***	-0.001 **	-0.009 ***	-0.001 *	-0.012 ***	-0.003 ***	-0.004 ***
	(-5.700)	(-2.441)	(-4.548)	(-1.761)	(-6.387)	(-3.978)	(-4.523)

续表

变量	模型1	模型2	模型3	模型4	模型5	模型6	模型7
	全样本	研发密集程度—研发除以资产		研发密集程度—研发除以销售收入		融资约束	
		研发密集低	研发密集高	研发密集低	研发密集高	公司规模	SA指数
融资约束						0.005	0.006
						(0.821)	(1.029)
融资约束×ΔCash						-0.002*	-0.003*
						(-1.774)	(-1.801)
Cf	-0.002	-0.000	-0.014***	-0.000	-0.009*	-0.002	-0.001
	(-0.689)	(-0.761)	(-2.961)	(-0.767)	(-1.913)	(-0.691)	(-0.685)
Trade	0.004***	0.000	0.010***	0.000	0.013***	0.004***	0.004***
	(2.636)	(0.944)	(2.858)	(1.524)	(3.621)	(2.636)	(2.637)
Loan	-0.002	-0.000	-0.004	-0.000	-0.002	-0.002	-0.002
	(-0.776)	(-0.266)	(-0.651)	(-1.309)	(-0.475)	(-0.786)	(-0.778)
Size	-0.003***	-0.000**	-0.012***	0.000	-0.009***	-0.003***	-0.003***
	(-3.809)	(-2.277)	(-5.049)	(0.782)	(-4.262)	(-3.790)	(-3.815)
Grow	0.001**	-0.000**	0.001**	0.000*	0.002***	0.001**	0.001**
	(2.404)	(-1.961)	(2.125)	(1.936)	(2.464)	(2.391)	(2.409)
R&D	-0.206***	-0.005*	-0.067*	-0.013**	-0.046	-0.206***	-0.206***
	(-10.413)	(-1.823)	(-1.819)	(-2.306)	(-1.340)	(-10.409)	(-10.412)
R&D^2	-0.284***	0.035*	-0.718***	0.091**	-0.685***	-0.284***	-0.284***
	(-2.814)	(1.956)	(-4.120)	(2.444)	(-4.234)	(-2.816)	(-2.814)
年度	控制	控制	控制	控制	控制	控制	控制
N	30256	8741	11440	8621	11568	30256	30256
AR1	-9.363***	-8.532***	-10.451***	-8.782***	-9.463***	-10.625***	-11.520***
AR2	0.379	0.267	0.206	0.248	0.342	0.402	0.393
Hansen Test	0.214	0.201	0.180	0.237	0.225	0.305	0.277

注：括号中的数字为t检验值，*、**、***分别表示显著性水平10%、5%、1%。在GMM方法中，水平方程和差分方程的工具变量滞后期分别采用的是滞后1期状态。下同。

三、产权性质、现金持有与企业研发平滑的检验结果

表7-5报告了产权性质、现金持有与公司研发平滑的检验结果。模型1中，民营公司虚拟变量与现金持有变动额交叉变量 Private × ΔCash 的系数显著为负，表明与国有公司相比，民营公司现金持有平滑研发投入的作用更强。我们进一步考虑了不同融资约束程度下，产权性质对现金平滑研发的影响，从模型2和模型4的检验结果来看，在较高融资约束子样本中，Private × ΔCash 系数显著为负，而模型3和模型5较低融资约束子样本中，Private × ΔCash 系数不显著。这表明面临融资约束更严重的民营公司，现金平滑研发的作用更强。假设7-2得到验证。

表7-5 产权性质、现金持有与研发平滑的检验结果

变量	模型1	模型2	模型3	模型4	模型5
	全样本	融资约束—公司规模		融资约束—SA指数	
		低融资约束	高融资约束	低融资约束	高融资约束
_cons	0.086***	0.086***	0.073***	0.093***	0.077***
	(4.820)	(3.155)	(2.988)	(3.587)	(3.031)
ΔCash	-0.003	-0.003	-0.001	-0.003	-0.002
	(-1.522)	(-0.878)	(-0.305)	(-1.017)	(-0.778)
Private	-0.002	-0.002	-0.002	-0.003	-0.003
	(-1.546)	(-0.812)	(-1.246)	(-0.980)	(-1.302)
Private × ΔCash	-0.003*	-0.003	-0.005**	-0.003	-0.004*
	(-1.742)	(-0.690)	(-2.269)	(-0.837)	(-1.772)
Cf	-0.001	-0.005	-0.002	-0.008**	0.002
	(-0.624)	(-1.232)	(-0.868)	(-2.238)	(0.838)
Trade	0.004***	0.006**	0.001	0.006**	0.003
	(2.641)	(2.440)	(0.717)	(2.469)	(1.438)
Loan	-0.002	-0.001	-0.002	-0.005	-0.000
	(-0.853)	(-0.209)	(-0.867)	(-1.479)	(-0.126)
Size	-0.003***	-0.004***	-0.002**	-0.006***	-0.002**
	(-3.805)	(-2.606)	(-2.144)	(-3.651)	(-1.648)
Grow	0.001**	0.001***	0.000	0.001***	0.000
	(2.344)	(2.708)	(0.539)	(2.988)	(0.242)

续表

变量	模型1	模型2	模型3	模型4	模型5
	全样本	融资约束—公司规模		融资约束—SA指数	
		低融资约束	高融资约束	低融资约束	高融资约束
R&D	-0.207***	-0.181***	-0.225***	-0.193***	-0.195***
	(-10.471)	(-5.503)	(-9.226)	(-6.457)	(-7.078)
R&D^2	-0.276***	-0.287*	-0.393***	-0.293**	-0.448***
	(-2.731)	(-1.791)	(-2.831)	(-1.975)	(-3.044)
年度	控制	控制	控制	控制	控制
N	30256	14168	16088	14563	15693
ar1	-10.291***	-10.873***	-9.370***	-8.729***	-10.388***
ar2	1.142	1.059	-1.252	0.639	-0.429
Hansen Test	0.236	0.248	0.292	0.188	0.167

四、金融发展、现金持有与研发平滑的检验结果

现金持有平滑企业研发投入的作用受融资约束程度的影响,而融资约束又与一国(或地区)金融发展水平显著相关,因此,金融发展势必影响现金持有平滑企业研发投入的作用。表7-6A和表7-6B分别基于全部金融相关比率和非国有信贷比来衡量金融发展,检验金融发展影响现金持有平滑研发支出的结果。表7-6A的模型1和模型2以及表7-6B的模型1和模型2均按照金融发展水平分组检验,结果显示:在金融发展较好的子样本中,现金持有变动的系数在5%的水平上负相关,而与之对应的金融发展较差的子样本中现金持有变动的系数在1%的水平上显著负相关,表明金融发展水平越高,现金持有平滑研发支出的效果越低。表7-6A和表7-6B中,模型3~模型6是把金融发展水平分成金融发展水平较高和较低两个子样本,进一步基于融资约束程度检验金融发展水平影响公司现金持有平滑研发支出的结果。检验结果发现,无论是用全部金融相关比率,还是用非国有信贷比衡量金融发展,融资约束与现金持有变动的交叉项Fc_Size×ΔCash、Fc_SA×ΔCash在金融发展水平较好的样本组中不显著,而在金融发展水平较差的样本组中显著为负,说明金融发展水平弱化现金持有平滑研发支出的作用在融资约束公司中更显著。

表7-6A 金融发展（TFD）、现金持有与研发投入的检验结果

变量	模型1	模型2	模型3	模型4	模型5	模型6
	金融发展—全部金融相关比率（TFD）					
	较好	较差	较好	较差	较好	较差
_cons	0.095***	0.072***	0.098***	0.071***	0.097***	0.072***
	(2.687)	(3.357)	(2.778)	(3.326)	(2.917)	(3.350)
$\Delta Cash$	-0.004**	-0.005***	-0.005**	-0.005***	-0.005***	-0.005***
	(-2.261)	(-5.066)	(-2.506)	(-3.196)	(-2.602)	(-3.815)
$Fc\_Size \times \Delta Cash$			-0.002	-0.004*		
			(-0.756)	(-1.743)		
$Fc\_SA \times \Delta Cash$					-0.002	-0.005**
					(-0.816)	(-2.303)
Cf	-0.000	-0.002	-0.000	-0.002	-0.000	-0.002
	(-0.106)	(-0.753)	(-0.102)	(-0.756)	(-0.091)	(-0.753)
Trade	0.011***	0.001	0.011***	0.001	0.011***	0.001
	(3.743)	(0.555)	(3.745)	(0.557)	(3.745)	(0.555)
Loan	-0.004	-0.001	-0.004	-0.001	-0.004	-0.001
	(-0.959)	(-0.277)	(-0.918)	(-0.296)	(-0.953)	(-0.276)
Size	-0.006***	-0.003***	-0.006***	-0.003***	-0.006***	-0.003***
	(-3.124)	(-2.882)	(-3.148)	(-2.838)	(-3.156)	(-2.870)
Grow	-0.001	0.001***	-0.001	0.001***	-0.001	0.001***
	(-1.279)	(3.717)	(-1.237)	(3.693)	(-1.247)	(3.712)
R&D	-0.230***	-0.196***	-0.230***	-0.196***	-0.230***	-0.196***
	(-7.209)	(-7.723)	(-7.212)	(-7.711)	(-7.210)	(-7.723)
$R\&D^2$	-0.128	-0.337***	-0.131	-0.339***	-0.130	-0.337***
	(-0.753)	(-2.642)	(-0.772)	(-2.658)	(-0.767)	(2.643)
年度	控制	控制	控制	控制	控制	控制
N	11008	19248	11008	19248	11008	19248
ar1	-10.8***	-11.4***	-10.6***	-11.5***	-17.4	-11.2***
ar2	-0.297	0.457	-0.129	0.528	0.190	-0.044
Hansen Test	0.482	0.304	0.227	0.510	0.310	0.108

第七章 金融发展、现金持有与企业研发平滑

表7-6B 金融发展（TFD）、现金持有与研发投入的检验结果

变量	模型1	模型2	模型3	模型4	模型5	模型6
	金融发展—非国有信贷比（Pr_loan）					
	较好	较差	较好	较差	较好	较差
_cons	0.102**	0.082***	0.098**	0.081***	0.096**	0.079***
	(2.448)	(3.081)	(2.519)	(3.038)	(2.474)	(2.989)
ΔCash	-0.004**	-0.005***	-0.004*	-0.003	-0.005**	-0.001
	(-2.393)	(-2.968)	(-1.849)	(-1.605)	(-2.439)	(-0.615)
Fc_Size×ΔCash			0.001	-0.003*		
			(0.069)	(-1.806)		
Fc_SA×ΔCash					0.003	-0.009***
					(0.893)	(-3.059)
Cf	0.005	0.004	0.005	0.005	0.005	0.004
	(1.017)	(1.254)	(1.017)	(1.308)	(1.023)	(1.274)
Trade	0.014***	0.001	0.014***	0.001	0.014***	0.001
	(4.421)	(0.419)	(4.418)	(0.418)	(4.396)	(0.467)
Loan	-0.003	0.000	-0.002	0.000	-0.003	0.001
	(-0.594)	(0.152)	(-0.590)	(0.105)	(-0.599)	(0.199)
Size	-0.005***	-0.004***	-0.005***	-0.004**	-0.005***	-0.003**
	(-2.861)	(-2.640)	(-2.861)	(-2.555)	(-2.885)	(-2.433)
Grow	-0.001	0.001***	-0.001	0.001***	-0.001	0.001***
	(-1.312)	(2.831)	(-1.306)	(2.790)	(-1.274)	(2.824)
R&D	-0.203***	-0.250***	-0.203***	-0.248***	-0.203***	-0.251***
	(-6.009)	(-6.430)	(-6.008)	(-6.387)	(-6.020)	(-6.466)
R&D^2	-0.391**	-0.556***	-0.392**	-0.566***	-0.392**	-0.564***
	(-2.173)	(-2.664)	(-2.174)	(-2.708)	(-2.178)	(-2.706)
年度	控制	控制	控制	控制	控制	控制
N	16241	14015	16241	14015	16241	14015
ar1	-10.9***	-11.2***	-10.8***	-11.3***	-17.4	-10.8***
ar2	0.515	0.080	0.518	0.216	0.171	0.509
Hansen Test	0.291	0.274	0.244	0.392	0.273	0.258

表7-7是考虑金融发展后，公司的不同产权性质对现金持有平滑研发投入的影响。在表7-7的模型2和模型4中，金融发展较差样本中Private×ΔCash的系数显著为负，而模型1和模型3金融发展较好的样本中Private×ΔCash的系数为负但不显著，表明金融发展欠发达时，民营企业更加注重持有现金来保持研发

活动的持续平稳,但是随着金融发展的不断提高,信贷资金更多地基于经济效率原则进行配置,"重国轻民"的信贷资金配置现象减弱,民营企业的融资便利条件改善,其现金持有的研发平滑效应降低,公司现金持有的研发平滑作用在不同产权性质公司中并不存在显著性差异。以上检验结果为假设7-3提供了经验证据。

表7-7 金融发展、产权性质与研发平滑

变量	模型1	模型2	模型3	模型4
	金融发展—全部金融相关比率		金融发展—非国有信贷比	
	高	低	高	低
_cons	0.100***	0.073***	0.104**	0.085***
	(2.827)	(3.392)	(2.496)	(3.187)
ΔCash	-0.003	-0.003	-0.001	-0.002
	(-1.052)	(-1.289)	(-0.208)	(-1.077)
Private	-0.003	-0.002	-0.003	-0.004*
	(-1.040)	(-1.098)	(-1.044)	(-1.688)
Private×ΔCash	-0.001	-0.004*	-0.004	-0.005*
	(-0.318)	(-1.717)	(-1.011)	(-1.831)
Cf	-0.001	-0.002	0.005	0.005
	(-0.120)	(-0.655)	(1.011)	(1.366)
Trade	0.011***	0.001	0.014***	0.001
	(3.751)	(0.564)	(4.431)	(0.351)
Loan	-0.004	-0.001	-0.003	0.000
	(-0.962)	(-0.352)	(-0.638)	(0.067)
Size	-0.006***	-0.003***	-0.005***	-0.004***
	(-3.128)	(-2.873)	(-2.862)	(-2.677)
Grow	-0.001	0.001***	-0.001	0.001***
	(-1.252)	(3.628)	(-1.303)	(2.766)
R&D	-0.232***	-0.197***	-0.205***	-0.251***
	(-7.252)	(-7.754)	(-6.064)	(-6.473)
R&D^2	-0.116	-0.332***	-0.374**	-0.536**
	(-0.683)	(-2.601)	(-2.074)	(-2.563)
年度	控制	控制	控制	控制
N	11008	19248	16241	14015
ar1	-8.360***	-7.374***	-9.259***	-8.147***
ar2	-0.163	0.584	0.292	-0.149
Hansen Test	0.207	0.259	0.192	0.274

五、进一步：金融发展影响现金持有平滑研发的作用机理检验

前文我们得出金融发展弱化公司现金持有平滑研发投入的效应，其前提假设是金融发展缓解了企业的融资约束，企业更多可供选择的融资来源对现金持有产生替代作用，现金持有的研发平滑作用逐步弱化。那么金融发展是否导致更多的资金来源形成对企业现金持有的替代呢？故此，我们在控制公司规模（Size）、成长性（Grow）、负债水平（Lev）、盈利能力（Profit）和产权性质（Private）等指标的基础上，分别检验了金融发展与现金持有、商业信用和信贷资金的关系。从表7-8的检验结果来看，模型1和模型2中金融发展程度与现金持有不显著，而与商业信用显著正相关（模型3和模型4），表明金融发展有助于企业获得商业信用，这与余明桂和潘红波（2010）的研究结论一致。模型5和模型6中金融发展水平与获得信贷资金水平正相关，表明随着金融发展，企业更容易获得外部信贷资金的支持。模型7和模型8是用商业信用加上信贷资金作为被解释变量，结果依然表明金融发展为企业获得商业信用和信贷资金提供便利。因此，金融发展弱化现金持有平滑研发投入的作用可能源于商业信用和信贷资金对现金作用的替代。

表7-8 金融发展与现金持有、商业信用和信贷资金的关系检验结果

被解释变量	模型1	模型2	模型3	模型4	模型5	模型6	模型7	模型8
	现金持有		商业信用		信贷资金		商业信用+信贷资金	
_cons	3.809*** (21.081)	3.814*** (21.190)	-0.236*** (-10.036)	-0.235*** (-10.026)	-0.005 (-0.522)	-0.005 (-0.503)	-0.183*** (-5.297)	-0.183*** (-5.290)
金融发展 (TFD)	0.016 (0.581)		0.021*** (8.708)		0.002* (1.692)		0.013*** (3.856)	
金融发展 (Pr_loan)		0.005 (1.032)		0.023*** (9.123)		0.002*** (2.609)		0.015*** (4.163)
Size	-0.336*** (-36.686)	-0.336*** (-36.692)	0.009*** (12.503)	0.009*** (12.448)	0.000 (1.699)	0.000* (1.694)	0.006*** (5.232)	0.006*** (5.208)
Grow	0.019*** (4.896)	0.019*** (4.906)	0.002 (0.768)	0.002 (0.724)	0.007*** (7.708)	0.007*** (7.669)	0.062*** (18.695)	0.062*** (18.670)
Lev	0.103*** (5.007)	0.103*** (5.018)	0.187*** (35.682)	0.188*** (35.880)	0.021*** (10.428)	0.021*** (10.457)	0.221*** (28.516)	0.221*** (28.608)
Profit	-0.143*** (-4.250)	-0.143*** (-4.257)	-0.084*** (-7.691)	-0.084*** (-7.667)	0.009** (2.216)	0.009** (2.176)	0.012 (0.715)	0.012 (0.720)

续表

被解释变量	模型1	模型2	模型3	模型4	模型5	模型6	模型7	模型8
	现金持有		商业信用		信贷资金		商业信用+信贷资金	
Private	0.015	0.015	-0.013***	-0.011***	0.001	0.001	-0.008**	-0.006*
	(0.958)	(0.967)	(-5.184)	(-4.203)	(0.660)	(0.974)	(-2.120)	(-1.667)
行业/年度	控制	控制	控制	控制	控制	控制	控制	控制
N	30257	30257	30257	30257	30257	30257	30257	30257
Adj_R^2	0.121	0.121	0.082	0.083	0.010	0.010	0.051	0.051

表7-9是金融发展、企业产权性质与银行信贷资金的检验结果①。表7-9的模型1中，Private系数在1%的水平上显著负相关，说明与国有企业相比，民营企业获得更少的信贷资金，信贷歧视问题在我国确实存在。模型2和模型3是引入金融发展变量以及金融发展与Private交叉变量的回归结果，在两个模型中，Private变量显著为负，而金融发展与Private的交叉变量显著为正，说明随着金融的发展，"重国轻民"的信贷资金配置现象减弱，降低了国有企业与民营企业的融资便利差异，这为理解金融发展降低现金持有平滑研发作用在不同产权性质企业中的差异提供了有力佐证。

表7-9 金融发展、产权性质与银行信贷的检验结果

被解释变量	模型1	模型2	模型3
	全样本	金融发展—TFD	金融发展—Pr_loan
_cons	0.304***	0.307***	0.305***
	(16.935)	(17.515)	(16.637)
Private	-0.004***	-0.003**	-0.003***
	(-3.658)	(-2.421)	(-2.979)
金融发展		-0.003**	-0.001
		(-2.279)	(-0.998)
金融发展×Private		0.003***	0.004*
		(10.311)	(1.772)
Size	-0.031***	-0.031***	-0.031***
	(-15.280)	(-16.121)	(-15.411)

---

① 回归模型被解释变量是企业获得的银行信贷资金，我们控制了公司规模（Size）、成长性（Grow）、资产负债率（Lev）、盈利能力（Profit）和资产结构（AM）对企业借款的影响。

续表

被解释变量	模型1	模型2	模型3
	全样本	金融发展—TFD	金融发展—Pr_loan
Grow	0.002***	0.002***	0.002***
	(5.053)	(5.015)	(4.928)
Lev	0.101***	0.101***	0.102***
	(9.538)	(9.499)	(9.497)
Profit	-0.012***	-0.012***	-0.012***
	(-4.886)	(-4.946)	(-4.928)
AM	0.005	0.005	0.005
	(0.829)	(0.825)	(0.835)
行业/年度	控制	控制	控制
N	30257	30257	30257
Adj_R²	0.032	0.031	0.031

六、稳健性检验

为保证研究结果的稳定性，本章还进行了以下三个方面的稳健性检验：

（1）尽管构造了两个衡量金融发展的指标，为避免由于金融发展的衡量导致研究结论出现偏差，我们也利用樊纲等（2011）编制的各地区金融市场化指数来度量金融发展程度，研究结论并无实质性改变。

（2）现金持有平滑研发投入要求企业具有一定的现金储备能力，当企业不具有储备现金的财务能力时，也就失去了现金持有平滑研发的基础。为了消除不具备储备现金能力的样本可能造成的偏差，我们剔除经营活动现金流为负的企业进行稳定性检验，研究结论仍然成立。

（3）不同行业研发投入程度可能存在较大差异，其现金持有所起的研发平滑作用的程度也就不同。根据 2008 年科技部、财政部、国家税务总局联合制定的《国家重点支持的高新技术领域》，高新技术行业主要包括信息技术和机器设备仪表、电子和医药生物制品等行业，其研发密集程度高。我们分高新技术行业与非高新技术行业检验发现，在越依赖研发创新的高新技术行业，现金持有平滑研发投入的效果越显著。

第五节 研究结论与启示

现金作为公司流动性最强的主要资产，其持有动因与经济后果是学术界与实务界关注的重点话题。学者们在研究现金持有水平影响因素的基础上，从信息不对称与代理问题两个视角关注公司现金持有的价值，发展到基于产业组织理论考察公司现金持有的竞争效应。现金持有的竞争效应需要通过一定的渠道或途径来实现，但现有文献还缺乏公司现金持有竞争效应具体实现途径或渠道的研究。"竞争与研发"一直是经济学家关注的话题，研发活动在公司获取竞争优势的过程中起着举足轻重的作用，本章以中国工业企业数据为样本，基于研发平滑的视角，结合金融发展与公司的政府控制性质检验现金持有的经济后果，结果表明：公司持有现金具有平滑研发投入的作用，从而保障研发活动的可持续性；融资约束越严重的公司，现金持有的平滑研发投入效果更明显。与政府控制企业相比，现金平滑研发的效果在民营企业更显著。金融发展弱化了现金平滑研发投入的效果，并且在融资约束严重的公司中更显著。随着金融发展水平的提高，现金持有平滑研发的效应在国有与非国有企业中的差异降低。本章的研究从研发平滑作用的视角为现金持有战略效应实现的具体渠道提供了经验证据，为金融发展与经济增长的关系提供了新的微观层面的证据，也丰富了我国"重国轻民"的信贷资金配置格局的经济后果的相关研究。

本章的政策启示在于：在我国大力提倡自主创新，鼓励企业研发投入的背景下，公司应结合融资约束程度和成长性特征，合理确定现金持有决策，为有效保证研发支出的平稳持续提供稳定的资金保障，以增强其在产品市场上的竞争优势；现金持有的研发平滑作用有限，金融发展为企业提供了广阔的融资平台，使得公司融资变得更加便利，在缓解企业融资约束的同时，有效降低了信息不对称与代理问题，提高了资金配置效率，进而为企业的研发支出提供了有效的资金支持，替代了现金持有的研发平滑作用。政府应不断推进我国金融体制改革的深化与金融体系的完善，促进金融市场的持续发展，为微观企业的自主创新提供稳定的融资环境。

第八章 产品市场竞争与公司现金持有创新平滑效应

第一节 引言

经济增长理论认为知识积累和技术进步是一个国家经济增长的内在推动力，是影响经济增长的关键因素（Romer，1990）。资源丰沛的国家，靠要素驱动只能使其经济在短期内获得快速发展，难以获得持续繁荣（Potor，1990）。近年来，为突破经济结构不合理和粗放型经济增长方式等国民经济重大"瓶颈"，我国 R&D 经费投入规模和投入强度持续保持高速增长。2012 年我国 R&D 经费投入达到 10298 亿元，首次突破万亿大关。2013 年我国 R&D 经费投入强度达到 2.08%，首次突破 2%；且企业专利申请量达到 17.6 万件，是 2000 年的 21 倍。2000～2013 年，R&D 经费投入平均增长速度达到 21.97%。即使在 2008～2011 年，我国 R&D 经费投入平均增速也达到了 23.5%。而同一时期，受国际金融危机的影响，主要发达国家 R&D 经费投入则呈现减缓态势，美国、英国、法国和德国的平均增速分别为 2.1%、3.9%、4.1% 和 4.5%。鞠晓生等（2013）研究发现，与固定资产投资相比，我国企业研发投资的增长更持续平稳，尤其是大中型企业的研发投资，似乎不受金融危机和经济周期的影响。由于创新活动具有长期性、风险性、异质性和不确定性等特殊属性，一旦研发过程中断或停止会给企业带来巨大的调整成本。因此，创新活动需要持续充足的资金作为支持，以保证创新活动的持续平稳（Himmelberg and Petersen，1994；Hall，2002）。然而，我国金融市场发展水平滞后、企业融资渠道较少、普遍面临融资约束，且面临国际金融危机的冲击和转轨时期宏观经济的频繁波动，企业是如何维持创新投资持续平稳增长的呢？

很多学者发现现金对解决现金流不确定性风险和缓解融资约束等问题具有重要作用，企业持有较多的现金有助于缓解外部融资压力和内部现金流不确定风险等不利影响，从而有助于企业捕捉良好的投资机会，避免投资不足，进而提高企业价值（Mikkelson and Partch，2003；Almeida et al.，2004；Acharya et al.，2007；Han and Qiu，2007）。Schroth 和 Szalay（2010）研究发现，企业持有较充裕的现金更容易在专利竞赛中获胜，从而获得竞争优势。Lyandres 和 Palazzo（2012）研究发现，现金持有在企业的创新发展与实现中起着重要的战略作用。Brown 和 Petersen（2011）研究发现，当面临融资约束或财务危机时，企业会通过减少所持有的现金释放流动性来缓解外部冲击对创新投入的影响，从而保持创新投入的持续平稳，他们首次发现了现金持有平滑企业创新投资的作用。鞠晓生等（2013）研究发现，当企业面临融资约束时，企业会通过减少营运资本来平滑创新投资。

但以往研究均是从企业融资约束视角来研究现金持有对企业创新投资的平滑作用，极少从企业所处的行业特征和创新激励视角展开探索。企业持续稳定的创新投入是其在激烈的产品市场竞争中获得优势地位的重要途径，而创新活动本身需要充足的资金作为支持。但企业能否有效地利用现金来支持创新活动，从而发挥现金持有的竞争优势，不仅与其融资环境有关，还与其外部竞争环境密切相关。产业组织理论的结构—行为—绩效（SCP 范式）更是将竞争与研发这一经济学家关注的经典话题推向高潮。产业组织理论指出激烈的竞争会加剧环境不确定性以及被淘汰的风险，为降低成本获得超额收益，会激励企业进行创新（Arrow，1962）。而激烈竞争引起的经营状况不确定会导致经营现金流频繁波动，为防止被掠夺的风险，企业会增持现金来为技术革新提供稳定的资金支持（韩忠雪和周婷婷，2011）。那么不同的产品市场竞争环境下，现金持有的创新平滑作用是否存在显著差异呢？且激烈的竞争环境下，企业现金持有创新平滑效应还与其所面临的融资约束程度密切相关。由于我国处于转轨时期，具体到我国特殊的产权背景，银行信贷资源配置存在严重的"国民差异"（Brandt and Li，2003；方军雄，2007），民营企业面临严重的信贷歧视。另外，国有企业存在所有者缺位，与民营企业相比，面临更严重的委托—代理问题，国有企业经理人往往没有激励进行创新投资和削减成本，存在更严重的创新效率损失（吴延兵，2012）。因此，现金持有的创新平滑作用在国有企业和民营企业之间势必存在差异。而学者们普遍认为，产品市场竞争作为一个有效的治理机制、缓解代理问题，可以增强经理人的创新激励和现金利用效率，尤其对国有企业的影响更显著（Arrow，1962；Schmidt，1997；Grullon and Michaely，2006；胡一帆等，2005；谭云清和朱荣林，2007）。那么，激烈的产品市场竞争环境是否可以缩小国有企业和民营企业之间

第八章 产品市场竞争与公司现金持有创新平滑效应

的这种差异呢?

鉴于此,本章结合企业所处的产品市场竞争环境和我国特殊的制度背景,对现金持有的创新平滑作用进行了探究。研究发现:现金持有具有平滑企业创新投资的作用,且产品市场竞争越激烈,现金持有的创新平滑效应越显著;激烈的产品市场竞争环境下,现金持有的创新平滑效应在融资约束企业中更显著;由于国有企业的经理人缺乏创新激励,且面临的融资约束较轻,使得现金持有的创新平滑效应在国有企业与民营企业之间存在显著差异;产品市场竞争作为一种有效的外部治理机制,可以提高企业的创新激励和现金利用效率,从而缩小"国民"之间的这种差异。本章贡献在于:第一,现金持有动因及其经济后果一直是学术界和实务界关注的热点话题。近年来,一些学者基于掠夺理论发现公司持有现金有助于应对来自产品市场竞争的风险暴露,可以对竞争对手产生威慑作用,从而在激烈的竞争中获得优势地位,即现金持有具有竞争效应。但现金持有如何实现其竞争效应却鲜有研究,而创新是企业获得竞争优势的重要途径,且需要持续稳定的资金支持,本章研究为现金持有竞争效应的实现途径提供了经验证据,丰富了现金持有经济后果的研究。第二,对创新的研究,以往学者多数从创新影响因素和效率视角进行研究,对如何保持创新投资持续平稳的实证研究相对较少,本章为理解转轨经济背景下企业如何保持创新投资持续增长提供了新的经验证据。第三,以往的研究往往从企业的融资约束视角对现金持有与创新投入的关系进行研究,而较少考虑企业的创新激励动机。本章结合企业所处的产品市场竞争环境,从创新激励视角出发,为现金持有与创新投入的相关研究提供了一个新的视角。第四,本章研究发现,产品市场竞争可缩小现金持有创新平滑效应在"国民"之间的差距,为产品市场竞争的治理机制和优化资源配置的作用提供了支持;也为政府放松行业管制、降低资源占有以充分引入竞争来优化资源配置和提升创新水平提供了政策启示。

第二节 文献回顾、理论分析与研究假设

与实物投资相比,企业的创新活动往往时间较长,且具有更高的风险性和收益的不确定性,需要持续大量的资金作为支持。而研发投资最重要的特征之一就是具有巨大的调整成本(Himmerberg and Peterson,1994)。通常研发投资的很大一部分费用用于雇用和支付研发人员工资,并花费大量的培训费用。一旦研发项目中途停止,再次启动将重新雇用相关科研人员,会花费很高的雇用费用以及相

关人员的培训费用。另外,参与 R&D 项目的研究人员由于掌握重要的科研信息,一旦项目终止,研究人员被竞争对手雇用将会给企业带来更大的损失。因此,为避免巨大的调整成本,企业通常具有平滑创新投资的动机。企业所需的资金源于两种途径:外源融资和内源融资。在完美的资本市场条件下,企业在需要资金时很容易从资本市场获得,从而可以保证创新投资的持续平稳。但现实的资本市场是不完美的,信息不对称、合约摩擦以及市场择机的存在,使得企业在需要资金时面临外部融资困难。而企业的内部现金流与其经营状况紧密相连,具有很强的不确定性。那么,企业如何保持创新投入的持续平稳呢?

很多学者发现,现金对解决现金流不确定性风险和缓解融资约束等问题具有重要作用,企业持有较多的现金有助于缓解外部融资压力和内部现金流不确定风险等不利影响,从而有助于企业捕捉良好的投资机会,避免投资不足,进而提高企业价值(Mikkelson and Partch,2003;Almeida et al.,2004;Acharya et al.,2007;Han and Qiu,2007)。Schroth 和 Szalay(2010)研究发现,企业持有较充裕的现金更容易在专利竞赛中获胜,从而获得竞争优势地位。Lyandres 和 Palazzo(2012)研究发现,现金持有在企业的创新发展与实现中起着重要的战略作用。当企业遇到不可预测的财务冲击时,企业会面临资金短缺而缩减投资。由于创新投资的调整成本高于其他投资调整成本,使得企业会降低现金持有水平以维持企业创新投资的稳定。Brown 和 Petersen(2011)利用美国 1970~2006 年制造业企业数据,运用动态回归模型研究发现,现金持有可以缓解企业外部融资压力对研发的影响,他们首次发现了现金持有具有平滑研发投资的作用。借鉴他们的研究,鞠晓生等(2013)利用我国 1998~2008 年工业企业年度数据研究发现,由于创新投资的调整成本大于固定资产投资的调整成本,当企业面临融资约束时,企业会通过减少营运资本来平滑创新投资。黄振雷和吴淑娥(2014)使用 1998~2012 年我国生物医药上市公司数据研究了现金持有平滑企业研发投资的作用机理,发现在金融危机期间,中国企业研发投资仍能保持增长的原因在于现金持有对冲了财务危机。杨兴全和曾义(2014)使用 2004~2007 年中国工业企业数据,基于融资约束和金融市场发展水平视角,研究发现企业面临的融资约束越严重,现金持有平滑研发投资的作用越强,而金融发展弱化了现金持有的研发平滑作用。

对创新的研究最早起源于熊彼特,熊彼特关于创新的一个重要假说是有关市场力量的。Arrow(1962)认为企业所处的产品市场竞争环境越激烈,企业经营环境面临的不确定性越大,被淘汰的风险越高,企业就会更注重创新来提升自己的竞争力;相反,垄断可能会削弱企业的创新激励。Portor(1990)、Schmidt(1997)与 Grullon 和 Michaely(2006)等研究发现较弱的竞争环境会促使经理人偷懒，进而降低企业研发投资程度；相反，激烈的竞争可以减少其偷懒行为，为获得超额利润，经理人会增加企业的研发投资程度。在激烈的产品市场竞争环境下，为避免被淘汰出局，企业需要技术革新来实现产品差异化和缩减成本。在企业会有更强的激励进行创新投资。但激烈的产品市场竞争环境会增加企业的经营不确定性，从而导致经营现金流频繁波动，一旦资金短缺导致创新活动中断，企业不仅面临被竞争对手掠夺市场份额的风险，还会面临被迫退市的风险。因此，在激烈的产品市场竞争环境下，企业通常持有更多的现金（韩忠雪和周婷婷，2011），以便为技术革新等创新活动提供资金支持，从而保证创新投资的持续平稳，进而获得竞争优势。基于以上分析，我们提出如下假设：

假设 8-1：现金持有具有创新平滑效应，且企业面临的产品市场竞争环境越激烈，现金持有的创新平滑效应越显著。

融资约束是影响企业持续稳定进行创新投资的关键因素，由于我国处于经济转型时期，资本市场发展水平较低，股票市场和债券市场发展畸形缺乏效率，银行信贷资源的配置也存在严重的信贷歧视，导致我国企业普遍面临融资约束问题，不同企业面临的融资约束程度差异也较大。对于非融资约束企业，在需要资金时较容易从外部获得。但对于面临严重融资约束的企业，从外部获取资金较困难且需要支付更高的溢价，往往持有更多的现金，来缓解企业现金流不确定性风险和投资不足等问题（Opler，1999；Mikkelson and Partch，2003；Almeida et al.，2004；Acharya et al.，2007）。在激烈的产品市场竞争环境下，当企业面临严重的融资约束时，从外界获得资金更加困难，使其面临的不确定性风险会更强。而创新需要充足的资金支持，一旦创新活动中断，在激烈的竞争环境中企业不仅会面临被掠夺市场份额的风险甚至可能被迫退市。为避免被掠夺和被淘汰的风险，企业面临的产品市场越激烈且面临的融资约束越严重，往往会持有更多的现金来应对可能出现的市场变化（韩忠雪和周婷婷，2011）。因此，在激烈的产品市场竞争环境下，企业面临的融资约束越严重，使用现金来平滑创新投资的动机会越强。基于以上分析，我们提出如下假设：

假设 8-2：激烈的产品市场竞争环境下，现金持有的创新平滑效应在融资约束企业中更显著。

由于国有企业存在所有者缺位，与民营企业相比，存在更严重的委托—代理问题，虽然创新可以提升企业的竞争力，但创新的长期性和不确定性使得国有企业经理人的创新收益权和创新控制权相分离，国有企业经理人往往没有激励进行创新投资和削减成本，导致国有企业存在更严重创新效率损失（吴延兵，2012）。另外，我国的金融体系仍然是以国有四大银行为主导，政府对金融体系依然保持很强的控制，通常会把信贷资源优先分配给国有企业使用，民营企业面临信贷歧视（Brandt and Li，2003；方军雄，2007）。相比国有企业，民营企业存在更严重的融资约束。根据 Jensen 的自由现金流假说，国有企业经理人持有大量现金可能更多出于为自己攫取利益的目的，而非为了支持企业的创新投入和提高企业的经营效率。因此，现金持有的创新平滑效应在国有企业和民营企业之间势必存在显著差异。而学者们普遍认为，产品市场是一种有效的外部治理机制，甚至比控制权市场和机构监管更有效（Schmidt，1997；Grullon and Michaely，2006）。激烈的产品市场竞争环境可以约束和激励管理层行为、提高企业信息披露质量、增加经理人被替换的概率和企业破产清算的风险，从而降低经理人的偷懒行为，有效抑制代理问题，进而促使经理人更高效地经营企业（Arrow，1962；Schmidt，1997；Grullon and Michaely，2006）。此外，来自产品市场竞争的压力也会迫使企业经理人有动力进行创新投入和削减成本，促使经理人把持有的多余资金返还给投资者，抑制管理者持有大量现金来攫取私人利益的目的。我国学者基于我国特殊的产权背景，研究发现产品市场竞争对不同性质企业之间的影响存在显著差异。胡一帆等（2005）研究发现，市场竞争可以提高企业绩效，且对国有企业的促进作用远高于民营企业。谭云清和朱荣林（2007）研究发现，产品市场竞争可以有效降低企业代理成本问题，尤其是对国有企业效果更加显著。那么激烈的产品市场竞争，是否可以通过提高国有企业经理人的创新激励和现金利用效率，从而缩小现金持有创新平滑效应在"国民"之间的差异呢？基于以上分析，我们提出如下假设：

假设 8-3：现金持有创新平滑效应在国有企业和民营企业之间存在显著差异；且激烈的产品市场竞争可以缩小现金持有创新平滑效应在"国民"之间的差异。

第三节 研究设计与数据来源

一、模型构建与变量设计

Brown 和 Petersen（2011）运用现金持有变化量与研发投资的相关系数关系，来检验现金持有是否具有平滑企业研发投资的作用，当现金持有变化量与研发投资的关系显著为负时，表明企业通过减少现金持有来维持企业研发投资的稳定，即现金持有具有平滑企业研发投资的作用；反之，不存在。国内学者鞠晓生等（2013）参照此方法，研究了营运资本对创新投资的平滑作用。由于创新当期投资和前一期密切相关,故模型中我们加入其滞后一期。借鉴 Brown 和 Petersen (2011)、鞠晓生等 (2013) 的研究方法,我们构建如下动态模型,以检验现金持有对企业创新投资的平滑效应:

$$Innov_{i,t} = \beta_0 + \beta_1 Innov_{i,t-1} + \beta_2 Innov_{i,t-1}^2 + \beta_3 \Delta Cash_{i,t} + \beta_4 PMC_{i,t} +$$

$$\beta_5 PMC_{i,t} \times \Delta Cash_{i,t} + \beta_6 Q_{it} + \sum_{k=0}^{1} \beta_{7+k} CF_{it-k} + \sum_{k=0}^{1} \beta_{9+k} Debt_{it-k} +$$

$$\sum_{k=0}^{1} \beta_{11+k} Stkissue_{it-k} + \sum_{k=0}^{1} \beta_{13+k} Size_{it-k} + \varepsilon_{it} \qquad (8-1)$$

(1) 被解释变量:创新投资水平 (Innov)。借鉴鞠晓生等 (2013) 的研究,使用无形资产的增量来反映公司的创新投入。创新投资水平等于期末无形资产减去期初无形资产除以期初总资产。①

(2) 解释变量:现金持有变化量 (ΔCash)。参照以往研究,我们使用货币资金和交易性金融资产之和来定义公司现金持有水平。现金持有变化量等于期末现金持有水平减去期初现金持有水平除以期初总资产。根据假设 8 - 1,ΔCash 的回归系数 β_3 应该显著为负。

(3) 产品市场竞争 (PMC):为了检验产品市场竞争对现金持有创新平滑效应的影响,模型中加入了产品市场竞争与现金持有变化量的交叉项 PMC × ΔCash。考虑到产品市场竞争的"内外"差异,我们借鉴 Haushalter 等 (2007)、吴昊旻等 (2012) 的研究,使用赫芬达尔指数和熵指数来度量行业间的竞争激烈程度,使用价格—成本边际和自然边界来衡量行业内企业间的竞争激烈程度,计算方法如下:

赫芬达尔指数 (HHI):该指数反映了公司所处行业的市场集中度,等于公司在行业中所占市场份额的平方和,即 HHI = $\sum (X_{ij}/\sum X_{ij})^2$。其中,$X_{ij}$ 为行业 i 中公司 j 的销售收入,$\sum X_{ij}$ 为行业 i 所有企业的销售收入之和。HHI 越大,表明市场集中度越高,垄断性越强,产品市场竞争程度越低。

熵指数 (EI):EI = $\sum_{j=1}^{n} S_j \log(\frac{1}{S_j})$,其中,$S_j$ 表示 j 公司所占的行业市场份额,n 为 i 行业内的公司数。和 HHI 不同之处在于 EI 为公司市场份额赋予了一个权重 $\log(1/S_j)$。EI 越大,市场集中度越小,竞争越激烈。

价格—成本边际 (PCM):PCM = 营业利润/销售收入,该指标反映了行业内企业的市场势力或者定价能力,也可以反映企业产品的异质性。PCM 越小,企

---

① 选择无形资产增量来表示创新活动投入的原因:首先,企业创新活动的成果往往以无形资产的形式存在;其次,以往使用研发支出做创新活动的衡量指标,但 Smith (2005) 指出研发支出仅仅是创新活动的一小部分,新技术引进等创新投入均不能反映在研发支出中,无形资产比研发支出包含了更多的创新投入信息。

业的获利能力越差，市场势力越弱，面临的竞争越激烈。

自然边界（NH）：反映行业内企业间的核心技术差距或者经营相似程度，企业间的核心技术差距越小、经营相似程度越接近，企业面临的市场竞争越激烈。K/L＝企业固定资产/员工人数，用来衡量企业的核心技术水平，median（K/L）代表所处行业的核心技术水平，其差额反映了企业与行业核心技术的差距。分母是对分子取全距 range（即最大值减去最小值）。NH 越小，产品市场竞争越激烈。

$$NH_{f,i,y} = \frac{\mid (K/L)_{f,i,y} - median_{i,y,-f}(K/L) \mid}{range\{\mid (K/L)_{f,i,y} - median_{i,y,-f}(K/L) \mid \forall f \in i,\ y\}} \in [0,\ 1]$$

由于 HHI、PCM、NH 是反指标，越小表示产品市场竞争越激烈。为了便于理解，我们对其取负数，即越大表示产品市场竞争越激烈。根据假设 8-1，交叉项 PMC×ΔCash 的回归系数 β_5 应该显著为负，即产品市场竞争越激烈，企业使用现金来维持创新投资持续平稳的动机越强，现金持有的创新平滑效应越显著。

（4）其他控制变量：现金流量（CF）等于经营活动现金流净额除以总资产；债务融资（Debt）等于当年短期借款加上长期借款除以总资产；权益融资（Stkissue）等于当年股权融资收到的现金除以总资产；企业规模（Size）等于总资产的自然对数；使用托宾 Q 来控制企业投资机会。

（5）融资约束（FC）：Hadlock 和 Pierce（2010）将企业融资约束程度划分为五个等级，根据每个企业财务状况定性地判断企业的融资约束级数，并使用企业规模和年龄运用 Ordered Probit 模型估计出了 SA 指数，其计算公式如下：SA＝ $-0.737 \times Size + 0.043 \times Size^2 - 0.04 \times Age$。后续研究通常直接使用此公式，SA 指数越小，融资约束越严重（鞠晓生等，2013）。

（6）产权性质（Own）：根据企业实际控制人性质，民营企业取 1，国有企业为 0。

二、样本选择与数据来源

本章使用沪深两市 A 股上市公司 2007～2013 年度数据作为样本来源，剔除金融保险类企业、ST 公司、PT 公司以及数据缺失的样本，共得到 9362 个样本。数据来源于 CSMAR 数据库，行业的划分标准参照证监会 2001 年发布的《上市公司行业分类指引》。为了消除极端值的影响，我们对所有的连续变量进行了 1% 水平上的 Winsorize 尾值处理。本章运用 Stata12.0 对模型进行相关检验。

第八章 产品市场竞争与公司现金持有创新平滑效应

第四节 实证检验结果与分析

一、变量描述性统计

表8-1是主要变量的描述性统计,Innov均值为0.8%表明我国企业创新投入水平较低,但Innov的标准差只有0.026,在所有变量中是最小的,这从一个侧面反映出企业的创新投入相对稳定,存在平滑创新活动投入的动机。现金持有水平中位数14.7%,可以看出我国企业现金持有水平较高。而现金持有变动额(ΔCash)最小值为-0.257,最大值为2.188,可见现金持有变动额的波动较大,企业存在依靠现金持有来平滑企业创新投资的可能。而产品市场竞争最大值和最小值差距较大,表明不同的企业面临的产品市场竞争激烈程度差距较大。股权融资均值5.4%远低于债务融资16.8%,这与我国以债务融资为主的金融发展环境相符。

表8-1 主要变量描述性统计

变量	均值	中位数	标准差	最小值	最大值
Innov	0.008	0.000	0.026	-0.042	0.162
ΔCash	0.086	0.005	0.355	-0.257	2.188
Cash	0.198	0.147	0.165	0.004	0.754
CF	0.042	0.042	0.080	-0.205	0.269
Debt	0.168	0.140	0.155	0.000	0.652
Stkissue	0.054	0.000	0.148	0.000	0.685
Q	1.860	1.492	1.184	0.334	7.898
HHI	0.076	0.048	0.08	0.021	0.504
EI	3.677	3.895	0.776	1.484	4.636
PCM	0.173	0.142	0.188	-0.475	1.145
NH	0.093	0.032	0.172	0.000	1.000

二、产品市场竞争与现金持有创新平滑效应的检验结果

表8-2报告了产品市场竞争、现金持有变化量与创新投资的回归结果。模

型 1 中，现金持有变化量系数 β_3 在 1% 水平上显著为负，表明现金持有具有平滑企业创新投入的作用。为了验证产品市场竞争对现金持有创新平滑效应的影响，我们设置了现金持有变化量与产品市场竞争激烈程度的交叉项 PMC×ΔCash。模型 2～模型 5 分别使用 HHI、EI、PCM、NH 作为产品市场竞争激烈程度的衡量指标，结果显示，HHI×ΔCash、EI×ΔCash 的系数均在 1% 水平上显著为负，PCM×ΔCash、NH×ΔCash 的系数分别在 10% 和 5% 的水平上显著为负。这表明不管是行业间竞争还是行业内企业间竞争，企业面临的产品市场竞争环境越激烈，现金持有的创新平滑效应越显著。支持了假设 8-1。

表 8-2 产品市场竞争与现金持有创新平滑效应

变量	模型 1	模型 2	模型 3	模型 4	模型 5
$Innov_{t-1}$	0.119***	0.133***	0.133***	0.130***	0.130***
	(6.09)	(6.91)	(6.87)	(6.75)	(6.70)
$Innov_{t-1}^2$	-0.060	-0.122	-0.106	-0.076	-0.071
	(-0.38)	(-0.77)	(-0.67)	(-0.48)	(-0.45)
ΔCash	-0.014***	-0.021***	0.007	-0.019***	-0.018***
	(-7.20)	(-8.59)	(1.09)	(-7.08)	(-8.21)
HHI		-0.012***			
		(-3.57)			
HHI×ΔCash		-0.056***			
		(-3.55)			
EI			-0.000		
			(-1.28)		
EI×ΔCash			-0.006***		
			(-3.92)		
PCM				-0.000	
				(-0.28)	
PCM×ΔCash				-0.012*	
				(-1.77)	
NH					0.004***
					(2.96)
NH×ΔCash					-0.023**
					(-2.29)
Q	0.000	0.000	0.000	0.000	0.000
	(0.33)	(0.75)	(0.94)	(0.93)	(0.94)

续表

变量	模型1	模型2	模型3	模型4	模型5
CF	0.018***	0.022***	0.022***	0.023***	0.023***
	(4.92)	(6.00)	(6.08)	(6.12)	(6.22)
CF_{t-1}	0.002	0.005	0.005	0.005	0.006
	(0.53)	(1.36)	(1.39)	(1.41)	(1.63)
Debt	0.022***	0.023***	0.023***	0.023***	0.024***
	(6.23)	(6.63)	(6.63)	(6.71)	(6.87)
$Debt_{t-1}$	-0.024***	-0.024***	-0.025***	-0.025***	-0.024***
	(-6.95)	(-7.20)	(-7.29)	(-7.38)	(-7.22)
Stkissue	0.028***	0.031***	0.032***	0.033***	0.033***
	(6.10)	(6.99)	(7.23)	(7.22)	(7.27)
$Stkissue_{t-1}$	0.005***	0.006***	0.006***	0.006***	0.006***
	(3.19)	(3.75)	(3.73)	(3.75)	(3.83)
Size	0.015***	0.015***	0.015***	0.015***	0.015***
	(16.51)	(16.23)	(16.35)	(16.26)	(16.40)
$Size_{t-1}$	-0.015***	-0.015***	-0.015***	-0.015***	-0.015***
	(-16.40)	(-16.11)	(-16.19)	(-16.13)	(-16.15)
_cons	-0.001	-0.001	0.001	-0.001	-0.002
	(-0.17)	(-0.14)	(0.09)	(-0.27)	(-0.47)
控制	行业年度	年度	年度	年度	年度
N	9362	9362	9362	9362	9362
Adj. R^2	0.080	0.076	0.075	0.073	0.074
F	23.495	43.594	42.873	41.975	42.517

注：*、** 和 *** 分别表示10%、5%和1%的显著性水平。下同。

三、融资约束、产品市场竞争与现金持有创新平滑效应的检验结果

为了检验在不同融资约束环境下，产品市场竞争对现金持有创新平滑效应的影响，我们把样本分为融资约束较高组和融资约束较低组进行分组检验。当SA指数值小于年度行业中位数时为融资约束较高组，反之为较低组。回归结果如表8-3所示，结果显示，在融资约束较高组，产品市场竞争与现金持有变化量的交叉项HHI×ΔCash、EI×ΔCash 均在1%水平上显著为负，PCM×ΔCash、NH×ΔCash 分别在5%和1%水平上显著为负；而在融资约束较低组，交叉项均不显著。结果表明：不管是行业间竞争还是行业内竞争，企业面临的融资约束环境越

严重,面临的产品市场竞争越激烈,越依赖所持有的现金来平滑创新投资,现金持有的创新平滑效应越显著。支持了假设8-2。

表8-3 融资约束、产品市场竞争与现金持有创新平滑效应

变量	模型1 融资约束 高	模型2 融资约束 低	模型3 融资约束 高	模型4 融资约束 低	模型5 融资约束 高	模型6 融资约束 低	模型7 融资约束 高	模型8 融资约束 低
$Innov_{t-1}$	0.121*** (4.44)	0.129*** (4.74)	0.120*** (4.39)	0.131*** (4.79)	0.121*** (4.43)	0.126*** (4.61)	0.123*** (4.46)	0.124*** (4.53)
$Innov_{t-1}^2$	−0.418* (−1.82)	0.252 (1.15)	−0.414* (−1.80)	0.268 (1.22)	−0.409* (−1.78)	0.328 (1.50)	−0.417* (−1.81)	0.333 (1.52)
ΔCash	−0.029*** (−9.17)	−0.008** (−2.05)	0.004 (0.59)	0.012 (1.11)	−0.028*** (−8.00)	−0.004 (−0.75)	−0.026*** (−8.93)	−0.006* (−1.78)
HHI	−0.003 (−0.65)	−0.018*** (−4.08)						
HHI × ΔCash	−0.067*** (−3.53)	−0.046 (−1.44)						
EI			0.000 (0.50)	−0.001** (−2.28)				
EI × ΔCash			−0.008*** (−3.90)	−0.005 (−1.62)				
PCM					0.000 (0.04)	−0.000 (−0.14)		
PCM × ΔCash					−0.016** (−2.16)	0.005 (0.31)		
NH							0.002 (0.80)	0.005*** (2.90)
NH × ΔCash							−0.034*** (−2.71)	−0.011 (−0.58)
Q	0.000 (0.19)	−0.000 (−0.99)	0.001*** (3.02)	−0.000 (−0.84)	0.001*** (3.09)	−0.000 (−0.93)	0.001*** (3.24)	−0.000 (−0.92)
CF	0.018*** (4.85)	0.026*** (5.06)	0.013** (2.44)	0.026*** (5.15)	0.013** (2.47)	0.027*** (5.18)	0.013** (2.46)	0.026*** (5.14)

续表

变量	模型1	模型2	模型3	模型4	模型5	模型6	模型7	模型8
	融资约束		融资约束		融资约束		融资约束	
	高	低	高	低	高	低	高	低
CF_{t-1}	0.002	0.000	0.009*	0.000	0.009*	-0.000	0.010**	0.000
	(0.56)	(0.00)	(1.85)	(0.02)	(1.92)	(-0.03)	(2.03)	(0.09)
Debt	0.022***	0.021***	0.022***	0.021***	0.022***	0.022***	0.022***	0.022***
	(6.20)	(4.23)	(4.57)	(4.26)	(4.56)	(4.33)	(4.61)	(4.39)
$Debt_{t-1}$	-0.024***	-0.024***	-0.020***	-0.024***	-0.021***	-0.025***	-0.021***	-0.024***
	(-6.96)	(-4.95)	(-4.20)	(-4.95)	(-4.32)	(-5.07)	(-4.36)	(-5.08)
Stkissue	0.028***	0.029***	0.025***	0.030***	0.026***	0.031***	0.026***	0.031***
	(6.14)	(4.61)	(3.89)	(4.79)	(4.05)	(4.84)	(4.01)	(4.90)
$Stkissue_{t-1}$	0.005***	0.002	0.013***	0.002	0.013***	0.002	0.013***	0.002
	(3.20)	(0.87)	(4.67)	(0.83)	(4.62)	(0.89)	(4.67)	(0.90)
Size	0.015***	0.022***	0.010***	0.022***	0.010***	0.022***	0.010***	0.022***
	(15.00)	(12.76)	(9.10)	(12.93)	(9.13)	(12.88)	(9.12)	(13.04)
$Size_{t-1}$	-0.015***	-0.023***	-0.010***	-0.023***	-0.010***	-0.024***	-0.010***	-0.024***
	(-16.05)	(-13.50)	(-9.64)	(-13.64)	(-9.61)	(-13.64)	(-9.55)	(-13.73)
_cons	0.010	0.030**	0.003	0.028**	0.007	0.029**	0.000	0.029**
	(1.25)	(2.21)	(0.38)	(1.98)	(0.81)	(2.11)	(0.05)	(2.12)
控制	年度	年度	年度	年度	年度	年度	年度	年度
N	9362	4471	4891	4471	4891	4471	4891	4471
Adj. R^2	0.081	0.085	0.080	0.086	0.078	0.084	0.076	0.084
F	22.627	24.206	24.627	24.268	23.893	23.639	23.351	23.786

四、产权性质、产品市场竞争与现金持有创新平滑效应的检验结果

表8-4给出了产品市场竞争、产权性质与现金持有创新平滑作用的回归结果。模型1中产权性质和现金持有变化量的交叉项系数在1%水平上显著为负，表明与国有企业相比，现金持有的创新平滑效应在民营企业中更显著。模型2～模型9检验了产品市场竞争对国有企业与民营企业之间这种差异的影响，我们把样本分为高竞争组和低竞争组分别进行检验。模型2、模型4、模型6、模型8是高竞争组，模型3、模型5、模型7、模型9为低竞争组。回归结果显示：在高竞争组，在激烈的产品市场竞争环境下，产权性质和现金持有变化量的交叉项

Own×ΔCash 均不显著，即现金持有的创新平滑效应在国有企业和民营企业之间不存在显著差异；在低竞争组，在较弱的产品市场竞争环境下，交叉项 Own×ΔCash 均显著为负，即现金持有的创新平滑效应在国有企业和民营企业之间存在显著差异。因此，我们可以得出：产品市场竞争可以有效抑制国有企业严重的委托—代理问题，从而提高国有企业的创新激励和现金利用效率，从而缩小现金持有的创新平滑效应在"国民"之间的差异。支持了假设 8-3。

表 8-4 产品市场竞争、产权性质与现金持有创新平滑效应

变量	模型 1 全样本	模型 2 HHI 高	模型 3 HHI 低	模型 4 EI 高	模型 5 EI 低	模型 6 PCM 高	模型 7 PCM 低	模型 8 NH 高	模型 9 NH 低
$Innov_{t-1}$	0.115*** (5.88)	0.072** (2.25)	0.166*** (6.80)	0.112*** (3.96)	0.152*** (5.75)	0.132*** (4.51)	0.122*** (4.78)	0.167*** (6.15)	0.086*** (3.13)
$Innov_{t-1}^2$	-0.036 (-0.22)	-0.419 (-1.47)	-0.068 (-0.35)	-0.703*** (-2.88)	0.213 (1.01)	0.117 (0.51)	-0.312 (-1.41)	-0.322 (-1.47)	0.201 (0.88)
ΔCash	-0.007* (-1.89)	-0.014** (-2.16)	-0.008* (-1.83)	-0.015*** (-2.69)	-0.005 (-1.09)	-0.014** (-2.49)	-0.004 (-1.06)	-0.016*** (-3.04)	-0.005 (-1.06)
Own	0.002*** (3.56)	0.002* (1.80)	0.002** (2.34)	0.002** (2.41)	0.002** (2.05)	0.003*** (2.94)	0.001 (0.72)	0.001 (1.50)	0.002** (2.52)
Own×ΔCash	-0.009*** (-2.66)	-0.001 (-0.15)	-0.011** (-2.49)	-0.005 (-0.93)	-0.011** (-2.35)	-0.002 (-0.26)	-0.017*** (-3.65)	-0.004 (-0.70)	-0.009* (-1.71)
Q	0.000 (0.30)	0.001** (2.40)	-0.000 (-0.32)	0.001* (1.66)	-0.000 (-0.03)	0.001* (1.86)	-0.000 (-1.09)	0.001* (1.91)	-0.000 (-0.41)
CF	0.017*** (4.58)	0.013** (2.24)	0.024*** (5.22)	0.019*** (3.44)	0.022*** (4.39)	0.021*** (3.51)	0.020*** (4.17)	0.022*** (4.16)	0.022*** (4.16)
CF_{t-1}	0.003 (0.77)	-0.001 (-0.16)	0.009** (2.07)	-0.000 (-0.01)	0.010** (2.19)	0.002 (0.28)	0.009** (2.08)	0.007 (1.54)	0.005 (1.07)
Debt	0.021*** (6.15)	0.010* (1.90)	0.029*** (6.46)	0.015*** (3.04)	0.028*** (5.89)	0.028*** (5.42)	0.016*** (3.45)	0.028*** (5.24)	0.020*** (4.42)
$Debt_{t-1}$	-0.023*** (-6.82)	-0.014*** (-2.62)	-0.029*** (-6.75)	-0.018*** (-3.69)	-0.029*** (-6.22)	-0.030*** (-6.12)	-0.017*** (-3.64)	-0.024*** (-4.66)	-0.025*** (-5.57)
Stkissue	0.028*** (6.06)	0.022*** (3.01)	0.036*** (6.19)	0.026*** (4.02)	0.036*** (5.76)	0.033*** (5.00)	0.030*** (4.93)	0.037*** (5.67)	0.029*** (4.56)

续表

变量	模型1	模型2	模型3	模型4	模型5	模型6	模型7	模型8	模型9
	全样本	HHI		EI		PCM		NH	
		高	低	高	低	高	低	高	低
$Stkissue_{t-1}$	0.004**	0.007**	0.005**	0.003	0.008***	0.004*	0.006**	0.007***	0.005**
	(2.51)	(2.36)	(2.41)	(1.06)	(3.28)	(1.80)	(2.49)	(2.88)	(2.13)
Size	0.015***	0.020***	0.013***	0.015***	0.015***	0.016***	0.014***	0.014***	0.016***
	(16.30)	(12.10)	(11.92)	(11.09)	(12.03)	(10.99)	(11.47)	(10.56)	(12.29)
$Size_{t-1}$	−0.015***	−0.019***	−0.013***	−0.016***	−0.014***	−0.015***	−0.014***	−0.013***	−0.016***
	(−15.86)	(−11.68)	(−11.63)	(−11.08)	(−11.46)	(−10.34)	(−11.59)	(−9.85)	(−12.16)
_cons	−0.007	−0.009	−0.005	0.005	−0.014*	−0.020**	0.007	−0.013	−0.001
	(−1.23)	(−0.99)	(−0.64)	(0.54)	(−1.86)	(−2.22)	(0.99)	(−1.60)	(−0.11)
控制	行业年度	年度	年度	年度	年度	年度	年度	年度	年度
N	9362	3343	6019	4266	5096	4447	4915	4447	4915
Adj. R^2	0.081	0.068	0.083	0.058	0.098	0.084	0.060	0.077	0.073
F	22.753	14.484	31.427	15.531	31.891	23.518	18.346	21.582	22.635

五、稳健性检验

为了确保结果的稳健，本章做了多项稳健性检验：

（1）由于本章使用的是动态面板模型，很可能会存在内生性问题。为了结果的稳健，我们使用系统 GMM 对原模型进行回归，结果如表 8-5 所示。Arelleno-Bond 序列相关检验显示，干扰项不存在二阶自相关。Sargen 检验在 5% 显著水平上均不能拒绝工具变量有效的原假设，即不存在过渡识别和弱工具变量的问题。控制了内生性可能带来的影响后，回归结果与前面结果基本一致。

（2）在国内外已有相关研究中，创新投资强度通常使用两种方法度量：创新投入/总资产和创新投入/销售收入；另一些学者认为销售收入容易用于"盈余操纵"，因此使用创新投入/总资产可能会更好。一些学者认为由于企业研发支出通常依据企业的销售收入来做预算，因此使用创新投入/销售收入更合理。我们使用创新投入/销售收入时，结果依然不变。

（3）融资约束的衡量方法在学术领域存在较大分歧，为避免单纯使用某单一指标的缺陷，本章使用资产负债率、利息保障倍数、经营现金流、现金持有水平和资产规模 5 个财务指标，运用 Ordered Logit 模型回归计算得到 KZ 指数，使用 KZ 指数回归结果基本一致。可见研究结果是稳健的。

表 8-5　系统 GMM 回归结果

变量	模型 1	模型 2	模型 3	模型 4	模型 5
$Innov_{t-1}$	0.432***	0.403***	0.369***	0.375***	0.457***
	(4.44)	(4.01)	(3.60)	(3.57)	(4.72)
$Innov_{t-1}^2$	-1.575***	-1.457***	-1.344**	-1.356**	-1.673***
	(-3.94)	(-3.54)	(-3.21)	(-3.16)	(-4.18)
$\Delta Cash$	-0.125***	-0.180***	-0.361***	0.132	-0.104***
	(-4.98)	(-4.93)	(-4.54)	(0.69)	(-3.80)
HHI		0.040			
		(0.67)			
HHI × $\Delta Cash$		-0.594***			
		(-3.54)			
EI			0.0121		
			(0.40)		
EI × $\Delta Cash$			-0.569***		
			(-4.12)		
PCM				0.008	
				(0.97)	
PCM × $\Delta Cash$				-0.069	
				(-1.31)	
NH					0.007
					(0.94)
NH × $\Delta Cash$					-0.121**
					(-1.99)
Q	-0.002	-0.002	-0.001	-0.00147	-0.001
	(-1.61)	(-1.32)	(-0.98)	(-1.12)	(-1.22)
CF	0.032	0.044	0.031	0.0270	0.019
	(0.57)	(0.76)	(0.54)	(0.48)	(0.34)
CF_{t-1}	0.000	-0.002	0.002	0.00464	0.005
	(0.03)	(-0.13)	(0.14)	(0.38)	(0.39)
Debt	0.056	0.040	-0.013	0.0266	0.008
	(0.63)	(0.44)	(-0.14)	(0.28)	(0.09)
$Debt_{t-1}$	-0.062	-0.043	0.003	-0.0288	-0.025
	(-0.85)	(-0.59)	(0.04)	(-0.36)	(-0.36)
Stkissue	0.135**	0.136**	0.117**	0.119*	0.078
	(2.40)	(2.46)	(2.17)	(2.08)	(1.51)

续表

变量	模型1	模型2	模型3	模型4	模型5
$Stkissue_{t-1}$	-0.00246	-0.003	-0.005	-0.00105	-0.001
	(-0.38)	(-0.46)	(-0.72)	(-0.16)	(-0.17)
Size	0.032***	0.034***	0.038***	0.0341***	0.032***
	(4.40)	(4.66)	(4.99)	(4.43)	(4.38)
$Size_{t-1}$	-0.038***	-0.039***	-0.042***	-0.0394***	-0.038***
	(-5.03)	(-5.22)	(-5.45)	(-5.15)	(-5.44)
_cons	0.126**	0.116*	0.109	0.0916	0.150**
	(1.91)	(1.73)	(1.57)	(1.32)	(2.09)
行业年度	控制	控制	控制	控制	控制
N	9574	9574	9574	9574	9574
AR(2)	0.789	0.862	0.839	0.824	0.836
Sargan	0.066	0.106	0.132	0.076	0.059

第五节 结论与启示

现金持有的经济后果和竞争与研发一直是学术界和实务界关注的热点话题，近年来，一些学者基于掠夺理论发现公司持有现金有助于应对来自产品市场竞争的风险暴露，可以对竞争对手产生威慑作用，从而在激烈的竞争中获得优势地位，即现金持有具有竞争效应。但现金持有如何实现其竞争效应却鲜有研究，而创新活动是企业在市场竞争获取竞争优势的一个重要途径，且需要持续稳定的资金作为支持。本章结合中国的新兴加转轨双重制度背景以及企业所处的产品市场竞争环境，考察了现金持有对企业创新投资的平滑效应。研究发现：现金持有具有平滑企业创新投资的作用，且企业所处的产品市场竞争环境越激烈，现金持有的创新平滑效应越强。在激烈的产品市场竞争环境下，现金持有的创新平滑效应在融资约束企业中更加显著。由于国有企业存在所有者缺位，使国有企业经理人往往没有激励进行创新投资和削减成本，且民营企业面临严重的信贷歧视，从而导致现金持有的创新平滑效应在国有企业和民营企业之间存在显著差异。产品市场竞争作为一种外部治理机制，可以提高企业的创新激励和现金利用效率，从而缩小现金持有创新平滑效应在"国民"之间的差异。

本章的政策性启示在于：

（1）产品市场竞争对企业的现金持有水平和创新投入有重要影响，企业应根据自己所处的竞争环境来制定合理的现金持有决策，从而保证企业创新投资的持续稳定，使现金持有的竞争效应得到有效发挥，也使企业在激烈的竞争环境中获得优势地位。

（2）相比民营企业，国有企业在资金和资源占有上更具优势，但其缺乏激励进行创新投资来发挥其优势，相反民营企业更具有创新活力。因此，政府应进一步深化国有企业改革，激发国有企业创新潜能。此外，产品市场竞争作为一种有效的外部治理机制，可以提高企业创新激励和现金利用效率，预算软约束、行业准入和资源占有等导致国有企业与民营企业的竞争环境并非公平。因此，政府应进一步完善市场竞争机制，营造公平的竞争环境，进而优化资源配置效率。

参考文献

[1] Acharya, V., Almeida, H., Campello, M., 2007. Is cash negative debt? A hedging perspective on corporate financial policies. Journal of Financial Intermediation 16, 515–554.

[2] Akdogu, E., MacKay, P., 2008. Investment and competition. Journal of Financial and Quantitative Analysis 43, 299–330.

[3] Akdogu, E., MacKay, P., 2012. Product markets and corporate investment: Theory and evidence. Journal of Banking & Finance 36, 439–453.

[4] Almeida, H., Campello, M., Weisbach, M. S., 2004. The cash flow sensitivity of cash. Journal of Finance 59, 1777–1804.

[5] Ang, J., Smedema, A., 2011. Financial flexibility: Do firms prepare for the recession. Journal of Corporate Finance 17, 774–787.

[6] Arslan, O., Florackis, C., Ozkan. A, 2006. The role of cash holdings in reducing investment – cash flow sensitivity: Evidence from a financial crisis period in an emerging market. Emerging Market Review 7, 320–338.

[7] Alimov, A., 2014. Product market competion and the value of corporate cash: Evidence from trade liberalization. Journal of Corporate Finance 25, 122–139.

[8] Arrow K. J., 1962. Economic Welfare and the Allocation of Resources for Invention. Working Paper.

[9] Barclay, M. J. and C. W. Smith, Jr., 1995. The maturity structure of corporate debt. Journal of Finance 50, 609–631.

[10] Baron R. M., Kenny D. A., 1986. The moderator – mediator variable distinction in social psychological research: Conceptual, strategic, and statistical considerations. Journal of Personality and Social Psychology 51, 1173–1182.

[11] Baskin, J., 1987. Corporate liquidity in games of monopoly power. The Review of Economics and Statistics 69, 312–319.

［12］Bates, T. W., Kahle, K. M., Stulz, R. M., 2009. Why do US firms hold so much more cash than they used to? Journal of Finance 64, 1985 – 2021.

［13］Baum C. F., Schäfer D., Talavera, O., 2007. The effects of industry – level uncertainty on cash holdings: The Case of Germany. SSRN Working Paper.

［14］Beath, J., Katsoulacos, Y., and Ulph, D., 1995. Game – theoretic approaches to the modeling of technological change. In: Stoneman, P. (Ed.), Handbook of the Economics of Innovation and Technological Change, Blackwell, Oxford, UK, pp. 132 – 181.

［15］Beck, T., Levine, R., Loayza, N., 2000. Financial intermediation and growth: Causality and causes. Journal of Monetary Economics 46, 31 – 77.

［16］Bena, J., Ondko, P., 2012. Financial development and the allocation of external finance. Journal of Empirical Finance 19, 1 – 25.

［17］Bertrand, M., and Mullainathan, S., 2003. Enjoying the quiet life? Corporate Governance and Managerial Preferences. Journal of Political Economy 111, 1043 – 1075.

［18］Berger, P. G., Ofek, E., Yermack, D. L., 1997. Managerial entrenchment and capital structure decisions. The Journal of Finance 52, 1411 – 1438.

［19］Blanchard, O., Lopez – de – Silanes, F., Shleifer, A., 1994. What do firms do with cash? Journal of Financial Economics 36, 337 – 360.

［20］Boutin, X., Cestone, G., Fumagalli, C., Pica, G., Serrano – Velarde, N., 2013. The deep – pocket efect of internal capital markets. Journal of Financial Economics 109, 122 – 145.

［21］Boyle, G. W., Guthrie G. A., 2003. Investment, uncertainty, and liquidity. The Journal of Finance 58, 2143 – 2166.

［22］Bolton, P., Scharfstein, D., 1990. A theory of predation based on agency problems in financial contracting. American Economic Review 80, 93 – 106.

［23］Brander J., Lewis, T., 1986. Oligopoly and financial structure: The limited liability effect. American Economic Review 76, 956 – 970.

［24］Brandt, L., Li, H., 2003. Bank discrimination in transition economics: ideology, information, or incentives. Journal of Comparative Economics 31, 387 – 411.

［25］Brown, J. R., Fazzari, S. M., Petersen, B. C., 2009. Financing innovation and growth: Cash flow, external equity and the 1990s R&D boom. Journal of Finance 64, 151 – 185.

［26］Brown, J. R., Petersen, B. C., 2011. Cash holdings and R&D smoothing.

Journal of Corporate Finance 17, 694 – 709.

[27] Bushman, R. M., Piotroski, J. D., and Smith, A. J., 2011. Capital allocation and timely accounting recognition of economic losses. Journal of Business Finance & Accounting 38, 1 – 33.

[28] Campello, M., 2003. Capital structure and product markets interactions: Evidence from the business cycles. Journal of Financial Economics 68, 353 – 378.

[29] Campello, M., 2006. Debt financing: Does it boost or hurt firm performance in product markets? Journal of Financial Economics 82, 135 – 172.

[30] Campello, M., and J. Graham, 2007. Do stock prices influence corporate decisions? Evidence from the technology bubble. SSRN Working Paper.

[31] Campello, M., Graham, J., Harvey, C., 2010. The real effects of financial constraints: Evidence from a financial crisis. Journal of Financial Economics 97, 470 – 487.

[32] Cossin, D., Hricko, T., 2004. The benefits of holding cash: a real options approach. Managerial Finance 30, 29 – 43.

[33] Carlin, W., Mayer, C., 2003. Finance, investment and growth. Journal of Financial Economics 69, 191 – 226.

[34] Chen, K. C. W., Z. Chen; and K. C. J. Wei., 2011. Agency costs of free cash flow and the effect of shareholder rights on the implied cost of equity capital. Journal of Financial and Quantitative Analysis 46, 171 – 207.

[35] Chevalier, J. 1995. Capital structure and product – market competition: Empirical evidence from the supermarket industry. American Economic Review 85, 415 – 435.

[36] Chevalier, J., Scharfstein, D., 1995. The capital structure and product – market behavior: Liquidity constraints and the cyclical behavior of markups. American Economic Review 85, 390 – 396.

[37] Chi, J. D., Lee, D. S., 2010. The conditional nature of the value of corporate governance. Journal of Banking & Finance 34, 350 – 361.

[38] Cooper, R. W., Haltiwanger, J. C., 2006. On the nature of capital adjustment costs. Review of Economic Studies 73, 611 – 633.

[39] Demirgü – Kunt. A., and V. Maksimovic., 1998. Law, Finance and Firm Growth. Journal of Finance 53, 2107 – 2137.

[40] Demirgü – Kunt. A., and V. Maksimovic., 1999. Institutions, Financial markets, and Firm debt maturity. Journal of Financial Economics 54, 295 – 336.

[41] Denis, D. J., Sibilkov, V., 2010. Financial constraints, investment, and the value of cash holdings. Review of Financial Studies 23, 247 – 269.

[42] Diamond, D., 1984. Financial intermediation and delegated monitoring. Review of Economic Studies 51, 393 – 414.

[43] Dittmar, A., Mahrt – Smith, J., Servaes, H., 2003. International corporate governance and corporate cash holdings. Journal of Financial and Quantitative Analysis 38, 111 – 134.

[44] Dittmar, A., Mahrt – Smith, J., 2007. Corporate governance and the value of cash holdings. Journal of Financial Economics 83, 599 – 634.

[45] Dixit, A. K. 1980. The Role of Investment in Entry – Deterrence. Economic Journal 90, 95 – 106.

[46] Drobetz, W., Grüninger, C. M., Hirschvogl, S., 2010. Information asymmetry and the value of cash. Journal of Banking and Finance 34, 2168 – 2184.

[47] Duchin, R., 2010. Cash holdings and corporate diversification. Journal of Finance 65, 955 – 992.

[48] Dyck, A. and Zingales L., 2004. Private benefits of control: An international comparison. Journal of Finance 59, 537 – 600.

[49] Fama, E. F., and French, K. R., 1998. Taxes, financing decisions, and firm value. The Journal of Finance 53, 819 – 843.

[50] Faulkender, M., Wang, R., 2006. Corporate financial policy and the value of cash. Journal of Finance 61, 1957 – 1990.

[51] Faulkender, M., Petersen, M. A., 2006. Does the source of capital affect capital structure? Review of Financial Studies 19, 45 – 79.

[52] Fresard, L., 2010. Financial strength and product market behavior: The real effects of corporate cash holdings. Journal of Finance 65, 1097 – 1122.

[53] Frésard, L., Salva, C., 2010. The value of excess cash and corporate governance: Evidence from US cross – listings. Journal of Financial Economics 98, 359 – 384.

[54] Froot, K., Scharfstein, D., Stein, J., 1993. Risk management: coordinating corporate investment and financing policies. Journal of Finance 48, 1629 – 1658.

[55] Gamba, A., Triantis, A., 2008. The value of financial flexibility. Journal of Finance 63, 2263 – 2296.

[56] Ghemawat, Pankaj., 1984. Capacity expansion in the titanium dioxide industry. Journal of Indus – trial Economics 33, 145 – 163.

[57] Ghemawat, Pankaj., and Barry Nalebuff, 1985. Exit. The Rand Journal of Economics 16, 184 – 194.

[58] Giannetti. M., 2003. Do Better Institutions Mitigate Agency Problems? Evidence from Corporate Finance Choices. Journal of Financial and Quantitative Analysis 38, 185 – 212.

[59] Giroud, X., and Mueller, H. M., 2010. Does corporate governance matter in competitive industries? Journal of Financial Economics 95, 312 – 331.

[60] Greenwood, J., Jovanovic, B., 1990. Financial development, growth, and the distribution of income. Journal of Political Economy 98, 1076 – 1107.

[61] Grullon G., Michaely R., 2006. Corporate Payout Policy and Product Market Competition. Working Paper.

[62] Guadalupe M., F. Pérez – González., 2010. Competition and private benefits of control. SSRN Working Paper.

[63] Guney Y., Ozkan A., Ozkan N., 2007. International evidence on the non – linear impact of leverage on corporate cash holdings. Journal of Multinational Financial Management 17, 45 – 60.

[64] Hadlock C. J., Pierce J. R., 2010. New Evidence on Measuring Financial Constraints: Moving Beyond the KZ Index. Review of Financial Studies 23, 1909 – 1940.

[65] Hall, B. H., 2002. The financing of research and development. Oxford Review of Economic Policy 18, 35 – 51.

[66] Han, S., Qiu, J., 2007. Corporate precautionary cash holdings. Journal of Corporate Finance 13, 43 – 57.

[67] Harford, J., 1999. Corporate cash reserves and acquisitions. Journal of Finance 54, 1969 – 1997.

[68] Harford, J., Mansi, S. A., Maxwell, W. F., 2008. Corporate governance and firm cash holdings. Journal of Financial Economics 87, 535 – 555.

[69] Haushalter, D., Klasa, S., Maxwell, W. F, 2007. The influence of product market dynamics on a firm's cash holdings and hedging behavior. Journal of Financial Economics 84, 797 – 825.

[70] Himmelberg, C. P., Petersen, B. C., 1994. R&D and internal finance: a panel study of small firms in high – tech industries. Review of Economics and Statistics 76, 38 – 51.

[71] Hoberg, G., Phillips, G., Prabhala, N., 2014. Product market threats,

payouts, and financial flexibility. Journal of Finance 69, 293 – 324.

[72] Hsu, H., Reed, A. V., Rocholl, J., 2010. The new game in town: Competitive effects of IPOs. Journal of Finance. 65, 495 – 528.

[73] Hutchinson, M., Gul, F. A., 2004. Investment opportunity set, corporate governance practices and firm performance. Journal of Corporate Finance 10, 595 – 614.

[74] Jaffe, A. B., 1986. Technological opportunity and spillovers of R&D: Evidence from firms's patents, profits and market value. Unpublished working paper 1815. National Bureau of Economic Research, Cam – bridge, MA.

[75] Jaffe, A. B., 1988. Demand and supply influences in R&D intensity and productivity growth. Review of Economics and Statistics 70, 431 – 437.

[76] Jain, B. A., Li, J, Shao, Y. Y., 2013. Governance, product market competition and cash management in IPO firms. Journal of Banking & Finance 37, 2052 – 2068.

[77] Jensen, M., 1986. Agency costs of free cash flow, corporate finance, and takeovers. American Economic Review 76, 323 – 329.

[78] Kalcheva, I., Lins, K. V., 2007. International evidence on cash holdings and expected managerial agency problems. Review of Financial Studies 20, 1087 – 1112.

[79] Kaplan, S. and L. Zingales, 1997. Do Investment – Cash Flow Sensitivities Provide Useful Measures of Financing Constraints? Quarterly Journal of Economics, 112, 169 – 215.

[80] Kim, W., Weisbach, M., 2008. Motivations for public equity offers: An international perspective. Journal of Financial Economics 87, 281 – 307.

[81] King, R. G., & Levine, R. 1993. Finance, entrepreneurship, and growth: Theory and evidence. Journal of Monetary Economics 32, 513 – 542.

[82] Kovenock, D., Phillips, G., 1997. Capital structure and product market behavior. Review of Financial Studies 10, 767 – 803.

[83] Kulatilaka, N., and Perotti, E. C., 1998. Strategic growth options. Management Science 44, 1021 – 1031.

[84] La Porta, R., Lopez – De – Silanes, F., Shleifer, A., Vishny, R., 1997. Legal determinants of external finance. Journal of Finance 52, 1131 – 1150.

[85] Levine, R., Zervos, S., 1998. Stock markets, banks, and economic growth. American Economic Review 88, 537 – 556.

[86] Love, I., 2003. Financial development and financing constraints: international evidence from the structural investment model. Review of Financial Studies 16, 765 – 791.

[87] Love, I., Zicchino, L., 2006. Financial development and dynamic investment behavior: Evidence from panel VAR. The Quarterly Review of Economics and Finance 46, 190 – 210.

[88] Lyandres, E., Palazzo. B., 2012. Strategic cash holdings and R&D competition: Theory and evidence. Available at SSRN 2017222, 2012 – papers. ssrn. com.

[89] Lemmon, M., Roberts, M. R., 2007. The response of corporate financing and investment to changes in the supply of credit: A natural experiment. Journal of Financial and Quantitative Analysis, forthcoming.

[90] MacKay, P., Phillips, G. M., 2005. How does industry affect firm financial structure? Review of Financial Studies 18, 1433 – 1466.

[91] Maksimovic, V., 1988. Capital structure in repeated oligopolies. Rand Journal of Economics 19, 389 – 407.

[92] Mikkelson, W. H., Partch, M. M., 2003. Do persistent large cash reserves hinder performance? Journal of Financial and Quantitative Analysis 38, 275 – 294.

[93] Minton, B. A., and C. Schrand., 1999. The Impact of cash flow volatility on discretionary investment and the costs of debt and equity financing. Journal of Financial Economics 54, 423 – 460.

[94] Myers, S. C., Majluf, N. S., 1984. Corporate financing and investment decisions when firms have information that investors do not have. Journal of Financial Economics 13, 187 – 221.

[95] Myers, S. C., and Rajan, R. G., 1998. The paradox of liquidity. Quarterly Journal of Economics 108, 733 – 771.

[96] Opler, T., Pinkowitz, L., Stulz, R., Williamson, R., 1999. The determinants and implications of cash holdings. Journal of Financial Economics 52, 3 – 46.

[97] Opler, T., Titman S., 1994. Financial distress and corporate performance. Journal of Finance 49, 1015 – 1040.

[98] Ozkan A., Ozkan N., 2004. Corporate cash holdings: An empirical investigation of UK companies. Journal of Banking and Finance 28, 2103 – 2134.

[99] Pinkowitz, L., Williamson, R., 2007. What is the market value of a dollar of corporate cash? Journal of Applied Corporate Finance 19, 74 – 81.

[100] Pinkowitz, L., Stulz, R., Williamson, R., 2006. Does the contribution of corporate cash holdings and dividends to firm value depend on governance? A cross-country analysis. Journal of Finance 61, 2725-2751.

[101] Portor M. E., 1990. The Compettive Advantage of Nation. New York: Free Press.

[102] Qiu, J., Wan, C., 2015. Technology spillovers and corporate cash holdings. Journal of Financial Economics 115, 558-573.

[103] Rajan, Raghuram G., and Luigi Zingales, 1998. Financial dependence and growth, American Economic Review 88, 559-586.

[104] Schmidt K M., 1997. Managerial Incentives and Product Market Competition. The Review of Economic Studies 64, 191-213.

[105] Schroth E. and Szalay, D., 2010, Cash breeds success: The role of financing constraints in patent races, Review of Finance 14, 73-118.

[106] Seta, M. D., 2012. Competition, uncertainty (ies), and corporate cash holdings. SSRN Working Paper.

[107] Stiglitz, Joseph E., and Andrew Weiss, 1981. Credit rationing in markets with imperfect information, American Economic Review 71, 393-410.

[108] Subramaniam V., Tang T. T., Yue H., Zhou X., 2011. Firm structure and corporate cash holdings. Journal of Corporate Finance 17, 759-773.

[109] Sufi, A., 2009. The real effects of debt certification: Evidence from the introduction of bank loan rating. Review of Financial Studies 22, 1659-1691.

[110] Tong, Z., 2011. Firm diversification and the value of corporate cash holdings. Journal of Corporate Finance 17, 741-758.

[111] Townsend R., 1979. Optimal contracts and competitive markets with costly state verification. Journal of Economic theory 21, 265-293.

[112] Wei K. C. J., Zhang Y., 2008. Ownership structure, cash flow, and capital investment: Evidence from east Asian economies before the financial crisis. Journal of Corporate Finance 14, 118-132.

[113] Wurgler, J., 2000. Financial markets and the allocation of capital. Journal of Financial Economics, 187-214.

[114] Zingales, L., 1998. Survival of the fittest or the fattest? Exit and financing in the trucking industry, Journal of Finance 53, 905-938.

[115] 陈冬华、陈信元、万华林：《国有企业中的薪酬管制与在职消费》,《经济研究》2005年第2期。

[116] 樊纲、王小鲁、朱恒鹏：《中国市场化指数——各地区市场化相对进程 2009 年报告》，经济科学出版社，2011 年。

[117] 方军雄：《所有制、制度环境与信贷资金配置》，《经济研究》2007 年第 12 期。

[118] 顾乃康、孙进军：《现金的市场价值——基于中国上市公司的实证研究》，《管理科学》2008 年第 4 期。

[119] 何青、李皓鹏：《融资约束、现金持有量与企业投资时机选择》，《南开经济研究》2013 年第 3 期。

[120] 胡一帆、宋敏、张俊喜：《竞争、产权、公司治理三大理论的相对重要性即交互关系》，《经济研究》2005 年第 9 期。

[121] 鞠晓生、卢荻、虞义华：《融资约束、营运资本管理与企业创新可持续性》，《经济研究》2013 年第 1 期。

[122] 李青原、赵奇伟、李江冰：《外商直接投资、金融发展与地区资本配置效率——来自省级工业行业数据的证据》，《金融研究》2010 年第 3 期。

[123] 林毅夫、李志赟：《政策性负担、道德风险与预算软约束》，《经济研究》2004 年第 2 期。

[124] 刘金全：《货币政策作用的有效性和非对称性研究》，《管理世界》2002 年第 3 期。

[125] 刘志远、王勇、靳光辉：《现金持有在产品市场竞争中的威慑效应——基于中国制造业上市公司的实证分析》，《系统工程》2013 年第 2 期。

[126] 卢峰、姚洋：《金融压抑下的法治、金融发展和经济增长》，《中国社会科学》2004 年第 1 期。

[127] 陆正飞、韩非池：《宏观经济政策如何影响公司现金持有的经济效应？——基于产品市场和资本市场两重角度的研究》，《管理世界》2013 年第 6 期。

[128] 陆正飞、祝继高、樊铮：《银根紧缩、信贷歧视与民营上市公司投资者利益损失》，《金融研究》2009 年第 8 期。

[129] 罗琦、胡志强：《控股股东道德风险与公司现金策略》，《经济研究》2011 年第 2 期。

[130] 沈艺峰、况学文、聂亚娟：《终极控股股东超额控制与现金持有量价值的实证研究》，《南开管理评论》2008 年第 1 期。

[131] 孙进军、顾乃康：《现金持有量决策具有战略效应吗？——基于现金持有量的平均效应与区间效应的研究》，《商业经济与管理》2012 年第 3 期。

[132] 索彦峰、范从来：《货币政策能够影响贷款供给吗？——来自银行资

产组合行为的经验证据》,《经济科学》2007年第6期。

[133] 谭云清、朱荣林:《产品市场竞争、代理成本及代理效率:一个经验分析》,《上海管理科学》2007年第4期。

[134] 王福胜、宋海旭:《终极控制人、多元化战略与现金持有水平》,《管理世界》2012年第7期。

[135] 王彦超、林斌、杨德明:《现金持有、产权结构与现金价值》,《中国会计与财务研究》2008年第4期。

[136] 王彦超:《融资约束、现金持有与过度投资》,《金融研究》2009年第7期。

[137] 温忠麟、张雷、侯杰泰:《中介效应检验程序及其应用》,《心理学报》2004年第5期。

[138] 吴昊旻、杨兴全、魏卉:《产品市场竞争与公司股票特质性风险——基于中国上市公司的经验证据》,《经济研究》2012年第6期。

[139] 夏立军、方轶强:《政府控制、治理环境与公司价值》,《经济研究》2005年第5期。

[140] 辛宇、徐莉萍:《公司治理机制与超额现金持有水平》,《管理世界》2006年第5期。

[141] 杨兴全、孙杰:《企业现金持有量影响因素的实证研究——来自我国上市公司的经验证据》,《南开管理评论》2007年第6期。

[142] 杨兴全、吴昊旻:《行业特征、产品市场竞争与公司现金持有量——来自中国上市公司的经验证据》,《经济评论》2009年第1期。

[143] 杨兴全、张照南:《制度背景、股权性质与公司持有现金价值——来自我国上市公司的经验证据》,《经济研究》2008年第12期。

[144] 杨兴全、张照南:《治理环境、控制权与现金流权分离及现金持有量》,《审计与经济研究》2010年第1期.

[145] 叶康涛、祝继高:《银根紧缩与信贷资源配置》,《管理世界》2009年第1期。

[146] 俞红海、徐龙炳、陈百助:《终极控股股东控制权与自由现金流过度投资》,《经济研究》2010年第8期。

[147] 俞鸿琳:《国有上市公司管理者股权激励效应的实证检验》,《经济科学》2006年第1期。

[148] 余明桂、潘红波:《金融发展、商业信用与产品市场竞争》,《管理世界》2010年第8期。

[149] 张会丽、吴有红:《超额现金持有水平与产品市场竞争优势——来自

中国上市公司的经验证据》,《金融研究》2012 年第 2 期。

[150] 张军、金煜:《中国的金融深化和生产率关系的再检测:1987~2001 年》,《经济研究》2005 年第 11 期。

[151] 张人骥、刘春江:《股权结构、股东保护与上市公司现金持有量》,《财贸经济》2005 年第 2 期。

[152] 张学勇、廖理:《股权分置改革,自愿性信息披露与公司治理》,《经济研究》2010 年第 4 期。